Verena Schmidt, Analena Schmidt
Zwei Sommer in den Rockies

Verena und Analena Schmidt

ZWEI SOMMER IN DEN ROCKIES

Eine Mutter und ihre Tochter erkunden Kanadas Wildnis

Mit 55 farbigen Abbildungen,
sieben Aquarellzeichnungen, einer farbigen Karte
und sechs Schwarz-Weiß-Karten

MALIK

Mehr über unsere Autorinnen, Autoren und Bücher:
www.malik.de

Wenn Ihnen dieses Buch gefallen hat, schreiben Sie uns unter Nennung des Titels »Zwei Sommer in den Rockies« an *empfehlungen@piper.de*, und wir empfehlen Ihnen gerne vergleichbare Bücher.

Unser Versprechen für mehr Nachhaltigkeit
• Klimaneutrales Produkt
• FSC®-zertifiziertes Papier
• Hergestellt in Europa

FSC www.fsc.org MIX Papier | Fördert gute Waldnutzung FSC® C083411

ISBN 978-3-89029-589-3

Redaktion: Margret Trebbe-Plath, Berlin
Illustrationen: Analena Schmidt
Bildteilfotos: Analena und Verena Schmidt, außer: Frank Wolever & Jim Shipley (Seite 8 oben), privat (Seite 7 unten).
Karten: Marlise Kunkel, München
Satz: Uhl+Massopust GmbH, Aalen
Gesetzt aus der Electra und der Impact
Litho: Lorenz & Zeller, Inning am Ammersee
Druck und Bindung: CPI books GmbH, Leck
Printed in the EU

Inhalt

Aufbruch – wie alles begann

Tausende von Meilen westlich vom schnuckeligen Europa entfernt, wo die endlose Prärie Nordamerikas auf die monumentale Gebirgskette der Rockies knallt und einst zwei Länder am 49. Breitengrad eine schnurgerade Grenze zogen, brannte die Sonne skrupellos vom Himmel auf uns herab. Frei wie Vögel in einem Horst blickten wir über das felsige Gebirgsmeer hinweg. Wie starre Wogen reihten sich unter uns die Gipfelketten aneinander. Hie und da blitzten die letzten Reste ewigen Eises auf und dunkles Grün durchzog die seltenen Wellentäler. Unter dem tiefblauen Dach des Himmelszeltes schienen die sonst majestätischen Berge klein und unscheinbar. Wolkenfetzen schwebten über uns hinweg. Das knatternde Flattern der roten Gipfelfahne durchbrach das Fauchen des Windes. Gemeinsam blickten wir knapp 1500 Meter in die Tiefe. Was für ein Moment!

Unter uns lag der mäandernde Bow River, wo zwei Jahre zuvor unser gemeinsames Abenteuer begonnen hatte. Wir schauten zurück auf einen kurzen und einen langen Wandersommer in den kanadischen Rockies. Trauer und Erleichterung schossen zeitgleich in uns hoch. Zum einen waren wir unglaublich froh, bald wieder ein flauschiges Bett als Nachtlager und abwechslungsreicheres Essen zu haben, zum anderen fiel es uns schwer, Kanada und die eindrücklichen Erlebnisse loszulassen.

Während uns im ersten Sommer Virenmonster, Wetterkapriolen und Unerfahrenheit entgegengeschlagen waren, hatten wir in den ersten Wochen des zweiten Sommers mit unseren Charakteren zu kämpfen gehabt. Im Land der Bären, Pumas und Wölfe waren wir wie aneinandergefesselt. Wir wichen aus Sicherheitsgründen nie mehr als nötig voneinander weg und blieben die meiste Zeit in Ruf- und Sichtweite. Unsere Vorstellungen rammten aneinander, unsere Wünsche drifteten auseinander und unsere Zuneigung führte uns wieder zueinander. Die Launen des Hochgebirges jagten uns großen Schreck ein und zu Beginn waren wir nicht stark genug, um ihnen die Stirn zu bieten. Doch die Herausforderungen der wilden Natur ließen uns wachsen – manchmal sogar über uns hinaus.

Nach und nach lösten sich auch die starren Strukturen zwischen uns als Erwachsene und Jugendliche, als 35-jährige Mutter Verena und 13-jährige Tochter Analena auf, die Stärkere half der jeweils Schwächeren. Wir wuchsen zu einem echten Dreamteam zusammen. Jeden Tag unterwegs, stets draußen in den wilden kanadischen Weiten entdeckten wir nicht nur diese sagenhaften Gebirgsregionen, sondern auch die Turbulenzen unserer Seelen, die enorme Kraft unserer Körper und Geiste sowie unsere unendlich tiefe Verbundenheit.

Von alldem wussten wir zwei Jahre zuvor noch nichts.

Im Herbst 2015 war der Entschluss gefasst, dass wir die kommenden zwei Sommer in den weiten Gebirgsläufen Westkanadas wandern und steile Berge erklimmen würden. Tag für Tag. Fernab jeglicher Großstädte, und das meist ohne Internet – was bei Analena alles andere als Begeisterung hervorrief. Doch wenige Monate zuvor hatten wir Oliver – Analenas Vater und Verenas langjährigen Partner – durch einen plötzlichen Unfall verloren. Die Welt geriet für uns dadurch nicht nur ins Wanken, sie stürzte ein.

Zum Innehalten blieb keine Zeit. Sein Plattenlabel musste abgewickelt werden, und wir mussten uns in der neuen Situation irgendwie zurechtfinden. Um einfach alles hinter uns zu lassen, buchten wir einen Flug auf die Azoren, den wir jedoch wegen der plötzlichen Nierenkolik Verenas wieder stornieren mussten. Doch wir wussten, wir mussten es schaffen, irgendwie. Wir brauchten Zeit – die eine mehr, die andere weniger – und einen anderen Ort, irgendwo draußen.

Aber wie sollte das gehen? Auf jeden Fall zusammen – das war schnell klar, und als sich der Bergverlag Rother auf das Konzept eines Wanderführers über die »Kanadischen Rocky Mountains«, das Verena einreichte, einließ und einen Buchvertrag anbot, wurde unser Plan konkret. Zwei Sommer sollten die Recherchen dauern, so lange, wie wir eben Zeit abknapsen konnten. Im ersten Sommer würden wir die gesamte Zeit von drei Wochen zusammen wandern, von den über drei Monaten im zweiten Sommer wäre Analena nur etwa die Hälfte der Zeit dabei – zwei Wochen in den Pfingstferien und vier in den Sommerferien –, mehr ging wegen der Schule nicht. Aber so konnten wir wenigstens diese Zeit miteinander verbringen und waren nicht monatelang voneinander getrennt.

Zwar hatten wir beide keine Ahnung vom Zelten in freier Wildbahn – noch dazu in einer Landschaft, in der Pumas und Bären leben. Aber auf Zeltplätzen oder in Felshöhlen draußen zu übernachten, war uns nicht fremd. Vor uns lagen zwei aufregende Sommer und über 55 Touren durch die Weiten Kanadas, die bislang intensivste Zeit unseres Lebens.

Dass wir jemals ein Buch über unser Abenteuer schreiben würden, konnte damals niemand ahnen, waren wir doch nur für das Wanderführerprojekt und unsere »Pausen- und Gemeinsamzeit« unterwegs. Als der Gedanke dazu reifte, lag der zweite Sommer bereits fünf Jahre zurück, und wir gingen im Alltag längst getrennter Wege, nach wie vor in tiefer Verbundenheit. Umso neugieriger waren wir, wie jede für sich auf unsere zwei Sommer in Kanada zurückblicken würde. Allerdings wollten wir die ehrliche und unverfärbte Meinung der jeweils anderen nicht schon im Vorfeld erfahren. Also erstellten wir gemeinsam ein Skript mit der chronologischen Abfolge der Touren sowie den prägnantesten Ereignissen und schrieben dann jede für sich ihre Erinnerungen auf, zunächst noch ohne die Texte der jeweils anderen zu lesen.

Wir beschlossen, die beiden Perspektiven nicht in einen gemeinsamen Texttopf zu werfen, sondern unser beider Fassungen wie zwei verschiedenfarbige Fäden ineinander zu verweben und jeweils mit einem Symbol zu kennzeichnen.

Betrachteten wir die Ereignisse aus derselben Perspektive? Welche Assoziationen verbanden wir mit den Erlebnissen, welche Emotionen kamen hoch? Was ist uns in lebendiger Erinnerung geblieben und was verblasst? Was war cool und was total daneben?

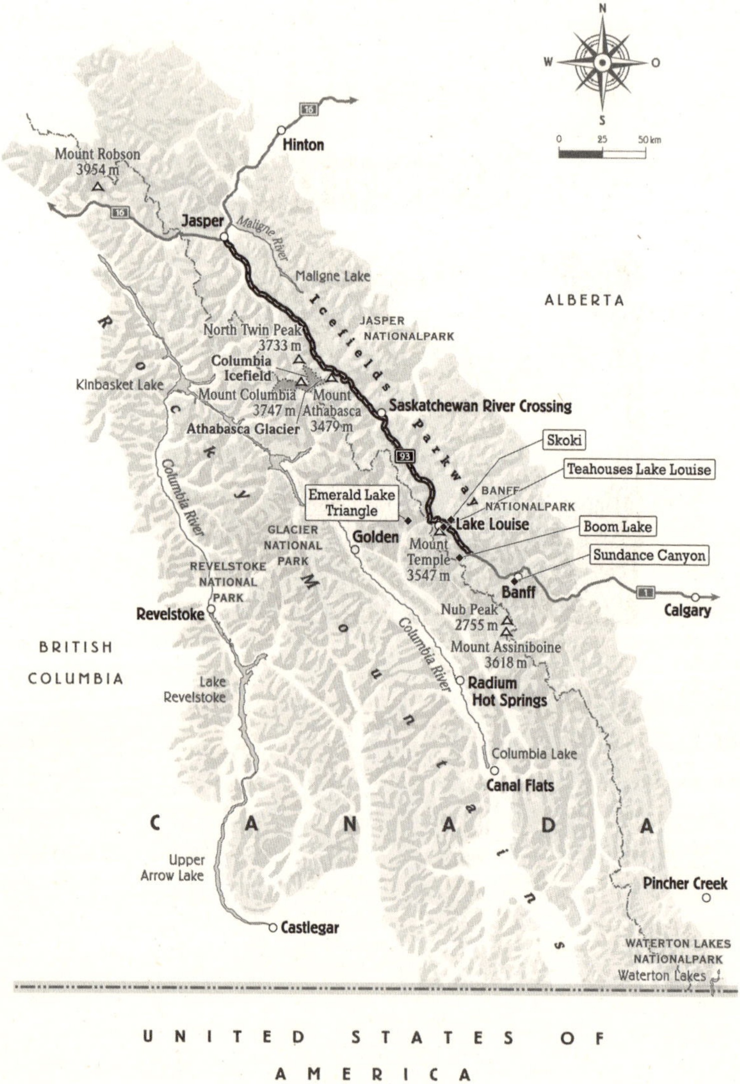

N
W
O
S
0
25
50 km
Hinton
16
Mount Robson
3954 m
Jasper
Maligne River
Maligne Lake
ALBERTA
Icefields Parkway
JASPER
NATIONALPARK
North Twin Peak
3733 m
Columbia
Icefield
Kinbasket Lake
Mount Columbia
3747 m
Mount
Athabasca
3479 m
Athabasca Glacier
Saskatchewan River Crossing
Skoki
Teahouses Lake Louise
93
Emerald Lake
Triangle
BANFF
NATIONALPARK
Lake Louise
Boom Lake
Golden
Mount
Temple
3547 m
Sundance Canyon
Banff
1
Calgary
GLACIER
NATIONAL
PARK
REVELSTOKE
NATIONAL
PARK
Revelstoke
Rocky Mountains
Columbia River
Nub Peak
2755 m
Mount Assiniboine
3618 m
BRITISH
COLUMBIA
Lake
Revelstoke
Radium
Hot Springs
Columbia Lake
Canal Flats
C A N A D A
Upper
Arrow Lake
Pincher Creek
Castlegar
WATERTON LAKES
NATIONALPARK
Waterton Lakes
UNITED STATES OF
AMERICA

Kapitel 1
Sommer

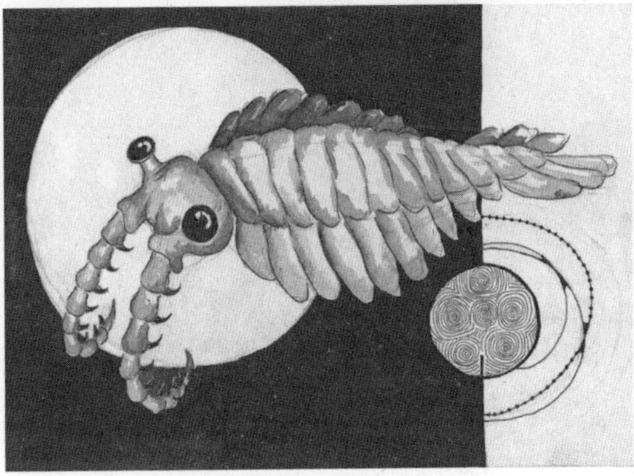

Start – vom Rollen zum Laufen

Verena Analena sah mich mit müden Augen dankbar an. Ihr Gesicht glühte, und ihr Kopf versank tief in einem weichen Kissen, während der übrige Teil ihres zarten Körpers eingekuschelt unter einer riesigen weißen Decke verschwand. Nur noch ihr verwuschelter Blondschopf war zu erkennen. Die Schneeflocken, die noch vor wenigen Stunden ihr Haar durchnässt hatten, waren längst in der Luft verdunstet. Der heißen Luft. Die Klimaanlage des Motelzimmers ließ sich nicht regulieren und wärmte unablässig den großen Raum, in dem wir unerwartet diese Nacht verbringen würden. Es blieb die einzige Motelnacht unserer zwei Sommer in den kanadischen Rocky Mountains. Es war die Nacht des Versagens. Und das bereits zu Beginn unseres großen Vorhabens. Die Ereignisse am Tag davor hatten uns in die Knie gezwungen.

Begonnen hatte alles knapp fünf Wochen zuvor. Aufgeregt hatten wir ein gutes Jahr nach unserem entsetzlichen Verlust gemeinsam in Frankfurt ein Flugzeug nach New York bestiegen. Denn anstatt direkt in unser Wanderabenteuer zu starten, mussten wir zunächst einen vierwöchigen Roadtrip durch die USA einlegen, den ich als Reiseleiterin für das Unternehmen Rotel Tours begleitete. Analena kam mit auf diese Tour, denn so konnten wir mehr Zeit miteinander verbringen. Außerdem sah sie gleichzeitig die Vielfalt des nordamerikanischen Kontinents mit seinen Naturwundern wie den Niagarafällen, dem Devils Tower, Yellowstone-Nationalpark und dem Grand Canyon sowie den kontrastreichen Metropolen San Francisco und Chicago. Unsere Tour endete in Los Angeles. Hier wollten wir anschließend noch zwei Tage verbringen – die chillige Strandzeit im sonnigen Kalifornien hatte ich Analena versprechen müssen –, bevor es nach Calgary in Kanada ging, um endlich zu wandern.

In kurzer Zeit viel sehen zu wollen, heißt, lange Strecken sitzend im Bus zurückzulegen, nur von kurzen Foto- und WC-Pausen unterbrochen. Umso mehr konnte ich es nach diesem Monat on the road kaum erwarten, endlich zu Fuß tiefer in die Landschaften einzudringen, an denen ich bei früheren Reiseleitertouren immer nur vorbeigefahren war. Endlich die Trails zu gehen, aus denen andere verdreckt und mit glücklichen Gesichtern rauskamen. Endlich selbst das Backcountry zu entdecken, die ungezähmte Wildnis der kanadischen Rockies. Egal, wie der Trip verlaufen würde, wir würden mit unschätzbar wertvollen Erfahrungen zurückkommen.

Ich war superfroh, meine Tochter mitnehmen zu können, sie rauszuholen aus dem deutschen Dorfleben und ihren Horizont zu erweitern, damit sie später in dieser Welt besser klarkommt. Reisen, andere Kulturen erleben und sich unterwegs zurechtfinden, vermittelt einfach so viel Toleranz und Skills, wie es kein noch so schlaues Buch oder stationärer Unterricht vermag, auch wenn diese auf ihre Weise sehr wichtig sind. Ich wusste, dass unser Projekt herausfordernd werden würde, dachte aber, wir würden uns im ersten Sommer vorsichtig herantasten und es im zweiten dann durchziehen.

Planmäßig landeten wir Ende August in Calgary, der Millionenmetropole am Rande der Prärie, deren rot umrandeter, 190 Meter hoher Tower meilenweit aus allen Richtungen und wunderbar aus der Luft zu sehen ist. Direkt am Flughafen stiegen wir in unseren geräumigen weißen Mietwagen, der uns die nächsten Wochen durchs Herz der kanadischen Rockies fahren, zugleich aber als Speisekammer (Kofferraum), Kleiderschrank (Rücksitze) und Schlafstätte (abwechselnd Sitze vorn oder die Rückbank) dienen sollte. Geplant waren zu Beginn ein paar Tagestouren, später eine dreitägige Backcountrytour mit anschließenden Tagestouren. Ich hatte für die ersten Nächte einen Zeltplatz reserviert, aber nicht durchgängig für alle anderen, um flexibel zu bleiben.

Nach einem Großeinkauf verließen wir rasch die Cowboystadt am Bow River, um auf dem Trans-Canada Highway dem Fluss aufwärts gen Westen zu seinem eisigen Ursprung im steinigen Gebirge zu folgen. Die 140 Kilometer ins quirlige Touristenstädtchen Banff verzauberten mich jedes Mal aufs Neue. Wie ein leiser Trommelwirbel kündigten die sanften Hügel mit ihrem trockenen Gras das Gebirge an, das wie mit jedem Paukenschlag höher und steiler gen Himmel strebte, je näher wir ihm kamen, bis sich die im Frühsommer noch mit Schnee bedeckten Bergmassive direkt neben dem Highway wie gewaltige Trutzburgen auftürmten. Endlich angekommen im kanadischen Bergland. Wunderbar!

Doch gleich am Anfang unseres Wanderabenteuers zeigte sich uns das Leben erneut von seiner unerschütterlichen Wankelmütigkeit, denn nichts lief wie geplant. Als an diesem ersten Wandermorgen im etwa 1400 Meter hoch gelegenen Bergstädtchen Banff die Sonne aufging, begrüßte mich im Zelt die verknarzte Stimme meiner Tochter mit einem heiseren »Good morning«, der so ziemlich das Gegenteil zu werden versprach. Ein Blick in ihre noch wach werdenden Augen bestätigte meine Vermutung: Eine saftige Erkältung machte sich in ihr breit. Und ganz sicher bald auch in mir. So war es immer. Eine wurde krank, die andere steckte sich an.

Da körperliche Anstrengung für eine rasche Genesung tabu ist, wurde ich erst mal zornig. *Nicht dein Ernst*, dachte ich wütend, als gewaltiger Frust in mir aufstieg. Wieso war sie manchmal nur so stur! Sie wusste doch, wie wichtig es war, dass wir in diesen Wochen wandern gingen, dass wir den Grundstein für den Wanderführer legten, und jeder einzelne Wandertag zählte. Und dennoch hatte sie sich vor ein paar Tagen nichts drübergezogen, als es kalt wurde. Trotz mehrfacher Bitten von mir! Mit »Nee, mir ist nicht kalt«, »Wirklich nicht!«, hatte sie mich abgewimmelt. Da sie ein völlig anderes Hitzeempfinden hat als ich, konnte das durchaus stimmen. Sie schwitzt oft, wenn ich schon friere und zwei Lagen Longsleeves übergezogen habe. Trotzdem! Ihr Versprechen »Mama, ich werde nicht krank« konnte sie nicht halten. Wie auch, wenn sie schwitzend im Wind tanzt.

Wenn es doch nur ein ganz normaler Urlaub wäre! War es aber nicht, denn wir mussten ja die Touren zusammenbekommen. Mir blieb also nichts anderes übrig, als an diesem Zwangspausentag einfache Routen rauszusuchen, die wir selbst in angeschlagenem Zustand in den Folgetagen gemütlich würden gehen können.

Glücklicherweise wirkte der Pausentag Wunder, und mein »Virenmutterschiff«, wie wir die jeweils Ersterkrankte nannten, fühlte sich am nächsten Morgen schon wieder um einiges besser. So begannen wir mit der entspannten Rundwanderung an der Cave and Basin National Historic Site in Banff. Dort, wo 1885 der erste Nationalpark Kanadas, und nach dem Yellowstone (USA) und dem Royal-Nationalpark (Australien) der drittälteste der Welt gegründet wurde. Nachdem es zu Rechtsstreitigkeiten zwischen den Bahnarbeitern gekommen war, welche die heißen Quellen bei der Bahnstation namens »Side 29« entdeckt hatten, wurden damals 26 Quadratkilometer Land rund um die Quellen und Kalksteinhöhlen des heutigen Banff von der kanadischen Regierung unter Schutz gestellt. Die vermutete touristische Goldgrube entpuppte sich tatsächlich als wahrer Schatz, zu dem heute jährlich Millionen Menschen pilgern. Baden dürfen in den Originalquellen am Fuße des Sulphur Mountain allerdings nur die vom Aussterben bedrohten Banff Spring Snails, luftatmende Süßwasserschnecken, die nicht größer sind als die Kerne eines Apfels. Die weiter oben gelegenen Upper Hot Springs laden jedoch zum Bad im warmen Thermalwasser ein, und wer will, kann sogar in historisch designten Badeanzügen ins Wasser eintauchen.

Auf dieser Runde fotografierte ich alles: Disteln mit und ohne Biene; die flache Buschlandschaft mit ihren hüfthohen Weiden und trockenen Gräsern, die den Blick auf die von der Hitze des Sommers ausgedorrten Gipfel der Front Range freigaben; Margeriten mit und ohne Schmetterling; Kanufahrende, die sich auf dem türkisfarbenen Bow River treiben ließen; eine Gruppe zu Pferde, die mit und ohne Cowboyhut aus dem niedrigen Waldstück trabte; rot leuchtende Hagebutten und blaue Libellen; die schmale Schlucht des Sundance Canyon, in der sich Treibholz kreuz und quer im und über dem Bach verkeilt hatte; moosbehangene Felsen mit und ohne Pilz sowie Analena im Sommerkleid. Ende August war es hochsommerlich warm, und wir genossen diesen Spaziergang mit vielen Pausen. Noch war alles entspannt, noch konnten wir uns schonen.

In den nächsten Tagen standen weitere kurze Halbtages- und Tagestouren auf dem Plan, die uns jedoch in etwas höhere Lagen führen sollten. Schließlich mussten wir uns auf die anstehende erste Backcountrytour vorbereiten. Zum ersten Mal würde es für drei Tage ins kanadische Hinterland gehen. Dorthin, wo es zwar Wanderwege und Zeltplätze mit einfachen Plumpsklos gibt, aber keine weitere Infrastruktur. Wir mussten alles mitnehmen, was wir zum Zelten brauchen würden, und das hieß: schwere Rucksäcke. In diesen Tagen banden wir sicherheitshalber ein klimperndes Bärenglöckchen an Analenas Wanderschuh fest und stiefelten los. Ein Fehler, aus argloser Unkenntnis geboren, den wir später nicht wiederholen sollten.

Analena ging es zum Glück zunehmend besser und jetzt war sie diejenige von uns beiden, die vorankommen wollte, anstatt dauernd stehen zu bleiben. Da ich noch nicht einschätzen konnte, welche Fotos für den Wanderführer relevant sein würden, nahm ich weiterhin jede Kleinigkeit unter die Linse und fotografierte sie aus mehreren Perspektiven, damit am Ende auch wirklich alles passte.

Analena zeterte: »So kommen wir ja nie voran!« Weder die Aussicht hinab auf den Bow River, der sich durch ein breites Tal finsterer Tannen wand, noch die hoch aufragenden, kargen Zacken entfernter Gipfel konnten sie begeistern. Das Einzige, was Analena in Erstaunen versetzte, waren die wuseligen Nagetiere jeglicher Couleur. »Oh, wie schnuckelig« waren doch die Streifenhörnchen und Murmeltiere, die auf den großen Blöcken der Geröllhänge hoch- und runtersprangen. »Oh, wie süüüüüß« fand sie deren schrille Schreie, wenn sie sich gegenseitig vor am Himmel schwebenden Greifvögeln warnten.

Stundenlang konnte »meene Kleene« dem turbulenten Treiben zusehen oder mit ihrer Kamera hinterherflitzen. Meine Mundwinkel zogen sich unwillkürlich breit nach oben, als ich sie so fröhlich sah. Und ganz nebenbei entstanden auch ein paar gelungene Fotos von eben den Streifenhörnchen, mausähnlichen Pfeifhasen und Murmeltieren für den Wanderführer. Sie sammelten eifrig Vorräte für den bevorstehenden Winter, der sich bereits im Sauseschritt näherte, was für diese Jahreszeit ungewöhnlich war.

Wir wildnisunerfahrenen Mädels spürten davon nur wenig: Die von der Glut des Sommers erhitzten Täler kühlten nur langsam ab. Analenas Sommerkleid verschwand zwar in den nächsten Tagen im Kleiderreservoir des Autos, aber an dessen Stelle traten lediglich lange Hose und Sweatshirt. Für uns begann eine wohltemperierte Wanderzeit, die jedoch nur kurz andauern sollte.

Analena Ich und wandern. Das ist wie Juli und Schnee oder Wasser und Feuer. Meine Mom dagegen ist ein absoluter Wanderfan, somit bestanden unsere Urlaube zu meiner großen »Freude« meistens aus Campen in Kombination mit mehreren Wanderungen.

Da sie schon sehr lange als Reiseleiterin arbeitete, durfte ich auch öfter auf ihre Touren in Amerika mitkommen. Das war genial, es gab so viel zu sehen und das Beste daran war, dass es sich zum Großteil um Stadtbesichtigungen handelte. Wenn doch mal eine Wanderung dabei war, dann höchstens ein kurzer Spaziergang. Das lag auch daran, dass bei ihren Reisen viele ältere Gäste und Familien mitfuhren, deshalb konnte sie es – zum Glück! – mit dem Laufen nicht gar so sehr übertreiben.

Meine Mitschüler:innen machten derweil tendenziell eher Urlaub im Mittelmeerraum oder fuhren an die Ost- oder Nordsee. Witzigerweise wollte ich damals immer mal ans Mittelmeer, gerade dorthin, wo es meine Mutter so überhaupt nicht hinzog. Während sie so gerne Urlaub in den Bergen machte, zog es mich eher zum Meer, in die Wärme.

Schon während der Rotel-Reise meiner Mutter in den USA merkte ich, wie die Aufregung vor der bevorstehenden Kanadareise in ihr hochkochte. Es war etwas, was sie noch nie gemacht hatte, weshalb sie angespannt war. Sie ist immer sehr hibbelig, sprüht vor Ideen und ist viel zu aktiv – deshalb nannte ich sie auch manchmal meinen »Presslufthammer«. Das war nie böse gemeint, sondern ein Spitzname, um sie ein bisschen aufzuziehen. Aber wenn sie stiller, ernster und zurückgezogener ist, merkt man, dass sie etwas beschäftigt; das kann sowohl im Guten als auch im Schlechten sein. Diesmal war es natürlich im Guten. Für mich war es einfacher, mich während der Tour komplett zu entspannen, denn ich hatte ja nicht so viel Verantwortung für die anschließende Kanadareise. Ich war total auf unsere bevorstehende Zeit gespannt. Das Wandern war das Einzige, was mich beunruhigte.

Die Rotel-Reise durch Amerika ging viel zu schnell vorbei. Ich hatte die Zeit sehr genossen, im Bus herumgefahren zu werden, Nationalparks und Naturphänomene wie den Grand Canyon und das Monument Valley zu sehen; Städte wie New York, Chicago, Las Vegas, San Francisco,

Los Angeles und Salt Lake City zu besichtigen. Ich wollte irgendwie nicht, dass es aufhört. So viele Eindrücke, die ich noch längst nicht verarbeitet hatte. Warum jetzt wandern? Man latscht durch die Gegend, hat ab und zu die Gelegenheit, in die Gegend zu gucken, und dann geht man wieder heim. Was genau hat man jetzt davon? Ich mochte Städtetouren und das Durch-die-Gegend-Fahren viel lieber! Aber Gemecker hilft da nicht, es war nun mal lange im Voraus der Plan gewesen und da gab es ja auch noch die Abgabetermine. Wir flogen also weiter nach Kanada und frisch und munter wollten wir diese erste Etappe beginnen.

Mein typisches Thema: Erkältung. Wenn ich krank bin, dann handelt es sich immer um eine Erkältung. Sie häuften sich ganz schön in den Wintermonaten. Zum Unglück meiner Mom wurde sie auch immer von mir angesteckt. So auch gleich zu Beginn unserer großen Mission oder vielmehr ihrer großen Mission, in die ich so mit reingerutscht war.

Wenn mir nicht kalt ist, komme ich gar nicht auf die Idee – geschweige denn, dass ich es möchte –, mir eine Jacke überzuziehen, denn eigentlich sollte einem doch der eigene Körper anzeigen, wenn es ihm zu kalt ist. Aber nein, meiner natürlich nicht. Ich werde einfach plötzlich krank und kann mir nicht erklären, woran das jetzt gelegen haben soll! Und dann werde ich auch noch angemotzt deswegen. Ich kann doch nichts dafür! Aber klar, ich bin dann das »Virenmutterschiff« und stecke die Personen an, die in meiner nächsten Umgebung sind, wie in dem Fall – und sonst auch immer – meine Mom. Natürlich fatal für ihre Unternehmung, in so kurzer Zeit so viele Touren für einen Wanderführer zu beschreiben.

Realität – unvorbereitet ins Hinterland

Verena Als wir am Morgen – es war Anfang September – unsere Wanderschuhe schnürten, bewegten sich meine Finger zielstrebiger und zogen die Senkel fester zu als sonst. Mein ganzer Körper sprühte vor Neugier und Tatendrang. Endlich war es so weit. Drei Tage und zwei Nächte kanadisches Backcountry lagen vor uns. Unsere erste gemeinsame Tour ins Hinterland. Direkt gegenüber von Lake Louise, auf der östlichen Seite des Trans-Canada Highway, führte diese Route über knapp vierzig Kilometer und etwa 1680 Höhenmeter ins Hochtal des Skoki Mountain. Hier gab es eine urige Lodge, die wir uns zwar nicht leisten konnten, dafür aber die Zeltplätze mitten in der Wildnis. Wie aufregend das alles war!

Sorgfältig packten wir am Parkplatz Zelt, Isomatten, Kocher, Essen und Wechselklamotten in die Rucksäcke. In den Seitentaschen war sogar noch Platz für frische Äpfel und einen Pfirsich. Die große Wasserflasche verstauten wir in meinem Rucksack, über den ich noch eine Jacke und eine Weste quer drüberhängte. Naiv, mit einem Apfel in der Hand und gut gelaunt, machten wir uns bei strahlendem Sonnenschein mit viel zu schweren Rucksäcken auf den Weg ins Hinterland.

Die ersten Schritte Richtung Skoki-Tal fühlten sich an, als ob ich durch zähen Schlamm waten würde, so schwer kamen meine Beine auf der breiten Geröllstraße in Gang. Wow, war mein Rucksack schwer! Meine Eltern hatten mir diesen großen und robusten Backpack geschenkt, als ich sechzehn Jahre alt war und zu meiner ersten und einzigen geführten Hüttentour in den Alpen aufbrach. Die Idee dazu entstand im Urlaub in Südtirol, als wir Schloss Juval besuchten und mir Reinhold Messner persönlich, der zufällig vor Ort gewesen ist, auf Anfrage Hüttentouren ans Herz legte, als ersten Schritt, um tiefer in die Berge vorzudringen. Ich war und bin bis heute schwer beeindruckt von der Bodenständigkeit und Freundlichkeit des weltberühmten Bergsteigers.

Seit dieser ersten Hüttentour begleitete mich mein blau-schwarzer Rucksack beständig. Was er schon alles gesehen hat! Vor allem während meiner Teenagerzeit in der Sächsischen Schweiz leistete er mir treue Dienste, als ich mit meinen Kumpels und meiner Jugendliebe Paul oft übers Wochenende draußen war und wir unter den Felsüberhängen schliefen, was heutzutage nur noch Kletterern erlaubt ist, und auch das mit Einschränkungen. Schlafsack und Isomatte, Wasser und Wein, Käse und Brot passten wunderbar hinein. Nach dem Abitur nahm ich ihn statt eines Koffers mit auf die Philippinen, als ich dort ein knappes Jahr verbrachte, und auch als ich später in Alaska mit einer Cessna fliegen lernte, und bei meiner Wilderness-First-Responder-Ausbildung in Schweden und Island war er dabei.

Da wir mit Rotel Tours oft entlegene Gegenden durchkreuzten, wo es keinen schnellen Rettungsdienst gab, wollte ich für den Ernstfall vorbereitet sein: mehr können als nur ein Pflaster aufkleben oder auf Pflegekräfte hoffen, die manchmal als Urlauber:innen mitfuhren und wussten, was zu tun sei. Diese Ausbildung für Erste Hilfe in der Wildnis, wo mit einer längeren Zeit bis zur Ankunft eines Arztes oder Sanitäters zu rechnen ist als in einer Stadt, dauerte erstmalig zehn Tage und muss alle zwei bis drei Jahre mit einem dreitägigen Seminar aufgefrischt werden. Denn man lernt, um es im besten Fall nie anzuwenden. Aber genau das gab mir ein bisschen mehr das Gefühl, für unser Rocky-Abenteuer vorbereitet zu sein.

Der schwarze Schaumstoff im Trägergestell meines alten Rucksacks war zwar längst durch die kleinen Löcher herausgebröselt, aber er trug sich auf kurzen Strecken und relativ leicht beladen weiterhin prima. Diese zwei Sommer sollten seine krassesten Abenteuer werden, von denen er allerdings nur einen Teil miterleben würde.

Irgendwie saß diesmal aber alles schief. Zuerst drückte es an der einen Schulter, dann an der anderen. Ich löste die Schnüre der Schulterträger, sodass mehr Gewicht auf den Hüften lagerte. Jetzt drückte die Last auf die Hüftknochen. Es war immer etwas verrutscht. Noch dazu ging es steil bergan. Es dauerte nicht lange, da hörte ich auch Analena stöhnen.

»Oh Mama, ehrlich? Das schaff ich niemals.«

Was sollte ich da sagen? Ich versuchte es mit: »Ich weiß, es ist schwer. Lass uns einfach Stück für Stück weitergehen. Mit der Zeit machen wir schon Meter.«

Bald klagten wir uns gegenseitig unser Leid. So richtige Jammerläppchen sind wir gewesen, die sich mühsam den Berg hinaufschleppten. Wir hatten vorher nicht ausprobiert, was alles in den Rucksack sollte, auch keine Listen darüber geführt, was wie viel wiegt und was wir tragen können. Meine Vorgehensweise war immer noch ganz die alte: ohne vorher Fachliteratur zu studieren, alles, wovon ich denke, wir könnten es brauchen, rein in den Rucksack. Fertig. Ich dachte, dass es so sein muss und wir vielleicht einfach nicht fit genug sind. Dass die anderen, bei denen es so leicht aussah, wahrscheinlich durchtrainierte Körper hatten. Wir mussten da einfach durch.

Nach einer Stunde erreichten wir eine Brücke und stützten stehend unsere Rucksäcke ab. Puh. Entlastung. In der Pause konnten wir auch die Apfelkerngehäuse verstauen. Daran hatten wir zuvor gar nicht gedacht, erst als wir sie in der Hand hatten. Leave no trace – keine Spuren hinterlassen – gilt hier radikal, weil sonst Bären und andere Wildtiere an menschliches Futter gewöhnt werden und die Folgen für Mensch und Tier drastisch sind. Da Bären in ihren wachen Monaten auf jede Kalorie angewiesen sind, würden sie die Reste sofort fressen. Doch sie haben eine feine Nase und riechen nicht nur die Banane oder den Apfel. Sie riechen noch etwas anderes: uns Menschen. Und sie verbinden beide Gerüche miteinander.

Ist ein Bär erst einmal mit menschlicher Kost in Berührung gekommen, denkt er bei jedem Geruch eines Menschen meist auch an ihren leckeren und kalorienreichen Proviant. Das Tier nimmt fortan die Verfolgung auf, um ans Futter zu gelangen. Dann wird es für Menschen gefährlich. Aus einem wilden Bären wird jetzt ein Problembär. Zuerst bekommt er die Gelbe Karte: Er wird ausgeflogen. Kommt er zurück, was meistens der Fall ist, erhält er die Rote Karte: Er wird eliminiert. Also alles mit rausnehmen, was man mit hineingebracht hat, auch die Apfelgriebse und Bananenschalen.

Das war das erste tote Gewicht, das wir als solches entlarvten. Bei Touren im Backcountry kann man ruhig mal auf den schweren Apfel und Frischobst generell verzichten. Es dauerte allerdings noch etliche Touren, bis ich bewusst merklich Rucksackgewicht zu reduzieren lernte.

Über die gerröllige Fahrstraße waren wir mittlerweile auf eine Höhe von mehr als 2050 Meter aufgestiegen, hoch genug, um in der Ferne die ersten Berggipfel aus dem dichten Fichtenwald emporlugen zu sehen. Analena lächelte. Na also, was wollte ich mehr? Nach einer kurzen Verschnaufpause ging es weiter bergauf.

Ich musste an Charlotte Small denken, eine Métis-Frau, die hier in der Wildnis des heutigen Westkanada Unglaubliches geleistet hat. Ende des 18. Jahrhunderts wuchs sie vaterlos als Tochter einer Cree-Mutter und eines schottischen Arbeiters der North West Company auf. Es war die Zeit des großen Umbruchs.

Mit gerade einmal dreizehn Jahren heiratete sie im Jahr 1799 den sechzehn Jahre älteren David Thompson, einen kanadischen Kartografen und Pelzhändler, der zu einem der bedeutendsten Landvermesser Kanadas und die Liebe ihres Lebens werden sollte. Er kartografierte nicht nur den größten Teil Nordamerikas selbst – etwa ein Fünftel des Kontinents –, sondern ging dabei auch noch so genau vor, dass seine 1814 erstellte Karte hundert Jahre später immer noch als Vorlage für weitere Karten genutzt wurde.

Charlotte verließ ihre Familie, die sie liebte, und das einzige Zuhause, das sie kannte, und begleitete fortan Thompson auf seinen Expeditionen. Gemeinsam mit ihrem Mann und ihren Kindern legte sie fast 20000 Kilometer zurück. Dabei dolmetschte sie zwischen Englisch, Französisch, Cree und weiteren lokalen First-Nations-Sprachen. Zudem genoss sie das Vertrauen der indigenen Bevölkerung und vermittelte diplomatisch.

Charlottes Jagdfähigkeiten brachten Thompsons Trupp, mit dem er im Auftrag der North West Company die Region westlich vom Lake Superior über die Rocky Mountains bis hin zum Pazifik erkundete, Fleisch, in Zeiten, in denen niemand sonst welches auftreiben konnte, und sicherte ihnen somit das Überleben.

Trotz ihrer wirtschaftlichen Armut nach den Expeditionen ist Charlotte Smalls Weg in meinen Augen eine grandiose Erfolgsgeschichte: Gemeinsam mit ihrer Familie hat sie einen Großteil Westkanadas erkundet und in gesellschaftlich schwierigen Zeiten mit ihrem Mann 58 Ehejahre in gegenseitiger Zuneigung und Respekt verbracht.

Wow. Was für eine Frau! Was für ein Leben!

Und ich kämpfte schon mit dieser breiten Geröllstraße, und das, obwohl ich mit besten Materialien ausgerüstet war. Analena und ich trotteten gemächlich unter unserer schweren Last bergan bis zur nächsten Pausenmöglichkeit. Diese ergab sich etwa eine halbe Stunde später beim Hotspot des Skizentrums.

In der Nähe stand eine Gruppe junger Leute und beriet sich, welchen Weg sie einschlagen will. Wir sahen uns um, und ich fotografierte. Links und rechts durchbrachen die Furchen des Pistengeländes den dunklen Wald, die um diese Jahreszeit von den Wildblumen in ein herbstliches Blütenmeer verwandelt werden. Am langen Hügel weiter oben lag ein großer Stein im Gelände und – Moment. Der Stein bewegte sich. Quatsch, ein Stein kann sich doch nicht bewegen.

»Analena, kannst du was erkennen? Ist das ein Stein?«, fragte ich und richtete gleichzeitig meine Kamera auf das sich bewegende Etwas. Mit dem Zoom konnte ich fotografieren und anschließend das Bild noch mal vergrößern, so hatten wir immerhin eine Art Fernglas. Unverzüglich stellte sich heraus, dass sich der vermeintliche Stein tatsächlich bewegte, und zwar hangabwärts. Es war auch kein Stein. Es war ein schöner kräftiger Grizzly.

Krass. Was für ein Moment! Unser erster Bär in freier Wildbahn und ohne Metall zwischen uns! Mir ging die Düse. Hier draußen wollten wir also übernachten. Ob das so eine gute Idee war? So kurz vor der Winterruhe war er intensiv mit Fressen beschäftigt, er grub nach Wurzeln und fraß die kurzen Kräuter am Hang. Uns widmete er keine seiner wertvollen Sekunden. Grizzlys können in ihrer aktiven Zeit täglich etwa 5000 Kalorien zu sich nehmen, das entspricht in etwa siebzehn Cheeseburgern. Um im Herbst genügend Reserven für den Winter anzulegen, verfallen sie dann jedoch regelrecht in eine Fresssucht, die sogenannte Hyperphagie. Umgerechnet 67 Cheeseburger vertilgen sie dann an einem Tag. Diese Menge an Kalorien nimmt ein Erwachsener in Europa durchschnittlich in zehn Tagen zu sich.

Wir Menschen stehen dabei nur in Ausnahmefällen auf seiner Speisekarte. Die Bear-Safety-Expertin Tim Kitchener, Gründerin von Bear Safety & More Inc., weiß, dass 95 Prozent der Braunbärattacken weltweit von defensiver Art sind. »Angriffe«, in denen sich die Bären also nur verteidigten. Lediglich fünf Prozent der Angriffe resultieren aus gezielten Beutezügen der Raubtiere, in denen Menschen als Nahrung wahrgenommen wurden. Stattdessen gewinnen Grizzlys ihre Kalorien hauptsächlich über Pflanzen, Insekten und kleine Nagetiere, sofern keine Lachsbäche in der Nähe sind.

Und sollte es doch mal zu einem Angriff kommen? Dann unterscheidet man zwischen Überraschungssituation und einem Verteidigungsangriff – beispielsweise, wenn Junge dabei sind – auf der einen Seite und den sehr seltenen potenziellen Fressattacken andererseits. Wenn Bären sich angegriffen fühlen, sieht man ihnen den Stress an durch klackendes Auf- und Zuklappen des Maules. Manchmal wird das begleitet durch heftigen Speichelfluss oder nervöses Hin- und Herrennen. Dann heißt es: Hände hoch, Auge in Auge mit dem Tier beruhigend sprechen, um die Situation zu deeskalieren, dem Bären Raum zur Flucht geben und langsam den Rückzug antreten. Zur Sicherheit das Bärenspray bereithalten und, falls nötig, verwenden. Und wenn das ebenfalls nicht klappen sollte? Was dann zu tun wäre, würde ich erst im folgenden Jahr lernen. Bis dato war das mein Kenntnisstand.

Okay, dieser Bär war weit genug entfernt, wir interessierten ihn nicht und wir würden außerdem noch ein ganzes Stück weitergehen. Also los! Wir verloren keine Zeit und machten uns auf den Weg zum Zeltplatz, weg vom grasenden Grizzly.

Endlich verließen wir die Kiesstraße und zweigten in einen breiten Waldweg ab, der sich bald als Matschpiste enttarnte. *Unsere langen Hosen werden den Dreck abfangen, wir müssen nur später aufpassen beim Ins-Zelt-Krabbeln*, überlegte ich, während sich der Himmel unmerklich zuzog. Hand in Hand wanderten wir weiter und kamen ins Reden, da keine Steigung uns den Atem raubte, als still und leise die ersten Schneeflocken vom Himmel rieselten.

Zuerst dachten wir, es sei ein Scherz der Natur, die Wolke würde vorüberziehen und anschließend würde uns wieder die Sonne entgegengrinsen. Aber nein. Es wurde kalt. Und es wurde nass. Wir zogen unsere Pullis an, streiften die Regenhüllen über unsere Rucksäcke, halfen uns beim Aufsetzen der schweren Backpacks und gingen weiter. Doch es hörte einfach nicht auf. Dunkle Wolken zogen in unsere Richtung, und die Schneeflocken wuchsen zu immer größerer Pracht heran. Aus der hauchzarten Schneeschicht wurde zunehmend eine weiße, dichte Schneedecke, die alle Farben und Strukturen des Waldes verschluckte.

Was, wenn es so weitergeht? Finden wir den Weg? Wie sieht überhaupt so ein Backcountryzeltplatz aus? Erkennen wir den? Sind noch andere dort oder sind wir heute ganz allein? Was, wenn der Bär auch dorthin kommt? Bislang nur zaghaft nagend, hatte Gevatter Zweifel meinen sonst so starken Willen aus meinem Kopf vertrieben. Was übrig blieb, war die schiere Angst vor der wilden Natur und das Zittern meiner Glieder vor Kälte. Die Augenbrauen dicht über der Nase gekräuselt, sahen Analena und ich uns an.

»Drehen wir um?« Die Frage stand offen im Raum, ohne dass sie laut ausgesprochen wurde. Eigentlich wollte ich nicht, durfte nicht, denn ich brauchte ja die Tour. Und irgendwie wollte ich doch. Aber es gab zu viele Dinge, die wir nicht wussten, auf die wir nicht vorbereitet waren und vor denen wir größten Respekt hatten. Ja, der gemütliche Teil meines Seins wollte in die Sicherheit und ins Warme.

»Ich weiß nicht, ob wir umdrehen sollten«, sagte ich laut, aber gedacht habe ich: *Ja, unbedingt.*

»Vielleicht gehen wir noch ein Stück und schauen, wie es sich entwickelt«, hörte ich mich reden. Analena stimmte bang mit einem unsicheren »Okay« zu. Ich haderte mit mir. Sollten wir nicht doch besser abbrechen? Ich musste die Touren doch gehen. Sonst konnte ich den ganzen Tag streichen. Wieder ein verlorener Tag. Knappe fünf Minuten später war es so weit. »Okay, Sweetie, es macht keinen Sinn. Drehen wir um.«

Erleichterung zeichnete ein Lächeln auf Analenas Gesicht. Sie entspannte sich und ich mich auch. Erst jetzt bemerkte ich, wie sich alles in mir verkrampft hatte, von den Zehenspitzen bis zu meinen Händen. *Oha, dann kommen wir wieder am Bären vorbei. Hoffentlich ist er weg.* Die nächste Angstwelle schwappte über meine Seele. Nächstes Jahr durfte das keinesfalls passieren.

Der Schnee fiel in immer dickeren Flocken, als wir in unseren nassen Schuhen durch den zähen Matsch zurückschlurkten. So schleppten wir uns dicht nebeneinander voran und versicherten einander, dass dies die richtige Entscheidung gewesen war. Auch der Grizzly hatte sich getrollt und war nirgends zu sehen.

Schwer überrascht wurden wir von einer phänomenalen Aussicht beim Abstieg. Direkt unterhalb der Schneegrenze blickten wir ins gegenüberliegende Tal des kleinen Orts Lake Louise, über dessen steilen Gipfeln die dunklen Schneewolken mit den Nebelschleiern um die Wette tanzten und den König der Bergkette, Mount Temple, dramatisch in Szene setzten. Wie mit einem Lineal gezogen, standen wir plötzlich im Trockenen, unter unseren Füßen knirschte der Kies und die Bäume waren wieder grün. So, als ob nichts gewesen wäre.

Wir trabten hinab zum Auto, nun vom Gewicht der Rucksäcke geschoben. Aus der geplanten langen Tour in die kanadische Wildnis war ein Kurztrip geworden, der uns knallhart unsere zivilisatorischen Unzulänglichkeiten vor Augen geführt hatte. Ich schämte mich am meisten vor mir selbst. Ich, die gern in der Sächsischen Schweiz rumstromerte, das Unterholz durchforstete und versteckte Orte fand, versagte hier schon auf gepflegten Wegen, wenn's mal schneit. Mein Outdoor-Freiheits-Ego lag am Boden, vom Verantwortungsbewusstsein darniedergestreckt.

Ja, es war vernünftig gewesen. Es ist richtig, umzukehren, wenn man die Situation nicht einschätzen kann, nicht darauf vorbereitet ist und sie nicht im Griff hat. Und das hatte ich definitiv nicht gehabt. Das hieß aber auch, dass ich mich nicht richtig vorbereitet hatte, nicht alles im Vorhinein getan hatte, damit es gelingen konnte und anstatt eines kompletten Risikos ein kalkulierter Ablauf mit Restrisiko war. Darin bestand mein Fehler. Und den wollte ich nicht wiederholen.

Wir kamen heil aus der Sache heraus, fuhren runter nach Lake Louise und nahmen uns dort das billigste Zimmer, das wir finden konnten. Das einfache Motelzimmer mit den extrem weichen Betten, aber komplett überheizten und dadurch stickigen Luft, kostete mich 200 kanadische Dollar (etwa 140 Euro). Für mich war das ein kleines Vermögen, aber kein Vergleich zu dem Luxus, den ich ein Jahr später für nur fünfzig Dollar mehr genießen durfte. Doch für diese Nacht waren wir sicher, warm und heil. Und das war das Wichtigste.

Analena

Jetzt ging es so richtig los: unsere allererste Backcountrytour! Wir hatten schon ein paar Wanderungen hinter uns, um in den Tourenalltag reinzukommen, und es war eine deutliche Umstellung. Da geht einem schon die Pumpe bei dem Gedanken, nur zu zweit mit Zelt irgendwo im Nirgendwo zu übernachten. Und das sollte schon in weniger als 24 Stunden passieren!

In einem Visitor Center im Banff-Nationalpark riefen wir morgens vor dem Start unserer Tour erst mal meine Großeltern – die Eltern meiner Mutter – an. Sie waren unser Notfallkontakt und wir sagten ihnen, bis wann wir uns wieder gemeldet haben müssten, sodass sie die Möglichkeit hatten, schnell zu reagieren, und beim Nationalpark Alarm zu schlagen, falls uns etwas passieren sollte und wir uns deswegen nicht bis zum vereinbarten Zeitpunkt gemeldet hatten. Wir wussten ja nicht, ob uns nicht ein grummeliger Bär über den Weg laufen oder wir uns durch Unvorsichtigkeit oder Unwissen eine ernsthafte Verletzung zuziehen würden. Sicher ist sicher. Meine Mutter hatte hier zwar schon Erfahrung, doch solche Unfälle sind nicht immer zu vermeiden.

Mit einem kräftigen Biss in einen frischen grünen, fruchtigen Apfel ging's los. Das Gepäck wurde immer schwerer, je länger wir liefen, und wir waren noch nicht lange unterwegs. Wir wanderten auf einem breiten Weg, der mit kleinen Steinchen befahrbar gemacht worden war. Und warum mussten wir dann dieses Stück schon laufen?! Meine Motivation sank erheblich. Ich schniefte und begann zu meckern, wollte einfach nicht mehr weiter.

Sollte das jetzt immer so sein? Schweres Gepäck, endlos lange bergauf latschen? Oh Gott! Niemals würde ich das die ganze Zeit über schaffen. Wir hatten noch so gut wie alles an geplanten Touren vor uns, unter anderem viele weitere Mehrtageswanderungen. Ich hatte keine Lust mehr!

Wir beschlossen, eine Pause einzulegen, eine Kleinigkeit zu essen und zu trinken und so ein bisschen Gewicht aus unseren Rucksäcken loszuwerden. Uns umgab eine wunderschöne Landschaft: Wiesen voller Wildblumen. Aus dem frischgrünen Gras hoben sie sich weiß, lila-blau und rosa ab. Ich bin allgemein mehr die Wildblumen-Liebhaberin. Bei Laden-Blumen fehlen mir die Wildheit und Natürlichkeit.

Mit getrübter Laune mussten wir weiterlaufen. Ich war wie abgeschirmt von der Außenwelt. Innerlich führte ich unfreundliche, motzige Monologe, in denen ich mich über die Wanderung beschwerte und über den weiteren Verlauf des Weges sinnierte. Und dann fing es an zu schneien. Da standen wir nun, im Schnee, planlos, wie es jetzt weitergehen sollte.

Es war ja schön, anzusehen, wie der Schnee die Fichten und Berge bedeckte. Noch war die Umgebung nicht komplett weiß, und es sah eher aus, als hätte man Puderzucker über die Wildnis gestreut.

Der Schneefall wurde etwas stärker, und wir überlegten umzudrehen. Im nächsten Moment hieß es: »Nein, wir drehen nicht um.« Klar, wir hatten mittlerweile doch schon ein ordentliches Stück an Weg geschafft, aber auf Schnee waren wir so gar nicht vorbereitet. Wir diskutierten ein wenig hin und her, unter anderem mit dem Argument, dass wir nicht wussten, wie lange es noch schneien würde. Es konnte ja auch gleich wieder vorbei sein. Doch es wollte nicht aufhören. So langsam kippte die Stimmung.

Ich verließ mich komplett auf meine Mutter. Sie würde schon wissen, was wir wagen könnten und was nicht. Ich hatte noch viel zu wenig Erfahrung, als dass ich die Situation hätte einschätzen können. Für mich war es lediglich sehr ungemütlich, bei dem Wetter zu wandern und überhaupt draußen zu sein.

Der Himmel zog sich weiter zusammen, und es wurde immer düsterer. Die ganze Umgebung bekam eine ganz andere Stimmung, fast schon bedrohlich. Es wurde kälter, nicht nur draußen, sondern auch in mir. Ich bekam überall Gänsehaut und wollte mich am liebsten unter einer Decke mit einer Wärmflasche verkriechen.

Ich liebe den Winter – zumindest, wenn ich drinnen bin im Warmen und den Schneefall durchs Fenster beobachten kann. Zu Hause in unserem kleinen Dorf in der Nähe von Stuttgart hatten wir einen Holzofen. Von dem geht eine nostalgische Gemütlichkeit aus, die ich liebe. Aber dafür muss er erst einmal angefeuert werden. Der Ofen war die einzige Heizung im Haus und nicht dauerhaft an, denn so lange, wie das dauerte, lohnte es sich oft gar nicht für uns, den Ofen vor der Schule oder Arbeit anzuschmeißen. Also schaltete ich zum Ärger meiner Mom oft und lange den Heizlüfter an, verkroch mich mit ihm im Bad und machte mich dort in Ruhe für den Tag fertig.

Dieses Thema löste immer wieder Diskussionen zwischen meiner Mutter und mir aus, denn der Lüfter fraß sehr viel Strom. Ich konnte sie auch vielleicht ein kleines bisschen verstehen, aber es war einfach viel bequemer mit dem kleinen Wundergerät.

Jetzt wurde es uns doch zu viel. Meine Mutter entschied umzukehren. Ich hatte ihr innerlich die Entscheidung zugeschoben, weil ich mich in diesem Moment nicht »befugt« dazu fühlte. Klar, wenn ich übermäßig gefroren hätte oder es mir ganz schlecht gegangen wäre, wäre das eine andere Sache gewesen. Aber so, einfach nur, weil ich keinen Bock hatte, im Schnee zu laufen, fand ich es nicht genug begründet. Wir mussten ja auch erst mal austesten, was so alles möglich war mit unserer vorhandenen Ausrüstung und was nicht.

Aber nun war ich doch ganz schön dankbar, nicht mehr so lange durch den Schnee stapfen zu müssen und dann auch noch in der Kälte zu übernachten. Vor meinem inneren Auge sah ich schon das Auto, unser temporäres neues Zuhause während unserer Wanderzeit. Ich freute mich, dass wir umkehrten und sogar ausnahmsweise nicht in Zelt oder Auto, sondern einem Motel übernachten würden. Meine Mutter brachte den Vorschlag, und ich hatte nichts gegen ein großes, warmes und weiches Bett. Aber unter die große Freude mischte sich auch ein bisschen Enttäuschung. Wir hatten versagt. Wie sollten wir die ganzen anderen mehrtägigen Wanderungen schaffen, wenn wir schon bei der ersten scheiterten?

Ich schaute mich noch mal um und warf einen bitteren Blick auf die umliegenden Gipfel. Es sah wunderschön aus, wie die Wolken die Berge umrahmten. Sie sammelten sich auf Gipfelhöhe und am Fuß der Bergkette, fast wie ein mystischer Nebel.

Wir wechselten kaum ein Wort miteinander, beide tief in Gedanken versunken. Auf der einen Seite gab es zwar den Frust, aber auf der anderen Seite wussten wir, es war die richtige Entscheidung gewesen umzukehren. Wir hatten viel aus der abgebrochenen Wanderung gelernt: keine Äpfel mitnehmen und auf das Worst-Case-Szenario vorbereitet sein. Wir würden bessere Ausrüstung brauchen, die auch für schlechtes Wetter gemacht ist.

Familie – auch im Regen geht das Leben weiter

Verena Nach einer unruhigen Nacht mit wenig Schlaf in ungewohnter Umgebung – kein Zelt, kein Auto – wachten wir am nächsten Morgen gerädert auf. Da nun zwei zusätzliche Wandertage frei geworden und wir schon mal vor Ort waren, konnten wir gleich oben am See die geplante zwanzig Kilometer lange Runde zu den rustikalen Teehäusern im Tal des Lake Louise vorziehen. Die gastronomischen Blockhütten hatten bereits zu Beginn des 20. Jahrhunderts den touristischen Besucher:innen eine kulinarische Rast im europäischen Stil geboten. Bis heute gibt es nur wenige Einkehrmöglichkeiten in der kanadischen Bergwelt. Wir packten unsere Tagesrucksäcke, die sich angenehm leicht anfühlten, und fuhren hoch zum riesigen Parkplatz am Lake Louise.

Die Wolken hingen tief über dem See. Es war trocken, aber kalt. Am gegenüberliegenden Seeufer sahen wir nur die schneebedeckte Wand des Bergmassivs aufsteigen, die Gipfel blieben im Nebelmeer verhüllt. Wir wanderten bergan. Eingekeilt zwischen steilen Felsflanken, türkisfarbenen Seen und sich gelb färbenden Lärchen, genossen wir die sporadischen Ausblicke hinab auf das breite Bow Valley, den eisblauen Lake Louise mit seinem kleinen Delta und die Geröllmoränen, die der Victoria-Gletscher bei seinem Rückzug hinterlassen hatte.

Trotz Kälte wuselte es rings um das schnuckelige Tea House am eisblauen Lake Agnes. Der heimelige Raum innen empfing die müden Wandernden mit warmer Luft und süßem Duft. Doch wir stiegen weiter hinauf, zuerst zum Little Beehive und anschließend zum Big Beehive – Bergkuppen, deren Gesteinsformation von Weitem wie Bienenstöcke anmuten. Der am Nachmittag einsetzende Regen färbte die grüne Waldlandschaft nur noch intensiver. Die blanken Steinplatten des Weges schimmerten auf einmal in rostroten, orangenen und smaragdgrünen Tönen, mit frischen Tropfen benetzt glitzerte das saftige Moos noch grüner als zuvor und selbst die Bäume erwachten mit ihren satten dunkelbraunen Stämmen zu neuem Leben.

Diese zauberhaften Eindrücke erleichterten das Wandern im Regen, das Platschen der Wassertropfen auf der Kapuze, die anhaltende Nässe der Hände und die kriechende Kälte, die sich allmählich unter die Regenjacke schob, als wir den Weg wieder hinunter ins Tal zum Plain of the Six Glacier Tea House gingen. Die bunten Tibetfahnen hingen müde vom doppelstöckigen, soliden Steinhaus herab. Und obwohl die das Dach verlängernden Holzsäulen ringsherum einen Unterstand boten, wollten wir doch lieber zurück, als im Kalten zu sitzen oder kurz im engen Hüttenraum zu rasten. Bewegung ist schließlich die beste Jacke.

Beim riesigen Château angekommen, wärmten wir uns dann aber doch in den großen, prunkvollen Hallen auf, bevor wir zurück zum Auto stiefelten, unsere Regenjacken hinter die Sitze zum Trocknen hängten und es uns gemütlich machten. In dieser Nacht schliefen wir im Auto, was zuerst unbequem war. Erst im folgenden Jahr würden wir uns richtig daran gewöhnen.

Da auch der nächste Tag Regen oder, wie wir es oft beim Reisen nannten, flüssigen Sonnenschein versprach, suchte ich kurzerhand nach einer Tour im Tal, bei der es nicht auf himmelblaue Panoramafotos für den Wanderführer ankommt. Für Tourenmöglichkeiten fragte ich bei den Visitor Centers nach, studierte Karten oder schaute in einen lokalen Wanderführer und überlegte mir, was für Reisende mit zwei bis vier Wochen Urlaub, die in der Regel mit einem Mietwagen oder Camper anreisen, am meisten Sinn macht. Dabei war mir wichtig, für alle Zielgruppen Touren dabeizuhaben: die Familien mit jüngeren Kindern, die Reisenden, die nur kurze Trips unternehmen wollen, und dann diejenigen, die sich auch ins Backcountry vorwagen oder die erwanderbaren Gipfel erklimmen möchten.

Für uns sollte es heute eine Waldwanderung zu einem weniger bekannten See werden. Diesmal gingen wir auf schmalen, matschigen Wegen durch dichten, moosbehangenen Wald. Es war eine flache Strecke, eine easy Tour für zwischendurch. Die Wolkendecke blieb offen, bis wir am See ankamen, und die Sonne beleuchtete noch einmal Scheinwerfern gleich die schönsten Spots der umliegenden Bergwände, bevor sich der Himmel zuzog und es zu regnen begann.

Das nasse Gestrüpp am Seeufer und später am Wegesrand durchnässte unsere Hosen, bis uns das viele Nass an den Waden abwärts geradewegs in die Schuhe lief und sich unsere Füße anfühlten, als gingen sie patschend durch flache Pfützen. Auf Regenhosen hatten wir während der Tour verzichtet und Gamaschen kannten wir zu diesem Zeitpunkt noch nicht.

Wieder am Parkplatz angekommen, freuten wir uns auf das trockene Auto, in dem wir während der Fahrt alles mit dem warmen Gebläse trocknen konnten, was manchmal zu intensiven Duftnoten führte, vor allem bei nassen Socken. Als ich die Route speichern wollte, sah ich zu meinem Erschrecken, dass mein GPS den Track nicht aufgezeichnet hatte. Alles für die Katz. *Oh mei…*

Ach Kleister, was hab ich mir hier nur vorgenommen?, dachte ich bei mir. Ich hatte meinen Partner Oliver vierzehn Jahre zuvor mit diesem Spitznamen kennengelernt. Alle nannten ihn so. Kleister und ich waren ein eingespieltes Team gewesen. Die Arbeitsteilung und der Flow zu Hause liefen reibungslos, wir unterstützten uns gegenseitig und standen uns mit Rat und Tat zur Seite. Er kannte mich genau, mich und meine Ungeduld. Wenn ich nach etwas fragte, half er sofort. Kleister war praktisch immer da gewesen. In unserem kleinen Fachwerkhaus befanden sich sein Musiklabel mit Plattenlager und Büro direkt neben der Haustür, sodass er die schweren Schallplattenpakete nicht weit schleppen musste.

In unserem Dorf waren wir eine merkwürdige Familie, da bei uns alles anders lief. Während ich mich um Wäsche und Einkauf kümmerte, war Kleister der Koch, der sich immer etwas Neues ausdachte, ohne die Küchenklassiker zu vergessen. Während ich an der Uni in Tübingen und später als Reiseleiterin unterwegs war – quasi »auf Montage« –, blieb er zu Hause und kümmerte sich um Analena und den Haushalt. Er war damals einer der wenigen Väter, der sein Kind vom Kindergarten abholte. Noch dazu mit Dreadlocks und tätowiert in einem Ort zwischen Daimler und Porsche, wo die meisten Familien nach dem klassischen westlichen Rollenmodell der 1950er-Jahre lebten, also die Mamas häufig zu Hause blieben.

Von manchen Müttern bekam ich oft zu hören, dass ich mir doch einen festen Job vor Ort besorgen sollte. Ich sei eine Rabenmutter. Ich gehörte anfangs nicht dazu. Auch an der Uni in Tübingen nicht, wo meine Kommiliton:innen ein lebhaftes Studierendenleben führten, während ich direkt nach den Vorlesungen nach Hause zu meiner Familie fuhr. Mein Leben lag überall irgendwo dazwischen, sowohl innerhalb Deutschlands als auch zwischen unserem Wohnort und der großen weiten Welt.

Wenn ich zu Hause war, verbrachte ich viel Zeit mit Analena, zum einen war es mir ein Bedürfnis, zum anderen tat ich es, damit Kleister durchgängig arbeiten konnte. Und manchmal halfen wir auch alle zusammen. Wenn neue Platten ankamen, hieß es, LPs, Inlays und Poster in die Cover schieben. Fünfhundert oder tausend Stück – je nachdem. Sein Label Skuld Releases zählte seit den 1990ern weltweit zu einem der prägendsten in der Crust- und Anarchopunkszene und veröffentlichte 98 Platten. Oft saß Kleister tagelang vorm Rechner und feilte am Layout für die aktuelle Neuveröffentlichung. Sowohl bei der Auswahl der Bands als auch der Aufnahmen und des Designs war er sehr wählerisch, es musste einfach alles stimmen. Diese Perfektion fand ich bemerkenswert und zugleich befremdlich. Ich wollte Dinge umsetzen und war überhaupt nicht genau, eher schusselig, frei nach dem Motto: Einfach mal machen, Learning by Doing. Aber Gegensätze ziehen sich ja bekanntlich an.

Über ein Jahr war nun seit seinem Unfalltod vergangen. Analena und ich waren seitdem enger zusammengewachsen, hatten zusammengehalten. Wir bekamen es hin, irgendwie. Am schwersten fiel mir das Kochen. Mir jeden Tag etwas Kreatives auszudenken. Wir aßen mit Sicherheit ungesünder. Von all den Dingen, die im Haushalt zu erledigen waren, blieb manches einfach liegen. Das Wichtigste wurde erledigt: Holz sägen und hacken, damit es im Winter warm ist und wir unseren Ofen füttern können. Außerdem Essen, Wäsche, Reparaturen am Haus, Ordnung und Schule.

Wir priorisierten und kämpften. Vor allem mit unseren Gefühlen. Analena zog in sein Zimmer, und wir verwandelten ihren bisherigen Raum in eine Bibliothek mit Gästebett. Kleister war omnipräsent. Alles in diesem Haus erinnerte an ihn, überall flüsterten und schrien Geschichten aus den Gegenständen, aus den Räumen. Kurz vor dem Unfall hatte er ein Bücherregal zusammengezimmert und ich hatte beim Aufbau geholfen. Wir scherzten und lachten. Das blaue, abgegriffene Telefon, mit dem er stundenlang telefoniert und Kundengespräche geführt hatte, stand still auf dem Seitentisch und die rote Tasse, aus der er zu Hause seinen letzten Kaffee getrunken hatte, stand eingetrocknet im Raum. Ich konnte sie nicht abwaschen, die Reste dessen, was noch blieb, einfach in den Abguss spülen.

Unterwegs hielt ich es besser aus. Hier gab es keine gemeinsamen Erinnerungen. Der Fokus auf den vielen neuen Eindrücken und To-dos lenkte mich erfolgreich ab. Und so war es auch in Analenas und meinen ersten gemeinsamen Sommerwochen in den Rockies, die wie im Flug vergingen.

Analena Das Touri-Ziel schlechthin: Lake Louise. Für mich schon abturnend, der See hatte nichts Spezielles, die Wanderung bestand auch nur aus Wald und Von-Wolken-verhangenem-See-von-oben-Angucken. Das Spannendste waren die paar Streifenhörnchen, die uns auf der Tour begegneten.

Es gab viele Asiat:innen, die mit ihren Selfiesticks 10 000 Bilder machten; Menschenmassen und ein überteuertes Hotel mit Souvenirshops. Warum auch immer das so gehypt wird. Doch einer dieser Shops ist mir bis heute in Erinnerung geblieben: ein wunderschöner Buchladen! Darin hätte ich Stunden verbringen, durch die Regale stöbern und viel zu viele Bücher raussuchen können. Das einzig Blöde an so etwas ist dann immer, am Ende die finale Entscheidung zu treffen, was ich kaufen soll. In jenem Laden am Ufer des Sees fand ich eines meiner Lieblingsbücher: »The Falconer« von Elizabeth May. Vorher hatte ich »Mazerunner« abends im Auto oder Zelt fast schon gesuchtet. Beinahe nahtlos war nun der Übergang zu der neuen Lektüre. Beides Fantasybände und beide unfassbar spannend. Während in »Mazerunner« ein

Typ die Hauptrolle hat, ist es bei »The Falconer« eine Frau, eine starke Frau. Das ist für mich ein tief greifendes Thema.

Nach dem Tod meines Vaters war für mich klar gewesen: Ich musste jetzt die Starke in der Familie sein und quasi seinen Platz übernehmen. Er war für mich mit seinem souveränen Auftreten und seinen vielen Tattoos, Piercings und Dreadlocks ein riesiges Vorbild in Sachen Stärke und Unerschütterlichkeit gewesen. Ich war gerne mit ihm zur Post, zum Wocheneinkauf oder Baumarkt gegangen, weil ich mich in seiner Gegenwart immer sicher und fast schon cool gefühlt habe. Er hatte für mich die Stärke ausgestrahlt, die ich gerne haben wollte.

Am Tag des Unfalls sah ich alle um mich herum in ihren Tränen versinken. Als noch nicht klar war, wie es um ihn stand, weinten meine Großeltern, die mit mir vor Ort an der Unfallstelle waren, bereits bitterlich. Ich selbst genauso, wollte aber die Hoffnung nicht aufgeben. Wie konnte es sein, dass die beiden ihn schon vermeintlich aufgegeben hatten?? Ich musste stark sein, so wie er es immer gewesen war, und den beiden gut zusprechen, sie beruhigen und dabei auch mich beruhigen.

Doch dabei habe ich einen riesengroßen Fehler gemacht. Ich habe nicht an mich gedacht. Ich habe meinen Schmerz nur zum Teil herausgelassen und einen Großteil in mich hineingefressen, um die starke Fassade aufrechtzuerhalten. Ich bin von diesem Zeitpunkt an viel extrovertierter geworden. Wo davor ein schüchternes, zurückhaltendes kleines Mädchen stand, das sich hinter den eigenen Haaren, dem Mittelscheitel und großen Jungs-T-Shirts versteckte, war jetzt eine etwas lautere, selbstbewusstere Person. Im Nachhinein interpretiere ich es als meine Taktik, den Schmerz zu verstecken und zu übertönen. Im Nachhinein ist man immer schlauer, aber dieser Umschwung in meiner Persönlichkeit hat mir so sehr geholfen, dass es mir fortan leichter fiel, auf Menschen zuzugehen, neue Personen kennenzulernen, und dass andere auch gerne auf mich zukommen.

Jetzt gab es nur noch meine Mutter und mich, und wir mussten uns irgendwie arrangieren. Meine Mutter war immer diejenige gewesen, mit der ich lernen musste und die für Action – im Sinne von Ausflügen –

gesorgt hat. Sie war durch ihren Beruf oft auf Reisen und damit nicht jeden Tag zu Hause. Mit meinem Dad war ich 24/7 zusammen gewesen, da er auch sein Büro in unserem Haus hatte. Mit ihm konnte ich Filme mit höherer FSK angucken und verbrachte mit ihm den Alltag.

Da meine schulischen Noten immer in der Zeit schlechter wurden, wenn meine Mutter auf Reisen war, fühlte sie sich dafür verantwortlich, dass sich das wieder besserte. Für mich manchmal auch ein bisschen nervig, denn das hieß mehr lernen, wenn sie da war. Jetzt ging das nicht mehr so, und sie musste versuchen, ein Mittelmaß zu finden. Ich glaube nicht, dass ihr das leichtgefallen ist, und ich bezweifle, dass es einfach ist, eine jahrelange Gewohnheit, eine Routine von einem Tag auf den anderen so grundlegend zu verändern. Sie hat das super hinbekommen.

Die erste Zeit war für uns beide schwer, denn wir hatten unterschiedliche Arbeitsrhythmen: Meine Mutter ist immer sehr erpicht darauf, dass alle mithelfen und jede:r absolut *immer* beschäftigt ist. An sich ist das ja auch ein guter Plan, aber ich habe leider die Arbeit nicht immer soo schnell gesehen, wie es ihr gepasst hätte. Ich bin eben etwas gemütlicher und verträumter. Aber wir stimmten uns mit der Zeit aufeinander ab, kamen einander entgegen und wurden zu Hause ein Superteam.

Wir wussten genau, wie wir uns gegenseitig zu nehmen hatten. Wenn die eine schlechte Laune hatte und sie selbst oder die andere es merkte, wurde das offen kommuniziert und wir suchten Abstand, um zu vermeiden, dass uns gegenseitig verletzende Worte rausrutschten. Wir hatten Filmabende, aßen gemeinsam Eis, kochten zusammen. Wir fanden eine gute Haushaltsaufteilung und erzählten uns sowohl von unseren Sorgen als auch von den schönen Dingen. Wir konnten und können immer noch über fast alles reden und das schätze ich sehr! Wir hatten uns weiterentwickelt, haben uns aufeinander eingestellt und jetzt waren wir sogar so weit gekommen, zu zweit mehrere Wochen lang Wanderungen durch die kanadischen Rocky Mountains zu laufen.

Überraschungen – die Wunder der Natur in Raum und Zeit

Verena In der zweiten Septemberwoche stand unsere letzte Wanderung des ersten Sommers auf dem Plan: die große Runde um den Emerald Lake im Yoho-Nationalpark. Ich war schon einige Male als Reiseleiterin hier gewesen, doch bisher hatte ich immer nur für einen fünfzehnminütigen Fotostopp halten können. Jedes Mal waren meine sehnsüchtigen Blicke zwischen der angepinnten topografischen Karte mit den eingezeichneten Wanderwegen und den umliegenden Berghängen hin- und hergewechselt. Genau dort oben, an der gerölligen Bergflanke des Mount Burgess und der gleichartigen Schicht der benachbarten Berge Mount Field und Wapta Mountain, liegt zwischen dicken Gesteinsschichten eingequetscht der Heilige Gral der Geologie: der Burgess-Schiefer (Burgess Shale), eine der bedeutendsten Fossilienlagerstätten der Welt, die heute zum Weltnaturerbe zählt.

Als der Direktor des berühmten Smithsonian Institute in Washington, Charles Doolittle Walcott, im Jahre 1909 dieses steinige Fenster zur Vergangenheit aufstieß, erkannte der begeisterte Paläontologe nichts Besonderes an den bizarren fossilisierten Strukturen. Er hielt sie lediglich für Abdrücke urtümlicher Würmer, Krebse und anderen Getiers bekannter Arten, für einfache Vorläufer einer späteren, komplexeren Spezies. Es dauerte knapp sechzig Jahre, bis klar wurde, welch spektakulärer Fund in dem Gestein schlummerte.

Erst 1966 weckten die in der Harvard-Universität eingelagerten Fossilien des etwa 530 Millionen Jahre alten Burgess-Schiefers das Interesse des Engländers Harry B. Whittington, einer Koryphäe auf dem Gebiet der Arthropoden. Neun Jahre später veröffentlichte er seine radikalen Erkenntnisse in Form einer theoretischen Abhandlung in einer selbst unter Wissenschaftler:innen wenig bekannten Fachzeitschrift »Philosophical Transactions of the Royal Society« aus London mit winziger Auflage. Er beschrieb das Tier *Opabinia*, das bei genauer Betrachtung mit seinem langen Greifrüssel und den fünf Riesenaugen in keine der bisher bekannten Tierstämme einzuordnen gewesen war. Auch der über sechzig Zentimeter große Urzeiträuber *Anomalocaris* mit seinem quallenähnlichen Maul voller spitzer Zähne passte in keine der bekannten Gattungen.

Konnte es tatsächlich sein, dass zur Zeit der kambrischen Explosion vor etwa 570 Millionen Jahren und noch eine gewisse Zeit danach mehr Artenvielfalt geherrscht hatte als heute? Konnte es sein, dass damals das Leben komplexer gewesen war als momentan, auf dem angeblichen Höhepunkt der Entwicklungsgeschichte? Das würde dem darwinschen Paradigma widersprechen, dass sich das Leben vom Einfachen zum Komplexen entwickelt hat. Es würde bedeuten, dass es im Kambrium mehr Vielfalt gab als heute.

Diese ketzerische Sensation, die im Antlitz der Fossilien schlummerte, enthüllte der Paläontologe Whittington nach einem genauen zweiten Blick. Das ist wunderbar nachzulesen in Stephen Jay Goulds Klassiker »Zufall Mensch. Das Wunder des Lebens als Spiel der Natur«. Dass uns dieser fantastische Blick in die historische Anderswelt überhaupt möglich ist, liegt in der außergewöhnlich gut überlieferten Weichkörperfauna der Flachwassertiere.

In der Regel zeigen uns fossile Abdrücke lediglich die nach der Verwesung und Zersetzung des Tieres zurückgebliebenen Knochen und bieten unserer Fantasie damit eine ausgiebige Spielwiese ob der tatsächlichen Gestalt der urzeitlichen Lebewesen. Sie sind die einzige erhaltene größere Weichkörperfauna aus dieser Epoche und dazu so sonderbar, dass die Wissenschaftler:innen ihnen spezielle Namen gaben wie *Hallucigenia* und *Wiwaxia*. Auf dem wüstenhaften Urkontinent durch Erdbeben oder das Gewicht wachsender Sedimente ausgelöste Schlammlawinen müssen die auf Sandbänken lebenden Tiere in die Tiefe mitgerissen und umgehend sauerstofffrei begraben haben, sodass weder Fressfeinde noch Verwesung ihre filigranen Körper zerstören konnten. So haben wir aktuell ein vollständiges Bild dieser Tiere.

Heute gilt die Lagerstätte der in Calcium-Aluminiumsilikate verwandelten Zeitzeugen als rote Zone, die ähnlich militärischem Sperrgebiet nur von autorisiertem Personal betreten werden darf. Dennoch führt ohne Absperrung etwa hundert Meter unterhalb davon der Wanderweg entlang, den ich nun endlich betreten konnte.

Glücklicherweise liebte Analena diesen zauberhaften See, der, anders als sein Name Emerald Lake (Smaragd-See) vermuten lässt, unter der dichten Wolkendecke grell türkisfarben leuchtete. Ein dickes Murmeltier versüßte uns mit seinem Versteckspiel den ansonsten eher langweiligen Aufstieg.

Nach einem kleinen Abstecher über den Pass zum nahe gelegenen Yoho Lake am berühmten Iceline Trail wanderten wir auf einem schmalen Pfad hoch über dem Emerald Lake den gigantischen Geröllhang entlang, dessen Grat den Wapta Mountain und Mount Field verbindet. Mit vor Bewunderung leuchtenden Augen blickte ich unablässig hangaufwärts, wo splittriges Schiefergestein die Wissenschaft der Paläontologie bis heute beschäftigt. Und tatsächlich, weit oben am Hang, unter einer steilen Bruchwand aus jahrmillionenalten Sedimentbrocken, bewegten sich drei in rote Jacken gehüllte Menschen. Da war sie also: die Fundstelle der geologischen Revolution. So fühlt es sich an, wenn Theoretisches lebendig wird, wenn man mit eigenen Augen sieht, was man zuvor nur aus Büchern kannte.

Mir blieb kaum Zeit, mir der Dimension dieses Ortes bewusst zu werden, als Analena schon rief: »Mama, guck mal. Guck mal da!«

Mein Blick folgte ihrem Fingerzeig. »Wo?« Weiter vorn, ganz oben am Schotterhang erspähte ich weiße Punkte. Oha. »Schneeziegen, Sweetie, das sind bestimmt Schneeziegen.« Ich holte fix die Kamera raus und zoomte ran. Drei wuschelige Brummer spazierten lässig durchs Geröll, gingen buchstäblich die Wände hoch und verschwanden dann aus unserem Blickfeld. Schneeziegen sind nur entfernt mit Ziegen und Steinböcken verwandt. Sie zählen als einzige Tierart zur Gattung der *Oreamnos*. Die geländegängigen Bergziegen markieren ihr Revier vor allem mit einem Sekret, das aus Duftdrüsen zwischen ihren Hörnern austritt. Anhand der Ringe ihrer langen, eleganten Hörner lässt sich auch das Alter der schneeweißen Tiere ablesen, die die meisten ihrer Verfolger gnadenlos abhängen können.

Noch ganz verzaubert von dieser Sichtung stolperte ich unerwartet. Die Sohle meines mehr als zehn Jahre alten Wanderschuhs hatte sich auf den letzten Metern dieses ersten kanadischen Sommerabenteuers vom Ballen gelöst!

Ich lief wie ein Storch und zog das Bein hoch, damit die Sohle nicht nach hinten wegklappte. Bei jedem Schritt klatschte sie unten gegen die dünne Schuhhaut, die meine bestrumpften Zehen vor dem schottrigen Untergrund schützte. So konnte ich den Abstieg schlecht meistern. Analena und ich beratschlagten. Wir hatten nur leichtes Tagesgepäck und weder Gaffa Tape noch den kanadischen Schuh-Wunderkleber »Shoe-Goo« dabei. Also zog ich kurzerhand das Messer aus dem Rucksack und trennte die halbe Sohle ab. So musste es irgendwie gehen.

Der Abstieg auf dem wurzeligen Waldpfad entpuppte sich als ultrasteil und äußerst langwierig. Nach einer Weile achtete ich nicht mehr nur auf meinen Fuß, auch meine Knie stauchten. Noch ohne Trekkingstöcke unterwegs, federten allein unsere Knie die Wucht der Schritte ab und das belastete sie enorm. Endlich, als sich der Wald verdichtete und die knorrigen Kiefern und Fichten den üppigen Thujen wichen, wussten wir: nun war es nicht mehr weit. Ausgepowert, aber glücklich erreichten wir nach zwanzig Kilometern und über 1100 Höhenmetern das Auto, bugsierten die Rucksäcke auf die Rückbank und versanken mit einem breiten Grinsen im Gesicht erschöpft in den Vordersitzen. Zeit für einen Karamellpudding, bevor das Abendessen fertig ist.

Was für Sommerwochen! Eine gelungene Generalprobe, die uns viele Schwachstellen vor Augen geführt hatte, die es für ein erfolgreiches nächstes Vorhaben zu kitten galt. In diesem Sommer wurde mir noch mal mehr bewusst, dass man wirklich immer damit rechnen muss, dass nicht alles reibungslos nach Plan verläuft. Meistens geht genau dann etwas schief, wenn man es am wenigsten gebrauchen kann. Gesundheitliche Einschränkungen oder Wetterumstürze musste ich im Zeit- und Tourenplan besser einkalkulieren. Auch technisch musste ich uns besser vorbereiten, sowohl mein Handling des GPS verfeinern, als auch weiteres Equipment besorgen. Ich wollte resistenter werden und nicht mehr bei den ersten Schneeflöckchen klein beigeben.

Zugleich wurde ich bestärkt darin, dass die Region ein fantastisches Wanderparadies ist und ich bei der Auswahl der Touren die Qual der Wahl haben würde. Es waren Wochen voller Ablenkung vom Trauerall-tag, neuer Eindrücke und Grenzerfahrungen gewesen. Beschenkt mit gemeinsamen Erlebnissen, Bildern, Tracks, Routen und Learnings, flogen wir am 10. September in den Herbst zurück nach Deutschland.

Analena Emerald Lake. Dieser See ist für mich genauso schön wie sein Name und mein persönliches Highlight unserer gesamten Wanderzeit in Kanada. Als ich Jahre zuvor schon mal bei einer von meiner Mutter geleiteten Reise dabei gewesen war, hatte es einen kurzen Halt bei diesem See gegeben. Ich war schon damals hin und weg gewesen. Wunderschönes türkisfarbenes Wasser, ein lang gezogener Steg, der bis weit auf das Wasser reichte, mit einer kleinen süßen Hütte, die am Rand des Sees und Anfang des Steges lag. Außerdem wurden an diesem Ort einige Fossilien gefunden, was ich total spannend fand und wovon ich mir ein kleines Souvenir in Form eines Schlüsselanhängers kaufte.

Das Thema Fossilien hat in unserer Familie noch einen weiteren Hintergrund: Mein Papa war Fossiliensammler. Er suchte in diversen Steinbrüchen vor allem Fossilien aus dem Muschelkalk: überwiegend Muscheln, Nautiliden, Ceratiten und Seelilien.

Bei der Wanderung am Emerald Lake verging die Zeit wie im Flug. Wir erreichten einen höher gelegenen Aussichtspunkt, gingen einen Hang hinauf und ließen unsere Blicke über die Landschaft streifen. Es war wirklich schön hier. Sehr offen und weit. Man sah an jedem Aussichtspunkt etwas anderes. Bei manchen hätte ich ewig lange stehen bleiben können, bei anderen reichte mir ein Blick und es hätte weitergehen können. Dieser Aussichtspunkt war einer von den ersten, bei denen ich mich stundenlang hätte aufhalten können.

Ich kann gar nicht so einfach beschreiben, was für mich den Unterschied machte, aber ich denke, es war die Intensität eines Ortes – wie die Farbpalette Vermeers: Seine Farben wirken für mich intensiv, kontrastreich und frisch.

Als wir wieder von dem erhöhten Aussichtspunkt abstiegen, sah ich plötzlich im Augenwinkel, wie sich etwas bewegte. Die Landschaft war sehr felsig und geröllig, alles hatte die gleiche bräunlich-graue Farbe, doch ein paar weiße Punkte, die mir gerade noch wie Steine vorkamen und sehr weit weg an einem Hang lagen, schienen sich zu bewegen. Als ich genauer hinsah, erkannte ich Tiere, aber konnte nicht ganz identifizieren, welche es waren. Sie kamen mir nicht so klein vor wie beispielsweise Pikas, aber auch nicht so massiv wie Bären. Auch durch die weiße Färbung schied beides aus.

Es waren Schneeziegen. Meine Mutter war ganz begeistert von der Entdeckung und zückte ihre Kamera. Die Wanderung hätte für mich gar nicht besser laufen können: erst der See und dann die Ziegen! Wow! Auch ich war begeistert und überglücklich. Es war das erste Mal, dass ich mich von Anfang an auf eine Tagestour gefreut hatte und das Laufen wirklich die ganze Zeit über richtig genoss.

Der letzte Teil dieser Etappe war ein steiler Abstieg, der uns grob zwei Stunden kostete. Eigentlich freute ich mich immer auf das Bergablaufen, weil es weniger anstrengend war und mehr Entspannung brachte, aber dieser Abstieg hatte es wirklich in sich! Ich bin davor noch nie so lange am Stück nur runtergelaufen. Das geht richtig auf die Füße und Knie. Ich dachte, das macht nur alten Leuten Probleme, die sowieso schon Schwierigkeiten mit Knien und Beinen haben, aber nein, es kommt alles immer nur auf die Dosierung an.

Der Weg war so steil, dass die Wanderschuhe anfingen, an meinen Fersen und Knöcheln zu drücken. Das mochte ich sowieso nicht an diesen hohen Wanderschuhen; auch wenn sie den Knöchel vorm Abknicken schützen, nehmen sie dem Fuß dabei ein großes Stück an Bewegungsfreiheit. *Das könnte man in der Wanderschuhproduktion wirklich mal verbessern!* dachte ich. Schließlich kannte ich nur meine Wanderschuhe und wusste nicht, wie viel Variation es bei diesem Schuhwerk eigentlich gibt.

Nach und nach näherten wir uns dem Ziel und hatten bald nur noch wenige Kilometer vor uns. Als wir unten ankamen, waren wir so erleichtert, entspannt und ich so glücklich, dass es vorbei war. Der letzte Teil hatte mich ziemlich fertiggemacht, das hätte ich nicht gedacht. Ich war hundemüde und hatte einen riesigen Hunger. Wir bewegten uns wieder zurück zum Auto und erhitzten unser Dosenessen über dem Gaskocher.

Unser letzter Tag stand an, und wir fuhren morgens nach Banff und machten einen Shoppingtag daraus. Wir erspähten einen kleinen Laden, in dem Fotografien eines Künstlers ausgestellt und zum Verkauf angeboten wurden. Ich wünschte mir ein Bild von einem Weißkopfseeadler, der gerade aus dem Wasser kam. Es war umrandet von einem grün lasierten, simplen Holzrahmen.

Danach ging's weiter. Ganz planlos liefen wir dabei nicht durch die Gegend, denn wir hatten etwas Spezielles vor. Ich hatte mir eine Woche zuvor zum Geburtstag einen neuen Haarschnitt gewünscht, einen Sidecut. Für mich ein riesiger Schritt. Ich hatte, seit ich denken konnte, lange blonde Haare. Da gab es keine Frisurexperimente oder Veränderungen. Spitzen wollte ich nur minimal gekürzt haben, und das aber auch von niemand anderem als meiner Mutter.

Jetzt traute ich mich mal richtig was! Die Länge sollte bleiben, nur eine Seite kahl geschoren werden. Ich erhoffte mir, daraus Stärke zu schöpfen und eine Kante zu bekommen; nicht immer das kleine blonde Mädchen zu sein. Es fiel mir sehr schwer, nicht in Tränen auszubrechen, als die Friseurin den ersten Schnitt tat. Gleichzeitig freute ich mich wie ein Schnitzel auf die Veränderung! Jetzt war es eh zu spät, die Haare wieder dranzukleben, ging schlecht.

Am Abend wollten wir schön essen gehen. Wir waren in Banff und hatten beide Lust auf ein richtiges Stück Fleisch. Also liefen wir durch die Straßen und schauten uns ein bisschen um nach Läden, die uns zusagten. Schlussendlich fanden wir ein passendes Lokal. Wir gingen durch die Tür und es war genauso, wie man es aus den ganzen alten amerikanischen Westernfilmen kennt. Erst ging es eine relativ lange Treppe hoch, dann kamen wir an eine Saloontür. Ich war total begeistert. Gedimmtes Licht, eine Bar, viele Bilder an den Wänden und ein knarzender Holzfußboden. Eigentlich war fast das ganze Ensemble aus Holz. Die Wände waren damit verkleidet, es gab eine Holzbalkendecke mit Stellbrettern dazwischen und auch die Bar war komplett aus Holz konstruiert.

Ich wollte einfach nur noch da rein, mich mit meiner Mom an einen Tisch setzen und diesen wundervollen Abend auf uns zukommen lassen, aber dann folgte die große Enttäuschung. Ein Angestellter des Restaurants kam auf uns zu und erklärte uns, dass man in dieses Restaurant erst mit achtzehn Jahren reinkäme, da das Etablissement abends gleichzeitig auch eine Bar sei.

Da stand ich nun, grade stolze dreizehn Jahre alt geworden und durfte nicht rein, da ich noch zu jung war. Ich war sauer. Wie kann das sein? Ich hatte mich so gut gefühlt, so erwachsen, und ich hatte eine coole neue Frisur, aber durfte nicht in das Restaurant. Ich wollte doch gar keinen Alkohol trinken, nur was essen!

Na ja, uns blieb nichts anderes übrig, und wir machten uns auf die Suche nach einem anderen Lokal. Schließlich fanden wir auch eins, zwar hatte es nicht das Flair wie das vorherige, aber es war auch sehr schön und wir konnten uns endlich hinsetzen und bestellen. Meine Wahl fiel auf einen unfassbar leckeren Wapitiburger. So was findet man für gewöhnlich selten in Deutschland, erst recht nicht bei uns im Ort.

Vorbereitung – Orga ist die halbe Miete

Analena Unser erster Sommer in den Rockies war vorbei. Wir hatten einiges an Verbesserungen für das nächste Jahr geplant. Vor allem die abgebrochene Tour war uns eine Lehre. Ich hatte mit der Organisation natürlich weniger am Hut, wurde dennoch immer mit hineingezogen. Eigentlich fühlte ich mich aber auch weniger verantwortlich. Ich war schließlich das Kind, das mit elterlicher Begleitung in den Urlaub fuhr. Genauso wie andere Kinder, die auch nicht für die Buchung der Unterkunft oder Campingplätze oder die sonstige Organisation zuständig waren, sondern höchstens einen Wunsch beim Urlaubsziel äußern. Aber ich half gerne und überlegte mit, wenn meine Mutter mich miteinbezog oder mich nach meiner Meinung fragte.

Sie bestellte einige Dinge im Internet, und wir gingen ein paarmal in Outdoorgeschäfte, um weniger schwere Essenspäckchen, einen Windschutz für den Gaskocher, leichtes Besteck, einen Topf, Geschirr und noch andere Sachen zu besorgen. Ein eigenartiger Plastiksack, den man in den Trekkingrucksack packen kann und an dem ein Schlauch befestigt war, eine sogenannte »Trinkblase«, musste auch mit. Es war nämlich vor allem beim Alleinwandern nervig, jedes Mal den Rucksack abstellen zu müssen, nur um an das heiß begehrte Trinken zu kommen. Es passten zwei Liter in die Blase, und sie wurde auch direkt zu Hause noch vor den nächsten Kanadatouren ausprobiert: Meine Mutter machte gerne kleine Wanderungen in die Umgebung von Stuttgart, bei denen ich (zum Glück) so gut wie nie mitmusste. Nur wenn es mal zum Kino in einen Nachbarort ging, lief ich gerne die Strecke zu Fuß mit oder wir fuhren mit Inlinern, weil man am Ende doch meist eine Stunde unterwegs war.

Meine Mom verbrachte viele Tage und Wochen mit der Tourenplanung für den nächsten Sommer. Sie saß lange am Computer, recherchierte und druckte alle Routennamen aus. Die ganzen kleinen Papierschnipsel mit dem jeweiligen Namen einer Wanderung hingen dann irgendwann für die Endüberprüfung mit Magneten an unserem Kühlschrank. Auch dann noch tauschte meine Mutter immer wieder Touren hin und her für eine gute Zeitplanung.

Das waren ganz schön viele Zettel! Ein kleines bisschen Muffensausen hatte ich schon. Noch nie war ich so lange Zeit am Stück gewandert und damals lief ich eh nicht viel in der Natur herum. Ich war null Komma null auf so eine Aktion vorbereitet. Schließlich waren wir im letzten Wandersommer längst nicht so viele und schwierige Touren gelaufen. Aber noch war es ja nicht so weit! *Das ist noch so lange hin* – war meine Taktik; ich hatte vor, das Thema so lange wie möglich von mir wegzuschieben und alle Gedanken in diese Richtung zu blocken.

Doch ich wurde andauernd daran erinnert. Die Vorfreude meiner Mom war immer präsent. Es gab für sie fast nur noch das Thema Kanada: was sie Neues herausgefunden hatte über effizienteres Gepäck und Touren, wann sie Buchungsbestätigungen für Campingplätze bekommen hatte, wie sie die Touren umplante. Dann auch zwischendurch ein paar Downer, wenn etwas nicht ganz so klappte, wie sie es sich vorgestellt hatte. Es war, glaube ich, für sie eine sehr intensive Zeit, denn es musste alles gut vorbereitet sein, sie hatte die ganze Verantwortung.

Außerdem brauchten wir einen Mietwagen, und das war auch nicht ganz so einfach, denn sich über eine so lange Zeit hinweg ein Auto zu leihen, ist unfassbar teuer. Dort einen guten Anbieter zu finden, kostet ganz viel Geduld und Nerven. Ich war froh, nicht an ihrer Stelle zu sein! Und ich muss sie auch dafür loben, wie gut sie die Planung und die Besorgungen gemeistert hat. Sie hatte ein schnuckeliges Auto besorgt, einen detaillierten Tourenplan mit fertig gebuchten Campingplätzen erstellt und superleichte Ausrüstung samt gefriergetrocknetem Essen gekauft.

Verena Zurück in Deutschland begann ich umgehend mit den Vorkehrungen für den folgenden Sommer. Eines war mir während der Reise klar geworden: Auf das nächste Jahr würde ich mich in Sachen Ausrüstung, Kleidung, Tourenplanung und Buchung besser vorbereiten müssen. Also stiefelte ich los und besuchte die »Hütte«, den Outdoorladen meines Vertrauens in Dresden, wo ich zwanzig Jahre zuvor meinen ersten Wanderrucksack ausgesucht hatte. Nach treuen Diensten und extensiver Verwendung brauchte ich einen neuen, stabileren mit mehr Fächern.

Außerdem musste eine zweite dicke Isomatte her, da der Bodenfrost uns nachts in die Glieder gekrochen kam und einen erholsamen Schlaf verhinderte. Und wir brauchten ein System zur Trinkwasseraufbereitung. Jodtabletten und Filter waren mir zu umständlich. Ich wollte nicht ewig an Gewässern rumstehen, nur um ein paar Schlucke sauberes Wasser zu trinken. Da es schnell und effizient sein musste, entschied ich mich für den UV-Stick, der binnen weniger Sekunden über 99 Prozent aller Keime tötet. Perfekt.

Braucht man bei den kristallklaren Gebirgsbächen in Kanada überhaupt eine Wasseraufbereitung? Meine kanadischen Freunde, die ich später kennenlernen würde, sagten Nein: »Das Wasser ist pur und sauber.« Stimmt. Dennoch kommen auch in den kanadischen Rockies die mikroskopisch kleinen Giardia-Parasiten vor, die einem mehrere Wochen lang mit Bauchkrämpfen, Durchfall und Schwindel die geplante Kanadareise verderben können. Und das konnte ich bei meinen zeitlich begrenzten Aufenthalten nicht riskieren. Alles Weitere, was wir noch brauchen würden, könnten wir in Kanada bekommen, wir mussten ja sowieso Gaskartuschen vor Ort besorgen.

Der einfachste Teil der Vorbereitung betraf unsere Kleidung. Analena und ich hatten die gleiche Kleidergröße, so brauchte ich nur alles im Doppelpack zu beschaffen. Da sie Outdoorklamotten ungern trägt, würden nach unseren Wanderungen sowieso alle Teile bei mir landen.

Das Aufwendigste waren die Buchungen. Denn um die genauen Daten zu bestimmen, musste ich ja wissen, wann wir wo sein würden. Für die Planung breitete ich zwischen Küchentisch und Fußboden alle Karten und Bücher aus und legte zwei Listen an: eine mit all den vielversprechenden Touren und eine Kalenderliste. Dann schnitt ich mir die Touren aus der Tourenliste und schob sie so lange auf der Kalenderliste hin und her, bis es stimmig war.

Wir wollten in den meistbereisten Gebieten der Region der kanadischen Rockies zwischen Canmore, Lake Louise und Jasper (circa 300 Kilometer), Calgary und Revelstoke (circa 400 Kilometer) sowie dem Waterton-Lakes-Nationalpark an der Grenze zu den USA (etwa 260 Kilometer südlich von Calgary) populäre, aber auch weniger bekannte Strecken gehen. Im Herzen der kanadischen Rockies bewegt man sich immer irgendwo zwischen etwa tausend Metern Höhe im Tal und durchschnittlich über 2200 Metern Höhe oben in den Bergen. Wir würden die unterschiedlichsten Touren gehen: vom nur sechs Kilometer langen Parker Ridge Trail am Columbia Icefield bis zur herausfordernden Mehrtagestour. Darunter war die Rockwall-Route mit 56 Kilometern und 2600 Höhenmetern. Auch über zwanzig Kilometer lange Tagestouren würden wir unternehmen, beispielsweise auf den Vimy Peak (1200 Höhenmeter) oder den Mount Bourgeau (1500 Höhenmeter). Im Durchschnitt würden die gemeinsamen Tagesetappen mit Analena bei dreizehn Kilometern und 570 Höhenmetern liegen.

Obwohl wir nur im Sommer unterwegs sein würden, musste ich genau beachten, wo und wie hoch wir wann wandern würden. Im Juni würden die Höhenlagen noch unter einer tiefen Schneedecke verborgen sein, sodass wir zu Beginn nur die Täler würden erwandern können. Das hieß, es würde nicht möglich sein, zuerst alle Wege in Waterton Lakes abzugehen, anschließend alle Routen im 300 Kilometer entfernten Banff und danach alle Touren 250 Kilometer weiter nördlich. Wir mussten die einzelnen Regionen mehrfach besuchen, um auch überall auf die schneefreien Pässe und Gipfel zu gelangen, und dabei weite Strecken zurücklegen. Das galt es sinnvoll auszutarieren.

Ein großes X in meiner Rechnung blieb lange Parks Canada, die staatliche Nationalparkbehörde. Sie war es, die die Genehmigungen und Zeltplatzbuchungen auf den Backcountrytouren vergab. Diese mussten wir vorab buchen, und die Nachfrage war bereits damals, 2016/17, enorm. Die Nationalparkbehörde öffnete das Buchungssystem für jede Wanderung an einem bestimmten Tag im Januar um Punkt 16 Uhr mitteleuropäischer Zeit. Ich loggte mich brav fünfzehn Minuten vorher ein, um pünktlich zum Zuge zu kommen. Nichtsdestotrotz waren manche Termine bereits vergeben, und ich musste die Reihenfolge meiner Touren erneut umwerfen. Beim Lotto für den Shuttlebus zum entlegenen Lake O'Hara hatte ich kein Glück, was konkret bedeutete, dass ich die elf Kilometer lange Kiesstraße würde hineinlaufen müssen, um auch nur zum Startpunkt der Wanderung zu gelangen.

Doch wie beim Reisen üblich, konnten wir sowieso gewiss sein, dass selbst der am sorgfältigsten ausgearbeitete Plan nicht in Stein gemeißelt war und sich vieles noch mal ändern konnte. Was es dann auch tat.

Der nächste Sommer sollte also dreigeteilt verlaufen: nach zwei gemeinsam in Kanada verbrachten Wochen Pfingstferien, würde ein getrennter Abschnitt folgen: Analena in Deutschland in der Schule und ich in Kanada wandernd und zwei Wochen Reiseleitend. Teil drei wäre dann in den Sommerferien: wieder gemeinsam in den kanadischen Rockies.

Zunächst stand also die erste Etappe an: Zwei Wochen Pfingstferien, die einem Gärfass glichen, in dem chemische Reaktionen immer wieder für heftige Hitze und plötzliche Explosionen sorgten, so lange, bis die Mischung am Ende rund war. Zwei Wochen, die unser kleines, aber feines Team vor große Herausforderungen stellten. Wir stritten uns, wir pushten uns und wir halfen uns. Aber eins nach dem anderen.

N
W
O
S
0
25
50 km
16
Hinton
Mount Robson
3954 m
Saturday
Night
Lake Loop
Sulphur Skyline
16
Jasper
Overlander
Falls
Maligne River
Bald Hills
Maligne Lake
Fryatt Valley
Icefields Parkway
JASPER
NATIONALPARK
ALBERTA
North Twin Peak
3733 m
Columbia
Icefield
Kinbasket Lake
Mount Columbia
3747 m
Mount
Athabasca
3470 m
Saskatchewan River Crossing
Athabasca Glacier
Waterfowl Lakes
93
Paget Lookout &
Sherbrooke Lake
BANFF
NATIONALPARK
Rocky Mountains
Columbia River
Lake Louise
Aylmer Lookout
GLACIER
NATIONAL
PARK
Golden
Mount
Temple
3547 m
Grotto Canyon
REVELSTOKE
NATIONAL
PARK
Banff
1
Calgary
Revelstoke
Nub Peak
2755 m
Columbia River
BRITISH
COLUMBIA
Mount Assiniboine
3618 m
Lake
Revelstoke
Radium
Hot Springs
Columbia Lake
Canal Flats
CANADA
Upper
Arrow Lake
Pincher Creek
Castlegar
WATERTON LAKES
NATIONALPARK
Waterton Lakes
UNITED STATES OF
AMERICA

Kapitel 2

Neustart

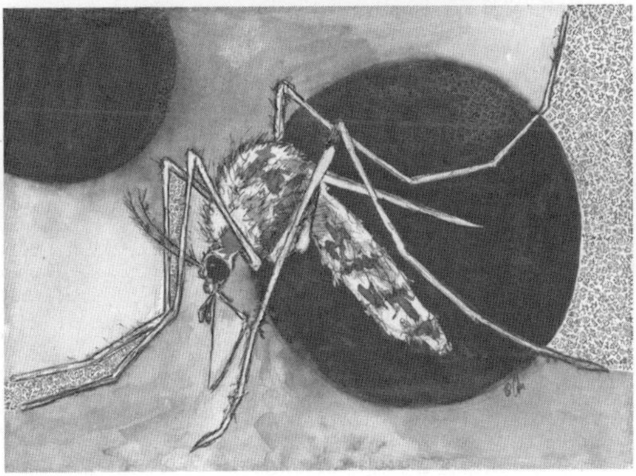

Speed – aller Anfang ist langsam

Verena Die kanadische Wildnis empfing uns zu Beginn des zweiten Sommers mit frostigen Armen. Weiß schimmerten die letzten Zeugen des langen Winters auf den Seen und verbargen das Wasser unter ihrer eisigen Decke. Blanke Eiskristalle türmten sich verzweifelt vor hängen gebliebenem Treibholz auf, als die ersten Frühlingsstrahlen die kalte Starre zu zerbrechen drohten. Bäche und Ströme rauschten kraftvoll ins Tal. Vorbei an gletscherblauen Flüssen genossen wir die Fahrt auf dem Icefields Parkway, entlang der noch von tiefem Schnee verhüllten Rocky Mountains. Die wilde Berglandschaft lag in voller Pracht vor uns, und wir hatten die ganzen Pfingstferien Zeit, um sie gemeinsam zu durchstreifen.

Sauber glänzend hatte uns unser Mietwagen am Flughafen im sonnigen Calgary willkommen geheißen, mit dem wir anschließend auf dem Highway 1 über Banff und Lake Louise hinauf bis in den Jasper-Nationalpark fuhren. Im Norden der Parks wollten wir starten und uns über die nächsten zwei Wochen langsam gen Süden halten, bis wir wieder zurück in die schöne Cowboystadt Calgary am Rand der Prärie mussten, von wo aus Analena zurück nach Deutschland fliegen würde.

An den ersten drei Tagen stand Anwandern auf dem Programm, bevor wir zu unseren Backcountrytouren in den Nationalparks aufbrechen wollten. In diesem zweiten Sommer durfte es keine vermeidbaren Abbrüche geben. Es musste uns einfach gelingen. Anfang November war Manuskriptabgabe für meinen Wanderführer und bis dahin sollten 55 Touren erwandert und beschrieben sein. Dieser Druck durchdrang mich bis in die letzte Zelle und dämpfte selbst meine Freude und Begeisterung. Wie ein gespannter Bogen reagierte ich auf die kleinsten Unstimmigkeiten, so als ob sie den Untergang meines Projektes verkünden würden. Ich durfte nicht versagen, musste es schaffen, egal wie! Meine Anspannung bekam Analena ungefiltert zu spüren. Sie war ja pausenlos an meiner Seite. Zwangsgewissermaßen.

Bereits beim Hinauffahren des Icefields Parkway nach Jasper bauten wir eine dreizehn Kilometer lange Wanderung zum nahe gelegenen Chephren Lake ein, etwa zwanzig Kilometer südlich von Saskatchewan Crossing gelegen. Am nächsten Tag folgte eine kurze Runde nahe des Mount Robson entlang des Fraser River. Am Montagmorgen, unserem dritten Tag in Kanada, hatten wir Glück, denn die Sonne vertrieb die tief hängenden Wolken.

Die ersten beiden Wanderungen hatten noch ausgedehnten Spaziergängen geglichen und waren gemütlich. Perfekt zum Warmwerden: relativ flach, weniger als fünfzehn Kilometer lang und einem klar ausgewiesenen Trail folgend. Diese dritte und steilere Tour etwa sechzig Kilometer östlich von Jasper bei den Miette Hot Springs im Tal des Fiddle River jedoch zeigte mir glasklar, wo ich mit meiner Fitness und meinem Mindset trotz Training stand: ganz am Anfang. Ich war zu langsam. Viel zu langsam. Es waren nur vier Kilometer bis zum etwa 650 Meter höher gelegenen Viewpoint Sulphur Skyline. Rechnerisch gesehen bedeutete das etwa zwei Stunden Gehzeit: vier Kilometer auf gerader Strecke ergibt im Schnitt eine Stunde Gehzeit (manche rechnen mit fünf Kilometern pro Stunde). Pro 300 Höhenmeter addiert man dreißig Minuten. Also nichts Außergewöhnliches, sollte leicht zu machen sein.

Wir stiegen aus und schnürten unsere leichten Rucksäcke. Im Gegensatz zu den heißen Quellen in Banff und Radium Hot Springs, westlich von Banff am Westende des Kootenay-Nationalparks im Tal des großen Columbia River, war hier wenig los. Vor langer Zeit hatte es zwar Überlegungen gegeben, auch an diesen heißen Quellen ein großes Luxushotel im Stil der Fairmont Hotels in Banff und Lake Louise zu errichten, doch die waren 1912 mit dem Untergang der *Titanic* auf den Meeresboden gesunken, denn auf dem Unglücksdampfer hatte sich der Eisenbahnpräsident Charles Hays mitsamt seinen Plänen für den Hotelbau befunden. So hat ein einzelner vor sich hin treibender Eisberg im Nordmeer dafür gesorgt, dass in einem kurvenreichen Tal der kanadischen Rocky Mountains kein überdimensionierter Touristenbunker entstand.

Nichtsdestotrotz füllte sich der Parkplatz langsam. Familien mit Kindern, rüstige Rentner:innen und Trailrunner:innen starteten ebenfalls in ihren Outdoortag. Es dauerte mal wieder eine gefühlte Ewigkeit, bis ich mein GPS eingestellt und mir den Fotoapparat so umgehängt hatte, dass er weder im Weg war noch rumbaumelte. Irgendwie rutschte immer noch alles herum und der Rucksack saß schief, als wir schließlich losgingen. Es dauerte ein paar weitere Wanderungen, bis alles seinen festen Platz gefunden hatte.

Nachdem alles verstaut war, hielten wir Ausschau nach dem Trailhead zur Schwefel-Skyline und liefen zielstrebig an den Hot Springs vorbei, nicht ohne zu überlegen, ob wir am Ende dieser Halbtagestour ins für Badegäste abgekühlte siebenunddreißig bis vierzig Grad warme Wasser hüpfen wollten. 54 Grad warm sprudelt hier das Wasser der heißesten Quellen der kanadischen Rockies aus dem Felsen und spült dabei Mineralien wie Sulfat, Kalzium, Bikarbonat, Magnesium und Sodium aus dem Gestein.

Mit dabei ist auch Schwefel, der in Verbindung mit Wasser (Schwefelwasserstoff) für den beißenden Geruch verantwortlich ist, der oft heiße Quellen umschwebt. So auch diese. Bevor sich Schwefel jedoch mit Wasser verbinden kann, muss er sich von anderen Verbindungen trennen. In den kanadischen Rockies ist er vor allem in Gips (Kalziumsulfat) enthalten, der sich in warmem Wasser leicht auflöst. Aber auch Pyrit (Eisensulfid, das sogenannte Katzengold) enthält Schwefel, was von Bakterien herausgebrochen und -gelöst wird. Bei den Quellen der Miette Hot Springs setzt sich sogar reiner gelber Schwefel sichtbar an der Gesteinsoberfläche ab.

Am Trailhead angekommen liefen wir gleich los, oder sollte ich lieber sagen, wir schneckten los? Alle, wirklich alle überholten uns. Sowohl die rüstigen Rentner:innen als auch die Familien mit ihren kleinen Kindern, die etwa fünf Jahre alt gewesen sein mochten, zogen an uns vorbei und grüßten freundlich. Analena hätte voll Gas geben können, nur ich war eine Bremse. Ich fühlte mich fett und absolut unsportlich. Auf einmal begann ich, alles an mir infrage zu stellen. Was maßte ich mir eigentlich an, einen Wanderführer zu schreiben, wenn ich nicht mal mit Rentner:innen und Kleinkindern Schritt halten konnte? Normalerweise machen so was Bergsteigende und megaerfahrene Hiking-Cracks. Wer bin ich denn? Ich habe nicht genügend trainiert und kann's einfach nicht. Mein Kopf sprudelte über vor Selbstvorwürfen, gespickt mit Fontänen aus Zweifeln. Nicht mal mein Mund blieb still. Ich schimpfte und zeterte vor mich hin, um wenigstens etwas Dampf abzulassen.

Der erste Kilometer war hart, vor allem auch für Analena, die überhaupt nicht wusste, wie ihr geschah. Sie bekam meine miserable Stimmung natürlich mit und sah vor ihrem geistigen Auge sicher schon die nächsten anderthalb Wochen ablaufen, die sie Seite an Seite mit mir verbringen musste, noch dazu wandernd!

Doch nichts ist so verlässlich auf dieser Welt wie die Änderung der Änderung. Nach etwa einem Kilometer saß die Familie mit den kleinen Kindern am Wegesrand und machte eine Pause mit frischen Wiener Würstchen. Welche Wohltat, langsam an ihnen vorbeizuziehen und natürlich freundlich zu grüßen! Was mir in dem Moment wesentlich besser gelang. Wenig später stiegen wir dann auch an dem rüstigen Rentnerpärchen vorbei und nach gut drei Kilometern hatten wir die Mehrheit der Leute überholt und machten auf einer kleinen Hochfläche mit Aussicht erstmals selbst eine Mini-Pause, die etwa so lange dauerte, wie man einen Müsliriegel isst und zwei aussagekräftige Fotos im Automatikmodus schießt.

Pausen bedeuteten Verzögerungen. Und diese galt es einzuholen bei meinem Schleichtempo, dachte ich. So wie die Leute, die wir schon eingeholt hatten. Ich sah zwar die von der Sonne beschienenen Zacken der Sedimente, die sich unter der Last des Pazifiks in Jahrmillionen übereinandergepresst und in weiteren Millionen von Jahren durch exorbitante tektonische Kräfte wild aufgetürmt hatten. Ich sah die von zarten Schneebändern bedeckten Felsvorsprünge und Gesteinsrinnen der umliegenden Gipfelkette, die ein Gefühl der Ewigkeit ausstrahlten. Ich sah die kleinwüchsigen Fichten, die zwar mit aller Kraft, aber doch nur noch spärlich am Schutthang wuchsen, den wir jetzt hinaufgehen wollten. Ich sah all das mit meinen Augen, aber meine Seele sah es nicht. Zu sehr beschäftigten mich der gigantische Berg meines Vorhabens und die Zeit, die davonzurennen schien.

Analena lief auf dem schmalen Hangweg voran, während ich noch die Blütenpracht des lilafarbenen Steinbrechs fotografierte. Das musste ja nebenbei auch noch erledigt werden, wenn ich vielfältige Bilder einreichen wollte. Doch im Nu waren wir oben auf dem breiten Geröllplateau angekommen. Sofort markierte ich den Gipfel im GPS und schaute auf die Uhr: Wir hatten tatsächlich nur knapp zwei Stunden gebraucht. Lagen also gut in der Norm.

Erleichterung machte sich breit. Nun konnte ich das gepuderzuckerte Bergpanorama sorgenfrei genießen, den Blick über die tiefen dunkelgrünen Täler schweifen lassen, deren Ursprünge sich in den unzähligen Gipfeln der Miette Range verlieren. Doch die Selbstwahrnehmung der eigenen Langsamkeit und damit verbundenen Unzulänglichkeit trug ich noch viele Wochen und Monate mit mir herum. Das sorgte auch weiterhin für unwirschen Unmut und zorniges Zetern vor allem zu Beginn jeder Wanderung.

Analena

Wieder in Kanada angekommen, mussten wir es uns beweisen. Meine Pfingstferien hatten gerade angefangen und in zwei Wochen sollte es für mich schon wieder zurück nach Deutschland in die Schule gehen. Ich würde danach erst zu Beginn der Sommerferien nach Kanada zurückkehren.

Meine Mutter wusste, dass jetzt alles funktionieren musste, damit sie den Abgabetermin ihres Wanderführers einhalten könnte, und ich machte mir Druck, auch ja nichts falsch zu machen und den Termin dadurch zu gefährden. Bekanntlich geht genau dann mehr schief als sonst. Das löste auch öfter Diskussionen über die Arbeitsaufteilung vorm Essen zwischen uns aus sowie kleinere Konflikte bezüglich der Geschwindigkeit beim Zusammenpacken. Gleich bei einer der ersten Wanderungen kam die ganze Anspannung raus.

Ich wusste zwar grob, wohin wir unterwegs waren, ließ mich dann aber doch immer wieder gerne überraschen. Während sich der Weg langsam zu einem Wanderpfad auf einem Waldweg entwickelte, merkten wir, dass wir längst nicht die Einzigen waren, die sich diese Route ausgesucht hatten. Mit zunehmender Steigung des Berges wurden wir noch langsamer. Wir wählen immer ein Tempo, bei dem man sich noch ohne Hecheln unterhalten und so auch über lange Strecken hinweg das Laufen durchziehen kann.

Familien mit Kleinkindern, alte Menschen und auch die jungen, sportlichen – alle waren schneller als wir, die wir uns so lange auf alles vorbereitet hatten und top in Form waren; also meine Mom zumindest. Ich sah ihr förmlich an, wie zuerst die Wut in ihr hochstieg und dann der Frust, und ich wusste, jetzt brauchte ich gar nichts mehr zu sagen, denn alles, was ich aussprechen würde, würde nur falsch aufgenommen werden und negativ rüberkommen.

Und da war es, sie begann zu fluchen und ihre Augen wurden glasig. Was sollte ich nur machen? Egal was, ich würde sowieso erst mal angepflaumt werden. Typisch Mama… und so war es auch. *Na Halleluja, das kann ja die nächsten Wochen heiter werden!*

Aber bald schon wendete sich das Blatt. Viele Familien und Alte legten ihre Essenspausen ein. Wir überholten sie zurück! Unglaublich, welche Motivation das meiner Mama wieder gab, ihre Stimmung war jetzt genau das Gegenteil, ja fast schon euphorisch. Es erleichterte mich sehr, dass ihre Frustration nicht den ganzen restlichen Tag andauern würde und die Atmosphäre sich so schnell entkrampfte. Wir legten lediglich eine einzige Pause in der Nähe des Gipfels ein und genossen die schöne, weite Sicht, die wir von dort oben hatten. Schwupp, und schon sah die Wanderung ganz anders aus! Auf dem Rückweg machten wir miteinander Späße und genossen den Weg.

Mir machte es immer Spaß, wenn der Boden nicht ganz eben war, man ein bisschen rumhüpfen, irgendwo runterspringen und zwischen Steinen runterklettern konnte.

Als wir unten angekommen waren, sah ich ein großes Gebäude. Hot Springs. Ich hätte jetzt auch Lust auf so ein schönes heißes Bad gehabt! Duschen, Bikini an und schwimmen, die Hitze genießen und sich treiben lassen. Es gibt ja oft auch diese Schwimmbecken, die außerhalb des Gebäudes sind, man ist also in ganz warmem Wasser, aber mit dem Kopf im Kalten.

Ich habe es immer geliebt, im Sommer ins Freibad zu gehen oder auch mal im Winter in ein Hallenbad. Schwimmen hat für mich etwas Befreiendes, man kann einfach lockerlassen und treibt auf der Wasseroberfläche, fast so, als würde man schweben. Und wenn die Haut zu verschrumpelt ist, kann man einfach raus aus dem Wasser und etwas essen.

Früher, als ich noch klein war, hatte mein Dad immer Zitronenschnitze dabei, die haben wir dann gegessen, das war supererfrischend. Meine Freunde konnten nie verstehen, wie ich das lecker finden und essen konnte, doch bei uns war das die Freibadtradition. Meine Mom dagegen ist ein bisschen wie eine Katze, wasserscheu. Sie kam zwar öfter mit ins Freibad, las dann aber meistens nur und ging, wenn dann nur mir zuliebe, kurz ins Wasser.

Die Vorstellung von so warmen Wasserbecken mitten in den Rockies nach einer gefühlstechnisch durchwachsenen Wanderung fand ich super. Und am besten noch ein warmes Wiener Würstchen mit Bauernbrötchen dazu. Das wär's jetzt! Das war eine schöne Wunschvorstellung. Aber ich wollte nicht das kleine »Ich-will!«-Kind sein, fragte daher gar nicht erst danach, um nicht unangenehm rüberzukommen. Würden wir den Tag lieber so ausklingen lassen. Also, ab zum Auto und weiter!

Hinterland – von einem bunten Tag und einer lauten Nacht

Verena An unserem vierten Tag war es dann so weit: Die zweite Backcountrytour lag vor uns und hoffentlich die erste, die wir meistern würden.

Diesmal waren wir besser vorbereitet. Ich hatte eine leichte Tour in der Nähe des 4500-Seelen-Ortes Jasper gewählt. Den Saturday Night Lake Loop mit seinen 27 Kilometern und knapp 900 Höhenmetern hätten wir auch an einem Tag wandern können. Wir nahmen uns aber zwei Tage. Es ging darum, den Einstieg so easy wie möglich zu gestalten, damit wir uns voll und ganz auf die erste Übernachtung im Backcountry konzentrieren konnten. Diesen Sommer standen noch etliche Mehrtageswanderungen an, die deutlich weiter, länger, höher und schwieriger werden würden. Doch wir wollten sukzessive wachsen, unsere Ängste und Befürchtungen durch die sanfte Erweiterung unserer Komfortzone meistern. Das war der Plan: sich Stück für Stück an die wilden Weiten Kanadas heranzutasten, um sich nicht mehr fremd zu fühlen, um körperlich und seelisch einzutauchen.

Analena schnallte sich ihren leuchtend grünen Rucksack auf den Rücken, wickelte sich ihre blauen Gamaschen um die Waden und fädelte das Bärenspray am Gürtel fest. Auf die Idee, Pfefferspray zur Abwehr von Bärenangriffen zu verwenden, war in den 1980er-Jahren Carrie Hunt gekommen, eine Doktorandin an der University of Montana. Sie entwickelte gemeinsam mit dem Unternehmer Bill Pounds das erste Bärenspray: einen handlichen Aerosolkanister mit einer capsaicinhaltigen Mischung, die eine Sprühreichweite von über neun Metern erreichte und äußerst wirkungsvoll war. Einer Studie im *Journal of Wildlife Management* zufolge, bei der die Anwendung in Alaska über eine Spanne von 21 Jahren untersucht worden war, lag die Treffsicherheit bei über neunzig Prozent.

Fröhlich und beschwingt verließen wir den kleinen Parkplatz am Rand von Jasper und stiefelten los. Der blaue Himmel schimmerte zart durch einen Schleier aus Zirruswolken hindurch, und die dichte Vegetation gab nur selten den Blick auf den 2181 Meter hohen Hausberg, Whistler Mountain, frei. Also widmete ich mich mit meiner Kamera den bunten Frühlingsblüten der Veilchen, wilden Erdbeeren und Castilleja.

Vor allem eine Pflanze hielt meine Aufmerksamkeit fest im Griff. Ihr schmaler, violett-braun gefärbter Stängel trug gebeugt eine prachtvolle Blüte, die ihresgleichen suchte. Sie schien wie eine durchschimmernd lila leuchtende Krone, deren zarte Zacken sich fröhlich in alle Himmelsrichtungen neigten und einen gemaserten Schlund bedeckten, an dessen vorderer Spitze flimmernde gelbe Härchen wehten. Fast wie ein Schuh sah sie aus und wurde daher Frauenschuh oder auch Feenschuh genannt. Treffende Namen für diese trickreichen Grazien von Mutter Natur. Sie gehören zur Familie der Orchideen, die mit etwa 30000 verschiedenen Arten zu den artenreichsten Blütenpflanzen der Erde zählen.

Ihre Erfolgsgeschichte basiert auf »Vielfalt durch Innovation«, wie es das Staatliche Museum für Naturkunde Stuttgart in einer Sonderausstellung zusammenfasste. Orchideen entwickeln ständig neue genetische Rezepte, sodass Blütenblätter in den unterschiedlichsten Formen entstehen, von zehn Zentimeter großen Prunkblüten – die meist in europäischen Wohnzimmern zu finden sind – bis hin zu millimeterkleinen Blütchen, die ich zufällig auf einem wilden »Stillen Örtchen« im Wald der kanadischen Rockies entdeckte. Orchideen produzieren die kleinsten Samen aller Blütenpflanzen. Ein Gramm Pollen enthält zwischen 300000 und 1,4 Millionen Samenkörner. Das bedeutet aber auch, dass diese Samen nicht genügend Nährstoffe für die Entwicklung der Keimlinge zur Verfügung stellen können, wie es etwa bei Dicken Bohnen oder Erbsen der Fall ist. Deshalb gehen Orchideen eine lebenslange, symbiotische Partnerschaft mit Pilzen ein, deren Nährstoffe als Ersthelfer der Keimung dienen.

Obwohl die Blüten der Orchideen kopfstehen, um für die Insekten eine optimale Landebahn zu schaffen, sind sie nicht auf den Kopf gefallen, wenn's ums Überleben geht. Etwa ein Drittel aller Orchideenarten verwendet zwielichtige Tricks, um Insekten anzulocken. Ein Feenschuh, auch als Norne bekannt, wie ich ihn hier vor mir hatte, verlässt sich auf die gelben, staubbeutelähnlichen Härchen und ihren süßlichen Duft, mit dem es ihm gelingt, frisch geschlüpfte Hummeln anzulocken. Warum noch Kraft und Energie in Nektar stecken, wenn das bereits ausreichte? Von einer Gegenleistung keine Spur. Diese Pflanzen sind wirklich erstaunliche Geschöpfe, und ich bin immer wieder fasziniert davon, was alles in der Natur steckt und was sie uns zeigt, wenn man sich genauer mit ihr befasst.

Auf den Trails in Kanada entdeckten wir im Laufe der Zeit einige besondere Orchideenarten, unter anderem den sogenannten Candystick, dessen Stamm genauso aussieht wie der rot-weiß geringelte Zuckerstab zu Weihnachten, allerdings etwa einen halben Meter hoch! Was ihm fehlt, ist die grüne Farbe des Chlorophylls. Diese biologischen Bausteine können sich die Candysticks sparen, da sie sich als myko-heterotrophe Arten ausschließlich von Pilzen ernähren.

Da ich von so vielen faszinierenden Blüten aufgehalten wurde, spazierte Analena vorneweg durch den Schlick. Der Winter war erst kürzlich dem Frühling gewichen, sodass die Pfade häufig noch feucht von geschmolzenem Schnee waren. Wir hatten uns direkt bei der Ankunft in Kanada neben Gaskartuschen auch gleich Gamaschen besorgt, damit wir nicht bei jedem Schritt aufpassen mussten, wo wir hintraten. Sie vermieden, dass Steine, Dreck, Matsch und Schnee von oben in unsere Wanderstiefel gelangten. Am Ende des Tages würden wir sowieso aussehen wie Matschteufel. Und sollte man zusätzlich durch Schneefelder waten – was wir im Laufe der Wochen darauf gefühlt beständig mussten –, dann rutschte nicht gleich der kalte Schnee in die warm gelaufenen Wanderschuhe. Wirklich eine extrem praktische Erfindung!

Analena lief also vorneweg. Ich war noch mit Fotografieren beschäftigt, da sah ich sie, statt zu gehen, plötzlich vornübergebeugt stehen. Ich dachte, bestimmt irgendeiner der glitzernden Käfer, die sie so sehr mochte. Doch weit gefehlt.

»Mama, guck mal!« Ihr rechter Zeigefinger wies auf eine Spur im Matsch: Das war ganz eindeutig weder Hund noch Wolf, sondern ein Bär, der da vor uns spazierte. Die Fußspuren waren relativ klein, aber sehr deutlich, frisch und mit Wasser gefüllt.

Na klar, die buschige Seenlandschaft war prädestiniertes Schwarzbärenterrain. Laut offiziellen Angaben der kanadischen Regierung leben im Jasper-Nationalpark etwa neunzig Tiere dieser Art. Wie Kevin van Tighem in seinem Buch »Bears without Fear« schreibt, lieben die in den Rockies lebenden, bis zu 250 Kilogramm schweren Tiere eine offene Waldlandschaft mit natürlichen Lichtungen und reichhaltigem Unterholz. Stauden, Schachtelhalme, Bärentrauben, Bärenklau, Ameisen und frische Pappelknospen stehen auf ihrer Speisekarte im Frühling. Die bärische Salatbar des Waldes. Im Gegensatz zu Grizzlys klettern Schwarzbären nicht nur auf Bäume, sie häuten sie auch. So, wie wir eine Orange schälen, ziehen Bären im Frühling die Rinde der Bäume von unten nach oben ab, um an das mit frischem Saft vollgesogene Splintholz zu gelangen. Wenn der Baum dadurch stirbt, umso besser. Liefert er doch langfristig noch mehr Nahrung: Insekten und die in der neu entstandenen Lichtung wachsenden Beerenbüsche.

Okay, jetzt hieß es, besonders aufmerksam zu sein, und vor allem, sich bemerkbar zu machen. Wir unterhielten uns etwas lauter miteinander, schrien fast in unserer noch unerfahrenen Art im Land der Bären, denn wir hatten gelernt, dass die menschliche Stimme das effektivste Mittel ist, um weithin hörbar zu sein. Die Bärenglöckchen hatten wir zu Hause gelassen. Wie erkennt man den Unterschied zwischen Schwarzbären- und Grizzlykot? Schwarzbärenlosung enthält viele Samen, ist oft lila, enthält Blätter und manchmal Fellreste von Nagetieren. In der Losung von Grizzlys findet man ab und an kleine Glöckchen und sie riecht pfeffrig – so ein gängiger Witz. De facto haben Bärenglöckchen, Gettoblaster oder Ähnliches nicht die gleiche Wirkung wie die menschliche Stimme. Dass diese durchdringender und wesentlich weiter zu vernehmen ist, stellt man unterwegs schnell fest. Hört man die Glöckchen oder Musik von Wandernden, kommen die Menschen auch schon fast um die Ecke. Bis Stimmen sich in Menschen verwandeln, dauert es dagegen manchmal bis zu einer halben Stunde, so weit wird der Klang getragen. Eine Kuhglocke wäre noch ein adäquater Ersatz.

Einen See und ein paar Blumen später stießen wir auf die nächste eindeutige Spur: schwarz-lila schimmernde, kinderfaustgroße Köttel, gespickt mit hellen Körnchen. *Krass*, dachten wir, *so sieht Bärenkot in echt aus*. Unverkennbar, wenn man ihn erst einmal gesehen hat. Wie Pferdeäpfel, nur tendenziell schwarz und je nach Jahreszeit mit mehr oder weniger Körnern anstelle von Pflanzenfasern durchsetzt. Und ohne Glöckchen.

Spätestens an diesem undurchsichtigen Punkt im Wald war Schluss mit lustig. Wir wussten zwar, dass wir im Bärenland unterwegs waren, aber so richtig realisiert haben wir es erst wieder in diesem Moment. Es fühlt sich ganz anders an, sich in einem Wald zu bewegen, in dem um die nächste Biegung tatsächlich ein ausgewachsener Bär, eine riesige Elchkuh oder ein sehniger Puma auftauchen kann.

Ab sofort waren wir zu hundert Prozent im Hier und Jetzt. Wir scannten die Landschaft, spitzten die Ohren und fokussierten uns vollkommen auf das umliegende Gelände. Dicht liefen wir beieinander und unterhielten uns weiter lautstark über irgendwas. Gesprächsthemen fanden wir noch ausreichend. Da gab es Lieblingsfilme mit einem endlosen Handlungsstrang und Schelmengeschichten aus der Schule – ja, mir wurde tatsächlich verraten, was Analena so alles angestellt und wie viele Dächer sie in unserem Dorf schon von oben gesehen hatte.

Die angeregten Unterhaltungen drosselten jedoch unser Tempo, denn singend und sprechend mit schwerem Rucksack bergan zu steigen, will geübt sein, auch wenn es glücklicherweise ein sanfter Anstieg war. Doch an diesem Tag lagen wir gut in meiner gefühlten Zeit und begegneten diesmal noch keinem Bären.

Am Zeltplatz des Minnow Lake angekommen, inspizierten wir die Lage. Wir waren sehr gespannt, wie die bärensichere Aufbewahrungsvorrichtung vor Ort für Essen und geruchsintensive Dinge wie Zahnpasta in Wirklichkeit aussah. Meine Befürchtung, unseren Essenssack eigenhändig an einem fünf Meter hohen Ast am Seil frei schwebend befestigen zu müssen, lösten sich glücklicherweise in Luft auf. Es gab eine Vorrichtung mit Karabinern in meiner Brusthöhe, an der wir den Sack anbringen und an einem Drahtseil hochziehen konnten.

Nun mussten wir nur noch das Zelt aufbauen. Leichter gesagt als getan. Obwohl wir unsere dünnhäutigen vier Wände bereits drei Mal aufgebaut hatten und wussten, was zu tun war, weilte meine verträumte Tochter am auserwählten Standort und schaute in die Luft. Aber nicht nur das. Sie stand mitten *im* Weg und außer ihren Gedanken rührte sich nichts an ihr. Mein Magen verlangte nach dem aufregenden Tag bereits lautstark seine kalorienreiche Belohnung und meine Geduld gegenüber dieser Trödelei beim Arbeiten ließ mit jedem Tag, der verstrich, rapide nach. Jedes Mal das Gleiche. Ich kochte innerlich vor Wut. Doch davon wurde das Essen im Topf auch nicht warm.

Bitterböse blickte ich Analena an, schob sie zur Seite und zählte auf, was alles getan werden konnte. Sie merkte sofort, was los war, und begann wie immer in solchen Situationen, die wir beide zur Genüge kannten, in hektischer Betriebsamkeit verdattert rumzulaufen, in dem Versuch, möglichst schnell irgendwas zu tun.

Das beruhigte zumindest fürs Erste mein Gemüt, und ich konnte langsam und klar sagen, was genau momentan sinnvoll war: »Vielleicht räumst du schon mal das Essen aus den Rucksäcken und legst es beiseite.«

Analena lernte schnell, sodass solche Momente immer seltener wurden. Sie überholte sich sogar selbst im Laufe der Wochen und wir begannen vorausschauend zusammenzuarbeiten, wissend, was die andere gerade brauchte. Am Anfang der Reise waren wir immer beieinandergeblieben, sowohl beim Kochen als auch beim Abwaschen sowie beim Gang ins Open-Air-»Outhouse«. Auf den Backcountrytoiletten im Jasper-Nationalpark sitzt man wie auf einem hölzernen Thron in freier Natur im Gegensatz zu den überdachten und verriegelbaren Hütten im benachbarten Nationalpark Banff.

An diesem Abend legten wir unsere Bärensprays jeweils an der Zeltwand neben unseren Köpfen griffbereit ab. Bei mir gesellte sich noch meine kleine strahlkräftige Nato-Taschenlampe hinzu, die mir ein guter Freund geschenkt hatte mit den Worten: »Verena, wenn dich jemand angreift, leuchte ihm damit direkt in die Augen, das ist die erste Verteidigung.« So halte ich diese grelle Lampe bis heute stets in Ehren und neben mir, wenn ich draußen unterwegs bin.

Neben dem Licht wichen auch die vertrauten Geräusche vor der Dunkelheit zurück. Die zitternden Blätter der Pappeln, Weiden und

Sträucher verstummten ebenso wie die leisen Stimmen des anderen Pärchens auf dem Zeltplatz. Stille legte sich über den Rand des Sees und kroch langsam zu uns herüber.

Je mehr alles Tagaktive im tiefen Schlaf versank, umso beharrlicher schärfte sich mein Gehör. Jeder klitzekleine Laut durchschnitt das Schweigen der späten Dämmerung und verkündete das Erwachen der Nacht. Die Zeit der Jagenden war gekommen. Und wir lagen mitten in ihrem Revier. Lediglich eine hauchfeine fichtengrüne Stoffbahn trennte das Drinnen vom Draußen. Ich fühlte eine Verantwortung in mir, wie sie ein wachender Goldgräber am Lagerfeuer gespürt haben muss.

Aufpassen, Verena, dass nichts passiert, dachte ich, während ich zugleich hundemüde in den Schlaf sinken wollte. Doch jedes Geräusch ließ mich die Augen aufreißen. Mein Verstand versuchte zu erkennen, aus welcher Richtung es kam, was es verursachte und ob es für uns in dem Moment potenziell gefährlich war.

Wie hört sich ein Bär an, der näher kommt? Wie unterscheidet man als Nichtgeübte die nächtlichen Rufe der Wildtiere voneinander, wenn man sie nicht kennt? Da hilft nur die Kombination aus Übung und Erfahrung, irgendwann. Einen schmatzenden Igel kannte ich aus der Zeit, als wir an einem Steinbruch gezeltet hatten; Eulen- und Kauzrufe hörten wir früher beim Übernachten in der Sächsischen Schweiz öfter – aber Pumas, Wölfe, Bären? Das war neu für mich. Und atemberaubend, als ich zwei Jahre später vier Tagesmärsche vom Highway entfernt den ersten Wolf bei Mondschein heulen hörte. Gänsehautfeeling, ganz genau.

Diese erste Nacht im zivilisierten kanadischen Outback war lang, die Schlafeinheiten unterbrochen und kurz, das Aufwachen bei Tageslicht zäh. Am besten schläft man nach einer fast durchwachten Nacht im Morgengrauen ein, wenn alles wieder so ist, wie man es kennt. Doch unser Weg war noch weit. Also: »Hopp, Sweetie, let's go!«

Der Rückweg nach Jasper zog sich und Analena wurde motzig, trotzig und war ganz einfach fertig. Weder bunte Blumen noch die Aussicht über das breite und lange Hügeltal des Icefields Parkways, das sich vor uns zwischen zwei noch schneebedeckten Bergketten öffnete, konnten sie aufmuntern. Sogar als sie selbst wieder Modell stand für Fotos, fing ich zuerst nur einen total genervten Blick ein, bevor sie sich wenigstens ein künstliches Grinsen abringen konnte.

Na Halleluja, wir haben doch gerade erst begonnen, dachte ich. Und zugleich hatte sie mein vollstes Verständnis. Auch ich war fertig und müde, aber beruhigt: Die erste Backcountryübernachtung in diesem zweiten Sommer hatten wir gemeistert. Die nächste Bewährungsprobe im Hinterland sollte allerdings schon zwei Tage später folgen.

Analena Wir hatten noch nicht so viel Erfahrung mit Backcountrytouren gesammelt, und ich war tooootal gespannt auf unsere bevorstehende Saturday-Night-Lake-Loop-Tour. Der Tag fing superschön an mit gutem Wetter, Sonne und einem strahlenden Mama-Gesicht. Ausnahmsweise war der Startpunkt unserer Tour mal nicht irgendwo im Nichts, sondern in Jasper. Ich mochte diese kleine Stadt, zwar war sie etwas leerer als Banff, aber es gab hier sehr schöne Häuser: Blockbauten aus Holz.

Meine Mom hatte wie immer ihre Kamera wie eine Handtasche umhängen, um Bilder für den Wanderführer zu machen. Die Bilder waren ganz schön wichtig für die Textbegleitung und so war es immer sehr schade, wenn wir eine Wanderroute gingen und dabei schlechtes Wetter hatten. Meine Mutter schoss ein Bild nach dem anderen. So würden wir ja nie ans Ziel kommen!

Im Schneckentempo bewegten wir uns also weiter fort. Manchmal fiel mir gar nicht auf, dass sie wieder am Fotografieren war, und ich merkte es erst, als ich mit der Luft redete. Bald verlor ich die Geduld. Sonst war doch immer ich diejenige gewesen, die alle vom Weiterlaufen abhielt. Aber nicht wegen Fotos von jeder Blume, die sich in der Nähe des Weges befand, sondern wegen kleiner Käfer, Schnecken, Steinen und allen möglichen anderen Tierchen und Pflanzen. Das Gelände war eben und ich wollte, dass diese Wanderung nicht länger dauerte als unbedingt nötig. Wir sahen schon wieder einen See und dazu ein paar Berge im Hintergrund, die die Kulisse vervollständigten.

Ich freute mich darauf, zum Zeltplatz zu kommen, auf dem wir die erste und einzige Nacht auf dieser Tour im Backcountry verbringen würden. Wenn das Zelt aufgebaut war, konnte man sich so schön hinsetzen und nach der Wanderung entspannen.

Nach einiger Zeit des Rumgelatsches sah ich etwas Komisches ein Stück vor mir. Ich schaute mich zu meiner Mom um, die einige Meter hinter mir war und mal wieder ihre Kamera fest umschlungen in beiden Händen hielt und wild vor sich hin knipste. Na ja, das konnte noch etwas dauern, ich ging also zu der eigenartigen Struktur im Matsch. Es sah aus wie die Spur eines Hundes, kam mir aber dafür ein bisschen zu groß vor. Hunde mit solchen Pfoten kenne ich nicht. Ich drehte mich also abermals um und rief nach meiner Mutter.

Begeistert sah sie nicht gerade aus, dass ich sie in ihrer Tätigkeit unterbrach, doch kaum, dass sie da war, zückte sie schon wieder begeistert die Kamera. Unsere erste richtige Bärenfährte! Und im nächsten Moment: Bedenken. Es war also ein Bär mit uns auf diesem Weg, und er hatte wahrscheinlich nicht allzu viel Vorsprung, der Frische der Spur nach zu urteilen.

Von jetzt an verhielten wir uns lauter, redeten miteinander, sangen ein bisschen und hatten das Bärenspray – wie immer – griffbereit am Hüftgurt, um jederzeit reagieren zu können. Mit dieser Ausrüstung fühlte ich mich sicher vor Bärenangriffen.

Meine Mutter hatte mir ausführlich erklärt, wie ich mich verhalten müsste, wenn es zu einer Angriffssituation mit einem Bären kommen sollte. Ausprobieren konnten wir die Sprays leider nicht, weil sie nur einmal verwendbar und superteuer waren. Kein Vergleich zu Pfefferspray. Ich fragte mich aber, ob man nicht auch einfach ein großes Pfefferspray hätte verwenden können. Aber wahrscheinlich nicht. Ich vermute mal, wer das entwickelt hat, hat sich da schon etwas dabei gedacht und vielleicht andere Stoffe mit eingearbeitet.

Im Laufe der Tour fanden wir zu allem Überfluss auch noch Bärenkot. Okay, auf diesem Weg, auf dem wir gingen, war also *wirklich* vor nicht allzu langer Zeit auch ein Bär entlanggelaufen. Ich merkte, wie mein Herz ein bisschen schneller schlug. Ob wir ihm wohl begegnen würden?

Als wir unseren Schlafplatz erreichten, bauten wir unser Nachtlager auf und verstauten unseren Proviant bärensicher. Meine Mutter hatte sich zwischenzeitlich noch mit ihrer Kamera an einer Libelle festgebissen, und ich war mir sicher, dass die Speicherkarte langsam voll sein müsse. War sie aber anscheinend doch noch nicht. Das Wetter veränderte sich auch am nächsten Tag kaum, und wir hatten einen trockenen Rückweg. Zum Glück machte meine Mutter nicht mehr so viele Fotos wie am Vortag.

Schnee – grenzenlose Weite

Verena Bevor wir erneut ins Backcountry aufbrachen, nutzten wir den Brückentag für eine kurze Halbtagestour zu den Bald Hills am Maligne Lake, die sich als länger erwies als ursprünglich geplant. Wie schon so oft in den kanadischen Rockies endeten auch hier die Wege nicht dort, wo die ausgeschilderten Routen es vorsahen, sondern führten weiter hinein ins Inland. Gefühlt endlos könnte man wandern, auch wenn die breiten Wege schmaler werden, man nur noch Tierpfaden folgt und dann unweigerlich im weglosen Gelände steht. Es gibt immer etwas zu entdecken auf der anderen Seite des Hügels, im angrenzenden Tal oder hinter der nächsten Kurve.

Analena kannte das zur Genüge. Im vergangenen Sommer einigten wir uns am Grand Canyon, als sie nicht mehr weiter wollte, auf drei Kurven, die wir noch gehen, bevor wir umdrehen. Diese klare Absprache war schwer, aber gerecht und wir konnten beide gut mit dem Kompromiss leben, den wir hart ausgehandelt hatten. Wir kannten uns zunehmend besser und wussten bald, mit welchen Argumenten man die größten Chancen bei der anderen hatte.

Kurz nach dem ersten knackigen Anstieg zu den Bald Hills standen wir vor einem weißen Steilhang. Unerwartet schnell hatten wir die Schneegrenze auf etwa 2200 Höhenmetern erreicht und waren noch lange nicht am Ziel. Links von uns schimmerte der mittlerweile eisfreie Maligne Lake, rechts erhob sich eine schneebedeckte Kuppe, die wir hinaufsollten.

»Och nee! Da hoch? Nicht dein Ernst, Mama!« In Analenas Gesicht las ich gleichzeitig Entsetzen, Wut und Enttäuschung.

»Klar. Auf geht's«, sagte ich nur und blickte den steilen Hang hinauf.

Schimpfend zog sie davon und folgte den eingesunkenen Spuren vorangegangener Wandernder im Schnee. Tapfer stiefelte sie bergan, so schnell, dass ich mal wieder gar nicht hinterherkam. Der Schnee knirschte unter unseren Füßen. Die Bergstiefel griffen nicht immer fest genug in den Firn, sondern rutschten ab und wir brachen in dem weichen Schnee knietief ein. Es war ein schweißtreibender Anstieg, der uns auf merkwürdige Art und Weise plötzlich zum Lachen brachte. Das Lachen der Verzweifelten. Auch wenn sie noch so sehr schmollt, ist Analena doch mit einer wunderbaren Frohnatur gesegnet. Die Welt verwandelte sich auf einmal in einen Winterwunderland-Spielplatz, Schneebälle flogen und wir gingen ganz im Moment auf.

Oben angekommen, erstreckte sich vor uns die weite Ebene der Bald Hills, auf der die Wege in alle Himmelsrichtungen auseinanderzudriften schienen und sich neue Hügelkuppen erhoben, die exzellente Aussichten versprachen. Das war der Punkt, an dem Analena streikte. Bis hierhin und nicht weiter. Einen solchen Schneehang hinaufzukrauchen, reicht schließlich.

»Wir sind oben. Hier ist es kahl. Also ist das der Bald Hill. Fertig. Wir können wieder umkehren«, protestierte meine wortkarge und sich prägnant ausdrückende Tochter, als ich weiterwollte. Nach meinen ersten Überzeugungsversuchen erinnerte mich Analena deutlich an mein Versprechen, als sie antwortete: »Mama, du hast mir versprochen, dass es eine kurze Tour wird!«

»Ja, du hast ja recht, aber von da oben haben wir bestimmt eine mega Aussicht auf den See und die Täler zwischen den hohen Bergen«, konterte ich. Und dann spielte sie mir mit einer Leichtigkeit die Argumente zurück, mit der ich ihr im Vorfeld die Angst vor der großen Reise hatte nehmen wollen.

»Mama!« Ein tiefer Blick in die Augen, begleitet von einer sicheren, überzeugten und festen Stimme: »Wir brauchen heute auch mal Pause, wenn wir die nächsten drei Tage die schweren Rucksäcke ins Hinterland schleppen müssen.«

Ich überlegte. »Hm. Okay. Stimmt. Aber meinst du nicht, diesen halbhohen Gipfel dort hinten …«

»Nein, Mama.«

Doch ich gab immer noch nicht auf, denn wir waren noch nicht wirklich am Ziel der »Bald Hills« angekommen, und ich brauchte die vollständige Route. »Ein bisschen möchte ich schon noch gehen. Hier ist es flach, merkwürdigerweise halb schneefrei und einfach zu laufen. Fast ein Spaziergang. Wäre es bis dort hinten okay? Dann kehren wir um, wirklich.«

Analena überlegte. Sie sah sich genauestens um, schätzte die Entfernung ab und war schlussendlich einverstanden. »Wenn's sein muss!«

Ich dankte ihr, und wir liefen noch ein Stück zur nächsten Aussichtsanhöhe weiter. Nach der Runde stiegen wir den Schneehang im hellblau schimmernden Tiefschnee hinab. Den Weg mehr watend als gehend. Habe ich schon erwähnt, dass ich Gamaschen liebe?

Analena

Als ich den Namen der Tour hörte, konnte ich nicht anders, als mich ein bisschen darüber lustig zu machen. Ich wusste lange nicht, dass »bald« glatzköpfig heißt. Herausgefunden habe ich es dank des Weißkopfseeadlers, der nämlich, wie meine Mom mich wissen ließ, in den USA und Kanada »Bald eagle« heißt. So ein eigenartiger Name für einen so erhabenen, edlen Vogel. Vor meinem inneren Auge sah ich eine Landschaft von glatzköpfigen Männern vor mir, aber ganz so cringe war die Wanderung dann doch nicht. Zwar hielt sich meine Motivation in Grenzen, aber es war auch nicht so, dass ich gar keine Lust hatte. Also: Let's go!

Die Tour würde kurz sein, hatte meine Mutter angekündigt, aber darauf konnte man sich ja bekanntlicherweise nicht immer so ganz verlassen, obwohl ich auch wusste, dass sie, wenn die Situation ernst war, sofort zurückrudern und umkehren würde, so wie wir es schon einmal im ersten Jahr hatten machen müssen. Auch mit einem endgültigen Nein von meiner Seite würden wir umdrehen. Doch solange ich lediglich vor mich hin meckerte, war für uns beide klar, dass ich noch einverstanden war weiterzugehen und einfach nur nicht begeistert davon war.

Wir wanderten einen sanft ansteigenden Berghang hinauf und je weiter wir liefen, umso kälter wurde es. Um uns herum färbte die Landschaft sich immer weißer, bis schlussendlich kein Strauch mehr unter dem Schnee herausguckte. Ich mag ja Schnee, frischen Schnee, durch den man laufen kann und in dem die ersten Fußabdrücke für kurze Zeit sichtbar bleiben, aber das wurde mir dann doch zu heavy: Wir mussten einen steileren Hang hinaufsteigen, der dick mit Schnee überzogen war. Ich versank teilweise bis zum Knie und war sehr froh über unsere Ausrüstung. Oben angekommen, erreichten wir eine ebene Fläche ohne Schnee, dafür mit vielen kleinen Steinchen. Es gab nicht einmal Pflanzen. Keine Büsche oder wenigstens Gräser, nichts. Nur eine steinige Einöde, die wirklich aussah wie eine Halbglatze.

Irgendwann, nachdem wir uns etwas umgeschaut hatten, begann wieder die übliche Diskussion: Können wir noch um die nächste Anhöhe laufen? Oh, was ist denn dort oben auf dem Hügel? Jetzt sind wir schon mal hier, da können wir auch noch das Stück bis da hinten machen! Das immer verknüpft mit dem Nachsatz: »Danach gehen wir zurück.« Jaja, wer's glaubt. Ich muss aber auch zugeben, dass es sich in manchen, gaaanz stark vereinzelten Fällen auch lohnte, die nächste Wegbiegung zu erkunden.

Beispielsweise bei der USA-Tour vor unserer Wanderzeit: Bei einem Zwischenstopp am Grand Canyon hatten wir einen kompletten Nachmittag Freizeit für eigene, gruppenunabhängige Pläne. Meine Mom und ich unternahmen also eine kleine Tour hinein in den Canyon.

Bei der Hitze, die in jenem Sommer herrschte, und den wenigen schattigen Orten war die Wanderung äußerst anstrengend. Wir legten viele Pausen ein, tranken viel Wasser und genossen den Trip; wir hatten ja schließlich kaum Zeitdruck. Ich wollte langsam umkehren, aber sie bestand darauf, noch ein Stück weiterzugehen. Schlussendlich waren wir bestimmt noch eine halbe bis ganze Stunde länger unterwegs.

Dadurch konnten wir noch einen Teil des Canyons entdecken, den wir sonst nie gesehen hätten, und legten zwischendurch noch eine Pause in einer kleinen Hütte ein. Es war zwar nichts Besonderes, aber wir hatten ja schließlich nichts anderes vor, also was soll's! Ganz entspannt konnten wir uns eine schöne Zeit machen und aufgedreht Faxenbilder in der Hütte knipsen, wobei wir ganz nah rangezoomt die Nase und Augen der anderen fotografierten. Gegen Ende des Ausflugs begann es ganz in der Nähe zu regnen und zu donnern. Wir mussten uns ganz schön beeilen und wurden auch ein bisschen unruhig. Umso größer waren Erleichterung und Erfolgserlebnis, als wir aus der Schlucht heraus waren. Wir hatten die Zeit wirklich bis auf die letzte Minute ausgenutzt und schafften es gerade noch, vor dem Unwetter oben zu sein, was uns einen kleinen Adrenalinpush bescherte. Das war ein sehr schöner Ausflug!

Auf den Bald Hills hingegen gab es nicht mehr allzu viel zu sehen. Wir gingen noch etwas weiter, aber die Landschaft blieb unverändert und wir kehrten um. Ich war erleichtert über unsere Ausrüstung und die Kürze der Wanderung, denn schließlich hielten auch die besten Gamaschen nicht alles ab und meine Schuhe hatten etwas Wasser gesogen. Zum Glück waren wir nicht auf einer Mehrtageswanderung!

Der Weg zurück ging – wie meistens – viel schneller als der Hinweg. Ich sah dann immer schon das Ziel vor Augen – unser Auto und das Zelt – und ging wahrscheinlich dadurch auch einen Tacken schneller.

Stärke – Wetter, Wald und wunde Füße

Verena Am nächsten Morgen war es so weit. Wir erhöhten den Einsatz. Aus einer Nacht wurden zwei, aus 24 Kilometern 44. Trotz seiner Nähe zu den Athabasca Falls am Icefields Parkway, dreißig Kilometer südlich von Jasper, besuchen selbst wanderbegeisterte Kanadier:innen das abgelegene Fryatt Valley selten, da der Einstieg eine zwölf Kilometer lange Waldwanderung ist, die sich ohne Fahrrad ziemlich hinzieht, und kein 360-Grad-Panorama bietet. Umso begeisterter war ich von unserem Vorhaben, dieses Tal zu erkunden.

Bei den tosenden Athabasca Falls, wo das Wasser aus 23 Metern in die Tiefe stürzt, bogen wir ab und ließen die Touristenmassen hinter uns. Nach einigen Kilometern Pistenstraße landeten wir auf einem einsamen Waldparkplatz. In den kanadischen Rocky Mountains reichen oft wenige Hundert Meter, um die Menschentrauben hinter sich zu lassen und allein die wilden Weiten genießen zu können.

Ich wollte zumindest ein bisschen tiefer hinein ins Herz des Gebirges. Im Gegensatz zu Analena, die die Fahrt im warmen Auto sicher gern noch länger genossen hätte.

Als ich das Auto parkte, der Motor stillstand und wir die Türen öffneten, um unsere Rucksäcke fertig zu packen, wurden wir attackiert. Direkt und ohne Umschweife. Mückentrauben – genauer gesagt Schwärme von Mückenweibchen – fielen über uns her. Angelockt von unserer Duftmischung aus Milch- und Fettsäuren, Ammoniak sowie unserem ausgeatmeten Kohlendioxid erkannten die Mücken sofort unsere Form, Größe und Struktur. Ihre Wärmesensoren ausgerichtet, wussten sie genau, wo unsere Blutgefäße sitzen und sie zustechen müssen.

Verständlich, dass sie sich um ihre Nachkommenschaft kümmerten, für die sie unser Blut brauchen, aber äußerst hinderlich für uns.

Wir mussten jetzt inmitten der Schwärme packen und in die beiden Rucksäcke von sechzig und vierzig Litern Volumen unsere Isomatten,

Schlafsäcke, Zelt, Kocher, Klamotten, Essen für vier Tage (drei Wandertage plus ein Reservetag), Messer, Taschenlampen, Wasserflaschen und so weiter hineingepuzzelt bekommen. Also: Kapuze über den Kopf, Jackenärmel weit über die Handflächen gezogen, überlegen und los.

Das ging gut, zumindest in der ersten Minute. Dann geriet Analena in Panik. Sie rannte laut fluchend hin und her, vor und zurück, kreuz und quer. Ihre Hatz entlockte mir weder Mitleid noch Verständnis. Im Gegenteil. Ich war stocksauer. Für mich bedeutete ihr panisches Gerenne, dass ich alles allein sortieren musste. Ohne helfende Hand, ohne jemanden, der mitdenkt – und Analena denkt exzellent mit, wenn sie will. Wir standen gerade erst am Anfang des zweiten Sommers, in der Mitte der Pfingstferien, und jetzt schon das. Wie sollte ich das alles schaffen?

Ich packte, bis alles in beiden Rucksäcken verstaut war. In einer Wolke aus gierigen Mückenweibchen räumte ich den einsehbaren Teil des Autos leer, schloss ab und los ging's. Genervt. Analena wegen der fiesen Viecher, weil sie überhaupt mitmusste und ich keine Anteilnahme zeigte. Ich, weil ich alles allein machen durfte und sie sich so anstellte.

In dem Moment verdrängte ich, dass ich mich exakt genauso verhalte, wenn es um Bremsen geht. Die geräuschlos zubeißenden Großfliegen sind für mich der wahre Horror. Doch diese Reflexion erfolgte erst wesentlich später.

Wir zogen los, verließen das windstille, schattige und relativ warme Marschland und schüttelten unsere Verfolgerinnen glücklicherweise rasch ab. Wir waren schließlich doppelt so schnell wie die zwei Kilometer pro Stunde fliegenden Moskitos. Bevor sie unser Blut abzapfen, injizieren sie uns sogar ein Schmerzmittel sowie einen Gerinnungshemmer, damit unser Blut nicht ihren Rüssel verstopft. Wenn man es genau betrachtet, sorgen Mückenweibchen unter Einsatz ihres Lebens für ihren Nachwuchs, denn ihr Summen verrät sie gnadenlos, woraufhin sie Gefahr laufen, kaltblütig erschlagen zu werden.

Nachdem wir unsere lebendige Gesellschaft abgehängt hatten, blieb uns nur noch der lange und langweilige Weg durch den Wald. Es zog sich. Unter einem grünen Blätterdach wanderten wir über kleine Bäche, um sanfte Biegungen herum und an unzähligen Koniferen vorbei. Ab und zu hörten wir das Rauschen des eisblauen Athabasca River. Der Himmel war bedeckt, und es war kein Ende abzusehen.

Die Neugierde, zu sehen, wohin der Weg führen würde, trieb uns voran und nach einigen Stunden wurden wir belohnt. Vor uns zwischen den Bäumen konnten wir die Weite schon erahnen, wenige Schritte später standen wir auf einer Düne und unser Blick schweifte in die Ferne: über den breiten Gletscherstrom, der das Tal einst geschaffen hat; die dunklen Wälder, die sich auf der gegenüberliegenden Seite die Berge hinaufziehen; und die steil aufragenden Felsflanken der Endless Chain Ridge. 1907 gab die Fotografin, Autorin und Entdeckerin Mary Schäffer der sich sechzehn Kilometer lang erstreckenden Bergkette ihren aktuellen Namen. Vom Rücken ihres Pferdes aus mochte sie ihr endlos erschienen sein. Von dort, wo wir standen, glich der vom Icefields Parkway sanft aufragende Gebirgskamm einer Schanze, die auf der nordöstlichen Seite abrupt senkrecht nach unten abfällt.

Nach einer kurzen Pause folgten wir dem Pfad wieder in den lichten Nadelwald hinein. Der anfängliche Missmut verschwand allerdings fast ebenso zügig wie die Moskitos, und wir gerieten bald ins Schnattern. So soll es ja auch sein. Singen, sprechen, rufen sind schließlich die besten Maßnahmen, um Überraschungsbegegnungen mit Bären vorzubeugen. Denn nicht die Bären an sich, sondern der Schreck beiderseits, wenn man sich unerwartet gegenübersteht, führt in der Regel zu gefährlichen Situationen. So fragten wir uns immer wieder gegenseitig, wie weit es noch bis zum Lower Fryatt Campground sei. Er müsste doch schon längst in Sichtweite sein.

Nach knapp vier Wanderstunden war es so weit. Platt, aber glücklich kamen wir an. Zwischen niedrigen Bäumen erwarteten uns einladende Plätze für Zelte, ein Bach mit frischem Wasser, rustikale Bänke für die Mahlzeiten sowie bärensicher verschließbare Container fürs Essen. Wir schlugen unser Lager auf. Außer uns übernachtete lediglich eine kleine Gruppe Teenager auf dem einsamen Zeltplatz. Während sie noch am Lagerfeuer saß, verschwanden wir nach dem Abendessen rasch im Zelt. Es dauerte nicht lange und wir sanken in tiefen Schlaf.

Ein schabendes Geräusch riss mich aus den Träumen. Starr vor Schreck griff ich mit verklebten Augen automatisch nach meinem Verteidigungsset bestehend aus Messer, Nato-Taschenlampe und Bärenspray neben mir. Da war es wieder, dieses merkwürdige Geräusch. Ganz nah. Mein Atem stockte. Und da, schon wieder. Es wiederholte sich. Nach ein paar Augenblicken begriff ich: Irgendetwas rutschte. Ich lauschte mit geschärften Sinnen und flacher Atmung. Immer wieder kleine Schübe. Ich schaute hoch zum Zeltdach. Dort zeichneten sich dunkle und helle Flecken ab. Als ich leicht dagegen drückte, rutschte ein Stück ab.

Aha! Here we go. Während Analena noch selig neben mir schlummerte, drehte ich mich um und öffnete leise die beiden Zelttüren. Meine Vermutung bewahrheitete sich. Eine zentimeterdicke Schneeschicht rutschte in der sich aufwärmenden Morgenluft langsam vom Zeltdach. Alles ringsum lag unter einer dicken Schneedecke verborgen.

In meinem Kopf rotierten die Gedanken: *Alles ist weiß. Können wir so den Weg hinauf ins lange Tal finden? Ergibt es Sinn weiterzugehen? Wird noch mehr Schnee fallen? Vorbereitet wären wir auf alle Fälle. Genügend Jacken, Fleecepullis und Merinohemden sowie unsere Gamaschen haben wir dabei. Die Ausrüstung passt. Motiviert bin ich auch. Aber wie sieht es mit Analena aus?*

Auf einmal hob sich meine Laune, um nicht zu sagen, sie steigerte sich von Sekunde um Sekunde. *Juhu!* Ich freute mich auf etwas Aufregendes, Neues, Unbekanntes. Ein Abenteuer, das es zu bestehen galt. Trotzdem war es nicht ungefährlich und ich schwankte, ob wir es wirklich wagen sollten, unseren Weg fortzusetzen. Ringsum lag alles Grün unter einer frischen, zentimeterdicken Schneedecke – und das Anfang Juni. Erst einmal Analena aufwecken und die Sache besprechen.

Sanft streichelte ich ihre Wange. Sie zuckte. Als ich ihr durchs Haar fuhr, drehte sie sich langsam um und räusperte sich. »Good Morning«, flüsterte ich und sie zwinkerte. Langsam öffneten sich ihre müden Augen. Doch ich konnte nicht länger mit der Neuigkeit warten, sie platzte aus mir heraus: »Es hat geschneit.« Ich grinste sie an.

Was könnte Analena auch anderes gedacht und gesagt haben als »Waaaaas? Mama! Du veräppelst mich«.

Ich grinste weiter und sagte: »Nein.«

Sie glaubte es immer noch nicht. Wie soll man sich auch freuen, wenn man während eines Sommerwanderurlaubs plötzlich dauernd im Schnee feststeckt?

Warum ich keinen Wetterbericht schaute und nicht wusste, was auf uns zukam? Weil das Wetter in den Rocky Mountains eh macht, was es will, weil es auf dem Icefields Parkway keine Handyverbindung gibt und weil ich es immer so nehme, wie es kommt. Analena wusste das. Sie kannte mich, doch in den darauffolgenden Tagen sollten wir uns gegenseitig noch intensiver kennenlernen.

Die kalte Tatsache war nicht zu leugnen, was Analena verstand, als sie aus der Zeltöffnung blickte. Oje – einerseits. Aber das Mädel ließ sich nicht lumpen. Hatte uns im Vorjahr ein Schneeschauer noch umkehren lassen, wussten wir nun, dass es uns jederzeit erwischen konnte, und wir waren für diesen Moment vorbereitet – physisch wie psychisch. Gemeinsam gingen wir alles durch: unsere Ausrüstung, die potenzielle Gefahr, die vorhandenen Möglichkeiten, und wir beschlossen gemeinsam, es zu versuchen. Wir hatten alles dabei und nach und nach überwand unser Ehrgeiz die Furcht.

Als wir aufbrachen, sahen wir die Gruppe Teenager, die in Jogginghosen und leichten Sweatshirts hastig ihre Siebensachen zusammenpackte. Wir kamen kurz ins Gespräch. Sie meinten nur: »Brrrrrr, es ist so kalt, damit haben wir nicht gerechnet, wir brechen ab und radeln zurück.« Wir wünschten uns gegenseitig alles Gute und jede Gruppe zog ihres Weges.

Analena und ich grinsten uns breit an.

Eine magische Stimmung lag in der Luft. Dichter Schnee verhüllte den dunklen Wald und verwandelte ihn in eine strahlende Kathedrale, in der es überall wie von Millionen winziger Diamanten glitzerte und funkelte. Die immergrünen Äste beugten sich schwer unter der weißen Last. Diesmal waren wir beide mittendrin und bahnten uns einen Weg hindurch.

Der ausgetretene Bergpfad zeigte sich als lang gezogene Mulde im Tiefschnee, sodass wir seiner Spur folgen konnten. In unregelmäßigen, aber meist kurzen Abständen wiesen uns neonfarbene Bändchen, die an Ästen und Zweigen angebracht worden waren, den Weg. Lediglich das Knirschen des Schnees unter unseren Füßen durchbrach die friedliche Stille.

Auf einmal durchdrang ein schnatterndes Geräusch den verzauberten Bergwald. Zu Beginn kaum hörbar, verstärkte es sich von Minute zu Minute wie ein Radio, das man lauter dreht. Wild durcheinander wechselten sich verschiedene Stimmen ab, mal grölend, mal lachend, mal kommentierend. Wie sich bald herausstellte, kam eine fröhliche Gruppe junger Männer in kurzen Hosen aus dem Hochtal hinab.

Unerwartet und verwundert begrüßte uns einer des Trupps: »Hey, how are ya?«

»Very well, thanks, how about you?«

Unsere Frage nach den Witterungsverhältnissen oben im Fryatt Valley beantwortete der selbstbewussteste und zugleich lauteste der vier Männer: »Ey, heute Morgen wurden wir aufs Heftigste eingeschneit, es lag meterhoher Schnee, durch den wir uns rauskämpfen mussten.« Dabei zog er seine Arme vertikal so weit auseinander, wie es ihm möglich war. »Wir hauen ab, uns ist es zu kalt«, schloss er seine enthusiastische Beschreibung.

Während die wilde Truppe abzog, beratschlagten Analena und ich erneut und kamen zu dem Ergebnis, dass wir uns ein eigenes Bild der Lage vor Ort machen wollten. Der Tag war schließlich noch jung, sodass die warmen Temperaturen den Aggregatzustand des Wassers vielleicht schneller wieder ändern würden, als wir es für möglich hielten.

Wir behielten recht, der Schnee schmolz dahin.

Nach dem anstrengenden Aufstieg kroch mit der Ruhe auch die Kälte in unsere abkühlenden Körper und wir begannen zu zittern. Es war erst 15 Uhr, aber wir warfen unseren Plan um, bauten das Zelt gleich an Ort und Stelle auf und kuschelten uns in die wärmenden Schlafsäcke. Da wir an diesem zweiten Tag unserer Tour nicht weiter ins Tal hineingegangen waren, würden wir die komplette verbleibende Strecke am dritten Etappentag meistern müssen: Erst die vier Kilometer und knapp 400 Höhenmeter hinauf ins Talende, von dort wieder zurück zum Zeltplatz und dann den ganzen Weg hinab zum Auto. Das ergibt insgesamt 26 Kilometer. Für uns bisher die längste Strecke an einem Stück.

Zeitig klingelte der Wecker am nächsten Morgen. Wir suchten unsere Wertgegenstände zusammen und packten den Proviant in meinen Trekkingrucksack. Den Rest – inklusive Analenas Rucksack – ließen wir am Zeltplatz zurück, um es uns für den Aufstieg nicht unnötig schwer zu machen. Wir konnten ja alles auf dem Rückweg wieder mitnehmen. Mein Riesenrucksack war nun mit wenig Inhalt gefüllt und schwebte fast auf meine Schultern, ohne dass ich ihn erhöht abstellen musste, um ihn überhaupt hochbugsiert zu bekommen.

Im grisseligen Regen gingen wir über ausgedehnte Geröllhalden, wanderten auf einem schmalen Pfad halb im, halb neben einem See entlang bis ins Dickicht hoher Baumkronen vor einer Karwand. Hier hatte der Winter seine verwüstenden Spuren hinterlassen: Der einstige Backcountryzeltplatz lag unter einem Mikado aus wirr übereinandergeworfenen Baumstämmen begraben. Der Pfad führte hinauf und direkt auf eine vereiste Steilwand zu.

»Huch, wo geht es weiter?«, fragte ich. Wir suchten, aber fanden keinen Weg. »Na, dann müssen wir halt hier irgendwie hochkraxeln«, entschied ich kurzerhand, ohne noch mehr Zeit aufs Suchen zu verwenden. Ich wich den Schneefeldern und eisigen Flächen aus, Analena immer dicht hinter mir. Es dauerte nicht lang, da waren wir am ersten Absatz angekommen und fanden den Weg wieder, der nun klar und deutlich vor uns lag und dem wir erleichtert folgten.

Etwa zehn Minuten später standen wir an der Abbruchkante der Karwand und blickten ins nebelverhangene Tal hinab. Die traumhafte Stimmung ließ mich einen Augenblick verharren. Anschließend nahmen wir uns Zeit für ein paar Fotos, auf denen Analena wieder Modell stand: ihre rote Regenjacke und ihre hellen Haare waren einfach ein herrlicher Kontrast zu der trüben Landschaft. Und natürlich auch ihr Lächeln, wenn ich ihr eins abluchsen konnte.

Nach einem langen Tag und einem Sprint durch den Mückenwald ließen wir mit glücklichem Gemüt unsere entkräfteten Körper am Abend ins Auto plumpsen und legten die schmerzenden Füße hoch. Den vollmundigen Schokopudding, den wir anschließend bei bester Aussicht auf einem Parkplatz am Highway spachtelten, hatten wir uns redlich verdient. Wir schauten beide schweigend ins gegenüberliegende Fryatt Valley und genossen den Moment.

Analena Meine Mutter hatte mir die Wanderung mal wieder nach ihrem besten Wissen und Gewissen entspannt und unbedenklich hinsichtlich Intensitätsgrad und Umfeld beschrieben. Ich sollte mich nicht darauf verlassen können. Noch wusste ich nicht, dass dies drei unserer ereignisreichsten und intensivsten Tage werden sollten.

Kaum waren wir mit unserem Mietwagen am Startpunkt der Wanderung angelangt, ging es schon an die übliche Kurzbesprechung vorm Aussteigen, Sachenzusammensuchen und Packen. Bis dahin war alles gut, aber kaum, dass wir die Autotüren öffneten, erklang auch schön leise, aber sicher ein penetrantes Sssssss.

Für manche Menschen mögen Mücken nicht so schlimm sein, doch für mich sind die Tiere der Horror. Mir reicht ja schon ein einziges dieser kleinen Wesen, um am Rad zu drehen, aber auf diesem Parkplatz waren sie überall!!! Ich war absolut panisch und vielleicht nicht gerade rational: Meine Klamotten so weit über alle erdenklichen freien Körperstellen gezogen, dass nur noch meine Augen herausguckten, rannte ich hin und her. Sobald ich stoppte, hatten sie mich sofort wieder belagert. Ich konnte also gar nicht anders, als pausenlos herumzurennen.

Trotz allem mussten unsere Rucksäcke für die Tour gepackt werden. Doch in diesem Moment war ich überhaupt nicht dazu in der Lage, mich zu konzentrieren. Außerdem müsste ich dabei, weil ich keine Hand mehr frei hätte, um mir die Kapuze ins Gesicht hochzuziehen, ungeschützt vor den Insekten rumrödeln. Also musste sich meine Mom allein um das gesamte Packen kümmern. Ihre Laune? In meiner Einschätzung »bestens«! Damit war ein unvergesslicher Start in unsere nächste Tour garantiert.

Während des Laufens verloren wir nach und nach unsere blutigen Verfolgerinnen. Viel haben wir auf dem ersten Stück nicht geredet. Anspannung lag in der Luft. Ich kenne meine Mutter und weiß, sie will das Streitpotenzial minimieren und ihre schlechte Laune nicht im intensivsten Moment rauslassen, damit nichts schlimmer wird, als es in Wahrheit ist. Mittlerweile kann ich sie auch total verstehen. Wenn man sich um alles allein kümmern muss, obwohl ja eigentlich beide mit anpacken sollten … es ging aber einfach nicht anders.

Zu allem Überfluss waren wir nicht allein auf unserem Weg: Eine kleine Gruppe Jugendlicher überholte uns am Ende unserer ersten Etappe zum Campingplatz.

Dass wir überholt wurden, verbesserte nicht gerade die allgemeine Stimmung und vor allem nicht die meiner Mutter. Sie hat oft die Tendenz, sich mit anderen zu vergleichen, und zweifelt sehr schnell an sich. Puh! Da ist es fast besser, ich sage gar nichts, da sie vieles, was ich sage, sonst sehr geschickt ins Negative dreht … wobei – wenn man nichts sagt, ist es auch nicht viel besser. An diesem Tag war es mir kaum möglich, die Gemütslage zu heben. Umso froher war ich, als wir den lang ersehnten Lower Fryatt Campground erreichten.

Wir traten unsere allabendliche Routine an: Die eine besorgte Wasser zum Kochen und kümmerte sich um das Essen, und die andere baute das Zelt auf, breitete die Schlafsäcke aus und verstaute unsere Rucksäcke. Die Mücken hatten wir seit unserem Start nicht mehr gesehen und sie blieben wie vom Erdboden verschluckt.

Nach dem Essen war ich so froh, endlich im Zelt zu sein, mich warm einkuscheln zu können und vor mich hin zu zeichnen. Wir hatten uns beide Stück für Stück abreagiert und waren wieder gut miteinander. Zum Glück halten bei uns solche Streits nie allzu lang an; ein bisschen trotzig sind wir beide, aber diese eiskalte Stimmung über Nacht – das halten wir nicht aus. Differenzen mussten spätestens vor dem Schlafengehen geklärt sein, und unsere Mückendifferenz hatte sich von selbst über den Tag hinweg verflüchtigt.

Die abendlichen Zeltstunden – beziehungsweise eher -minuten – bis die Erschöpfung uns vollends in den Schlaf riss, waren immer mein

Lieblingsteil des Tages: Wir hatten viele ereignisreiche Stunden hinter uns, konnten den Tag noch mal Revue passieren lassen und uns dabei guten Gewissens entspannen und uns zurücklehnen.

Am nächsten Morgen um halb sieben hörte ich weit entfernt eine Stimme, die mit mir redete und versuchte, mich aufzuwecken. Nach und nach wurde die Stimme klarer, bis sie schließlich nicht mehr zu überhören war: »Draußen schneit's!«

Mein Gedanke dazu war nur: Das ist eine ganz schlechte Methode, um mich wach zu kriegen … Da will sie mich wohl veräppeln. Dennoch streckte ich mich zur Zeltöffnung hinauf und lugte heraus. Zu meinem Erstaunen lag tatsächlich eine weiße Landschaft vor mir. *Nee, oder?* Schlagartig war ich noch weniger motiviert, aus dem Schlafsack herauszukrabbeln. Aber es musste sein!

Wir sammelten uns, zogen uns an und los ging's! Zelt abbauen, frühstücken, das Gepäck für den weiteren Weg zusammenstellen und auf die Füße. Meine Mutter sprach mit der Gruppe fitter Teenager in Jogginghosen von gestern und stellte fest, dass sie wohl wegen des Schneefalls den Rückzug antreten wollte. Diesmal waren wir für schlechtes Wetter gewappnet und konnten weitergehen. Mir gab das noch mal einen sehr großen Motivationsschub und ich glaube, Mama ganz besonders. Toll, was man alles mit guter Ausrüstung und innerer Sicherheit schaffen kann!

Natürlich war es nicht das Schönste, bei Kälte durch den nassen Schnee zu stapfen; der Weg war dick zugeschneit und es ging bergauf. Doch es gab Markierungen in Form von orangenen Bändeln, die uns die Wegfindung erleichterten. Eine zweite Männertruppe kam uns schließlich beim nächsten Anstieg entgegen … Sie hatte genauso wie die andere Gruppe aufgrund des Schnees den Rückzug angetreten. *Yes! Wir geben nicht auf und können das durchhalten!!*

An einem schönen See vorbei führte uns der Weg am nächsten Tag zu einer steileren Wand, an deren Spitze sich unser Ziel befand. Von dort aus hatten wir einen wunderschönen Ausblick und unsere Strapazen, um hierherzukommen, hatten sich definitiv gelohnt! Zwar waren wir nicht grade mit schönem Wetter beglückt – es war neblig, regnerisch und nieselte, nachdem der Schnee in der Nacht aufgehört hatte –, aber wir waren zufrieden: Der erste Teil war geschafft.

Anfangs ging der Rückweg sehr flüssig voran, dann änderte sich die Stimmung, denn die Schuhe meiner Mutter drückten und das Laufen fiel ihr zunehmend schwerer. Grantig stapfte sie vor mir her.

Mir stellte sich sowieso immer die Frage, warum man nicht einfach in Chucks laufen kann. Die lassen einen den Weg viel besser durch die Sohle spüren, sind super zum Kraxeln, geben mir guten Halt am Boden und sind sehr angenehm am Fuß – nicht so steif und klumpig wie die Wanderschuhe. Aber klar, Sicherheit geht vor. Wenn man umknickt, kann mit Chucks viel mehr passieren als bei den Schuhen, die genau für solches Gelände gedacht sind. Sie sind wasserdicht und haben ein tieferes Profil, so wie Winterreifen beim Auto. All das ist für mich mittlerweile wesentlich verständlicher als damals. Trotzdem ziehe ich bis heute bei kleineren Wanderungen in der Umgebung immer noch Chucks vor.

Genug von meinen Wunschvorstellungen. Wir wollten alle paar Kilometer unsere Schuhe tauschen, sodass wir uns das Drücken aufteilten und keine von uns es den ganzen Weg allein aushalten musste, aber meiner Mutter passten meine Schuhe auch nicht. Es dauerte nicht lange, da kamen wir wieder ins Mückenterritorium. Auf dem Rückweg fand es Mama auch nicht gerade prickelnd – bei ihrer Pro-Einstellung gegenüber diesen fiesen Viechern fast ein Wunder. Also liefen wir schneller.

Sonst redete sie immer davon, dass es doch gut sei, die kleinen Tierchen zu unterstützen. Sie seien doch auch nur Mütter, die ihre Kinder auf die Welt bringen wollen. Sie würden sich selbst ja durch ihr Summen in Gefahr bringen und so weiter. Auf den letzten sieben Kilometern sangen wir zusammen ein Kinderlied, liefen im Takt des Liedes und versuchten so, ein stetiges Tempo zu halten und dadurch die Mücken abzuschütteln.

»Ein Elefant, der balanciert, der balanciert auf einem Spinnennetz … Zwei Elefanten balancier'n, die balancier'n auf einem Spinnennetz … hundertvier Elefanten balancier'n, die balancier'n auf einem Spinnennetz …«

Dann eeeendlich hatten wir es geschafft! Jetzt schnell die Sachen in den Kofferraum schmeißen und rein in die insektenfreie Zone des Autoinnenraums! Unsere Erleichterung und Geschafftheit waren unermesslich! Da störte uns auch kaum noch das leise Summen einer einzelnen Mücke, die uns in dem kleinen Raum um die Ohren flog. Na gut, mich vielleicht immer noch ein bisschen.

Unterstützung – wenn die Kraft versiegt

Analena

Das Wetter schien gut, zwar bewölkt, aber okay. Wir hatten eine kurze Wanderung zum Paget Lookout im Yoho-Nationalpark über knapp dreizehn Kilometer vor uns. Die Tour lag nahe des Kicking-Horse-Passes, dessen Name von einer Expedition aus dem Jahr 1858 kommt, bei der der Expeditionsarzt, Forscher und Entdecker James Hector während einer Flussüberquerung von seinem Pferd in den Brustkorb getreten wurde.

Zuerst ging es – wie denn auch sonst? – einen steilen Berg hoch. Wir unterhielten uns über meine Bastelideen und den Verlauf der nächsten Tage.

Für Kanada hatte ich mir ein kleines und dünnes Notizheft gekauft, in das ich meine Bastelideen, Notizen und Zeichnungen eintrug. Unterwegs kam mir auch eine Idee für den Geburtstagskuchen meiner Mom. Der Geburtstag war zwar noch ein paar Monate hin, aber ich hatte in dieser Zeit viel mehr kreative Ideen als in der Schule. Hier entstand die Tradition, dass ich ihr bis heute zu jedem Geburtstag einen ausgefallenen Kuchen schenke. Zusätzlich zu der Kuchenplanung hatte ich eine Seite nur für Geburtstagsgeschenkideen für meine Freunde und Verwandten in meinem Heft, denn kurz vor den Events fällt einem immer nichts ein, und so konnte ich schon mal einige Möglichkeiten festhalten. Ein paar Seiten hatte ich mir extra für Zeichnungen frei gelassen, wobei ich bei Mehrtageswanderungen einfach die Seiten herausriss und später wieder einklebte, um auch das bisschen an Gewicht und Platz zu sparen.

Die Zeit verging schnell und bald war es nicht mehr weit bis oben. Bei unseren Gesprächen schweiften wir relativ schnell ab. Meine Mutter liebt organisatorische Themen. Sie schafft es, Unterhaltungen schnell darauf zu leiten, ohne dass man es als Gesprächsteilnehmende überhaupt bemerkt. Das kann schon hilfreich sein, denn sie ist bei Sachen wie Steuern oder Banken immer sehr hinterher. Manchmal möchte man allerdings auch einfach normale Gespräche führen und vor allem nicht, wie damals häufig, über Schule sprechen.

Dieses Thema war zwar manchmal ganz schön, wenn es zum Beispiel um bestimmte Fächer ging, die ich mochte: Ich hatte in der Schule einen unfassbar euphorischen Geschichtslehrer, Herrn Pretz, der es immer schaffte, alle mit seiner Begeisterung anzustecken und uns dazu zu bewegen, sich auch in der Freizeit mit den Unterrichtsthemen zu befassen und sich Lektüre dazu anzuschauen. Geschichtsunterricht zählte zu meinen liebsten und spannendsten Stunden. Aber meine Mutter wollte ja meist auf Hausaufgaben, Noten und Orga hinaus.

Ich lenkte also mit allem Möglichen ab: die Landschaft und neue Songs, die ich gerne hörte. Und meistens schaffte ich es dann auch, das Gespräch auf ein anderes Thema zu bringen.

Es brodelte sich ein bisschen was an Wolken zusammen, wenige Tropfen kamen herunter und es begann zu donnern. Mir wurde leicht mulmig. Wir waren relativ weit oben und irgendwo in der Umgebung blitzte es. Das ist keine gute Kombination, aber wir fanden auf einem kleinen Plateau direkt an der Baumgrenze den alten Fire Lookout, einen kleinen, viereckigen, mit weißen Brettern waagerecht verschalten Bungalow mit Glasfenstern. Er war komplett aus Holz gebaut und es gab viele Sitzmöglichkeiten, da im Innenraum des Unterschlupfs ringsherum Bohlen als Sitzbänke installiert worden waren. Das war gut, um erst mal die Rucksäcke abzusetzen und sich nach der Bergauftour gemütlich niederzulassen.

So ein kleines Häuschen gab es nicht alle Tage auf den Wanderrouten! Kaum waren wir hineingegangen, fing es auch schon an, stärker zu regnen. Puh! Gerade eben so geschafft. Wir nahmen uns einen Augenblick, um anzukommen, dann schweiften auch schon unsere Blicke umher. Und meine Mom zog ihre Kamera heraus. Ich fragte mich noch, warum, weil es hier wirklich nichts Fotografierwürdiges gab. Die Aussicht aus den Fenstern war grau und verregnet, man konnte nicht mal weit sehen. Innen war auch nichts; steiniger Boden, ein trister Raum, eingeritzte Initialen im Holz, wie man sie auch auf jeder öffentlichen Toilette findet.

Aber auf diese Dinge hatte sie es gar nicht abgesehen; sie hatte entdeckt, dass wir nicht die Einzigen waren, die sich vor dem Mistwetter versteckt haben. Auch viele kleine Insekten hatten die Flucht ergriffen. Dabei waren auch einige sehr hübsche Tierchen dabei, die sie im Bild einfing. Manche nutzten die ruhige Atmosphäre und gesellten sich in Grüppchen zueinander, auch das musste sie unbedingt im Bild einfangen. Als ich das sah, regte ich mich auf. Ich meine, als Mensch will man doch auch nicht immer beobachtet oder fotografiert werden! Die Insekten brauchen genauso wie wir ihre Privatsphäre!!

Als sich das Wetter etwas beruhigt hatte, gingen wir wieder runter. Es regnete noch leicht, aber der Donner und die Blitze waren weg. Auf der Wanderroute gab es einen kleinen Abstecher, der zu einem See führte. Natürlich war der Plan, den gleich mitzumachen. Es war ekliges Wetter, alles nass, matschig, dunkel und Nebel stieg schon auf, allerdings war es auch nicht mehr weit.

Wir bogen also ab in Richtung Sherbrooke Lake und gingen durch ein Stückchen düsteren, verhangenen Nadelwald. Ich freute mich schon sehr auf das Auto, den warmen, kuscheligweichen Schlafsack und etwas zu essen. Nach circa fünf Minuten machte meine Mom plötzlich schlapp. Sie wollte nicht mehr, es war doch sowieso nur noch das Ende des Sees, das wir verpassen würden. Ich verstand das gar nicht. Sonst immer diejenige, die zehntausendmal noch »eine letzte Kurve« gehen wollte, die schon gar nicht mehr zur Tour selbst gehörte, und jetzt wollte sie nicht mal mehr die gefühlte halbe Stunde laufen, die eigentlich noch zur offiziellen Wanderung gehörte?! Was war denn da los? Schließlich konnte ich sie doch noch davon überzeugen, das Stück noch zu gehen und das Seeende noch mitzunehmen. Verkehrte Welt!

Am nächsten Tag brachen wir auf zum Aylmer Lookout. Mit 1100 Höhenmetern und 24 Kilometern war das keine allzu lange Tour für zwei Tage, dafür ging es jedoch steil bergauf. Meine Mom nutzte die Chance, um gleich mal ihre neu ergatterten Wanderstöcke zu testen.

Und dann kam das Drama: Sie war es nicht gewöhnt, mit Wanderstöcken zu laufen, und kam anscheinend so gar nicht damit zurecht. Sie lief hinter mir und so hörte ich ihre Flüche ein bisschen besser, als wenn sie vor mir gelaufen wäre, denn die Stimme wird immer nach vorne getragen. Wir merkten das bei unseren Wanderungen manchmal ganz extrem, dass man diejenige, die voranlief, kaum verstehen konnte, wenn sie nach vorne sprach.

Was anfangs nur ein Gemurmel war, wurde immer lauter und energischer. Ich traute mich gar nicht, mich umzudrehen. Sie schien fast in Rage zu sein. Plötzlich fuchtelte sie mit ihren Wanderstöcken rum. Ich war ganz erschrocken und drehte mich um. Sie kam überhaupt nicht mit den Stöcken klar und ab irgendeinem Zeitpunkt schien sie es auch gar nicht mehr zu wollen. Ich hab sie selten so aufgebracht gesehen und wusste erst gar nicht, wie ich reagieren sollte; ich wollte sie einfach nur beruhigen und versuchte, mit ihr zu reden. Das ging so weit ganz gut, aber dann brach sie vor Frust in Tränen aus. Das war kein guter Tag. Sie ließ sich nicht helfen, sie ließ sich nicht gut zusprechen, sie wollte das einfach nicht. Am Ende schwiegen wir uns an, liefen hintereinander her und ich hörte sie ab und zu hinter mir vor sich hin fluchen. Schlussendlich war ich sehr erleichtert, als wir die Wanderung endlich hinter uns hatten. Ihre Laune wurde wieder etwas besser auf dem Weg bergab, und der Frust löste sich mit der Ankunft am Auto fast schon in Luft auf.

Einen Tag später ging es auf eine andersartige Route. Kein Berg oder See, sondern ein Canyon! Es war wärmer als die letzten Tage und uns stand der Grotto Canyon am Lac des Arcs südlich von Canmore bevor, eine Landschaft nur aus Stein. Diesmal war alles eben, wir liefen ein längeres Stück durch vertrocknetes Grün, das neben dem gerölligen Wanderweg wuchs. So gingen wir immer wieder eine Weile am Fluss entlang, bis er schließlich konstant am Weg blieb und sich größere Felsstrukturen zu unseren beiden Seiten erhoben.

Ich fand es superspannend, mal etwas anderes zu erleben als immer nur Wald, Fluss, Berg und einen richtigen kleinen Canyon zu sehen. Meine Mom hatte ein bisschen Bedenken, da mein Vater in einem Steinbruch ums Leben gekommen war und dieser Canyon einem Steinbruch sehr ähnlich sah. Ich war früher öfter dabei gewesen, wenn mein Vater Fossilien in Steinbrüchen suchte, und hatte manchmal sogar selbst ein Exemplar entdeckt. Es hatte mir immer Spaß gemacht, wie Erwachsene mit dem Hammer zu arbeiten und Gelbbauchunken zu suchen, die sehr oft in den Steinbruchsteinchen zu finden waren, zu kraxeln und dabei sogar noch Dinge zu finden.

Wir redeten darüber, ob es für mich schwer wäre, dort in den Canyon zu gehen, ob das zu heftig wäre, auch für meine Mom, aber wir entschlossen uns dazu weiterzugehen. Für mich macht es schon noch einen Unterschied, ob man lehmfarbige, brüchige hohe Wände mit Geröllhaufen um sich hat wie damals in den Steinbrüchen, bei denen ich dabei war, oder vom Wasser geformte, aalglatte Steilwände, wie hier im Grotto Canyon.

Wir waren schon ein ganz schönes Stück gelaufen, als wir an eine Stelle kamen, an der viele kleine Steinmännchen gebaut worden waren. Ich fand das toll und baute gleich eins daneben. In solchen Dingen gehe ich auf. Wir machten also noch eine kleine Pause. Auch danach hielten wir oft an, um zu trinken oder einen Schoko-Bananen-Riegel zu essen. Das Gefährliche an dem Wetter war der Wind. Es war zwar wärmer als sonst, der Wind kühlte die Luft aber doch stark ab. Ich war oft kurz davor, die Jacke auszuziehen, weil ich anfing zu schwitzen. Das sorgte für Diskussionsstoff mit meiner Mom, wegen meines Themas Erkältung.

Der Weg wurde jetzt gerölliger, man musste mehr kraxeln und klettern und es ging nicht mehr eben voran. Während ich immer fröhlicher und energischer wurde, merkte ich, wie meine Mom schwächer wurde. Ihre Augen wurden schwerer, sie musste öfter vor Anstrengung trinken und fing an, laut durch den Mund und nicht die Nase zu atmen. Sie schloss die Augen noch ein Stückchen weiter und lief langsamer. Unsere Pausen häuften sich.

Man musste noch miteinberechnen, dass die Tour kein Loop war, sondern wir alles, was wir bereits hinter uns gebracht hatten, noch einmal zurücklegen mussten. Mit Kreislaufproblemen in einem sehr warmen Canyon ist nicht zu spaßen und so entschieden wir, umzukehren und es für den Tag sein zu lassen. Am Ende waren wir ein paar Stunden unterwegs gewesen und hatten den Tag so gut genutzt, wie es eben ging.

Und schwupps, schon war es so weit. Unsere erste Wanderzeit in diesem Jahr, und damit auch meine Pfingstferien, waren zu Ende. Das ging verdammt schnell! Auf der einen Seite war ich ganz glücklich, erst mal nicht mehr wandern zu müssen und wieder in meinem Bett mit richtiger Decke schlafen zu können. Ich würde wieder schöne Klamotten anziehen können und nicht diese komischen Funktionsklamotten, die vom Schnitt und Aussehen her schrecklich waren. Meine Mom trug und trägt sie immer noch fast täglich. Ich weiß gar nicht, was sie daran findet. Ich habe eine klare Vorstellung davon, wie ich aussehen möchte, und bin bei der Auswahl meiner Klamotten nicht einfach. Das wiederum ist so ein Punkt, der meine Mutter überhaupt nicht interessiert, und das ist auch okay so, wir sind ja schließlich alle verschieden. Ach ja, und duschen!! Wie könnte ich es *nicht* vermissen, nach Ewigkeiten rumvegetieren duschen zu können.

Auf der anderen Seite war ich traurig über das zeitige Ende unserer gemeinsamen Wanderzeit. Wir hatten uns gut eingelaufen – sowohl zwischenmenschlich als auch körperlich –, und ich würde sie sehr vermissen. Während des langen Flugs zurück nach Frankfurt hatte ich viel Zeit, um über die vergangenen zwei Wochen nachzudenken, und mir schossen mehrmals die Tränen in die Augen.

Auch wenn ich wandern nicht mochte, liebte ich die gemeinsame Zeit mit meiner Mom. Das war einfach was Besonderes, und wir waren nach dem Unfall von meinem Vater sehr eng zusammengewachsen. Sie war fast schon wie eine Schwester für mich, der ich so gut wie alles erzählen konnte, und jetzt würde ich sie so lange nicht sehen.

Natürlich musste sie auch manchmal die Mutter sein, wenn es hieß: »Willst du wirklich so aus dem Haus gehen?« oder »Du musst aber noch Hausaufgaben machen …« Die übrige Zeit war sie anders, und ich konnte mit ihr über Dinge reden, über die andere mit ihrer Mutter nicht sprechen würden. Den Flug nutzte ich gründlich, um die Filme zu gucken, die mir mein Papa erlaubt hätte, meine Mama aber etwas kritischer sah. Tja, aber wer sollte mich kontrollieren, wenn ich allein flog??

Verena Zwei Tage nach dem großen Marsch ins Fryatt Valley, wo uns Schnee und Mücken auf Trab gehalten hatten, tauschten wir wegen des trüben Wetters eine große Runde gegen eine kleine. Mittlerweile waren wir weiter südlich im Yoho-Nationalpark gelandet. Zehn Autominuten westlich von Lake Louise wanderten wir gerade den Weg hinauf zum Feuerwachturm unterhalb des Paget Peak, als uns plötzlich ein böiger Wind um die Ohren fegte. Dicke Regentropfen folgten. Oben angekommen, verbargen wir uns im geräumigen Haus der Feuerwache mit fantastischer 180-Grad-Aussicht auf die wolkenverhangene Berglandschaft.

Tief unter uns zogen der Highway 1 und die Eisenbahnschienen vorbei, die der Schlucht des Kicking-Horse-Passes folgen. Dort unten, an der höchsten Stelle des Trans-Canada Highway (1646 Meter), grenzt die Provinz Alberta an British Columbia. Diese heutige Selbstverständlichkeit war einst teuer erkauft worden; der Preis, den der kanadische Staat für die Zugehörigkeit »der Schönen«, wie B.C. auch genannt wird, zahlte, war hoch: Eine transatlantische Eisenbahn sollte geschaffen werden, die Kanadas Ostküste mit der Westküste verband. Doch obwohl zwei zugänglichere Pässe für die Routenführung hätten genutzt werden können, wurde aus politischen Gründen der unwirtliche Pass am Kicking Horse River gewählt. Es galt, den Einfluss der Vereinigten Staaten in der Region drastisch zu minimieren. Auf der zuerst oberirdisch angelegten Schienenstrecke hätten die Loks ein Gefälle von über 4,5 Prozent überwinden müssen, sodass der Bau einer unterirdischen Streckenführung mittels in Schleifen angelegter Tunnel beschlossen wurde, der das Gefälle durchschnittlich auf etwa zwei Prozent reduzierte.

An diesem waghalsigen Unterfangen in einer Region, in der im Winter oft minus dreißig Grad herrschen, regelmäßig Lawinen abgehen und über die Blizzards hinwegpfeifen, arbeiteten vor über 110 Jahren tausend Männer zwei Jahre lang. 700 Tonnen Dynamit und 1,5 Milliarden kanadische Dollar verschlang der Bau der berühmten Spiraltunnel, die sich wenige Kilometer östlich von uns durch den Berg winden. Wobei vielleicht einige Kilos vom Sprengstoff auch bei ein paar findigen Bären im Magen gelandet sind, die auf das Zeug abfahren und schon so manches Lager beim Straßenbau und der Lawinenkontrolle geplündert haben.

Aus dem östlich gelegenen Bow Valley zog eine schwarzblaue Front auf, die den Anschein erweckte, als wolle sich das Meer persönlich über uns ergießen. Der prasselnde Regen klatschte an die dünnen Fensterscheiben und hüllte die Landschaft in einen weißen Schleier aus flüssigem Nebel, begleitet von einem Orchester aus krachenden Trommeln und einer blitzenden Lichtshow. Vor uns türmten sich die steilen Zinnen des Mount-Victoria-Massivs auf, an denen sich der Himmel austobte. Nach einer Stunde des Ausharrens stiegen wir im Bindfadenregen ab und wanderten durch patschnassen Wald zum Sherbrooke Lake, dessen gegenüberliegendes Ufer wir eigentlich erreichen wollten.

Nachdem wir allerdings auf dem schmalen Pfad direkt am wogenden Wasser wenige Meter zurückgelegt hatten – die Füße halb im See, halb im Matsch, nasses Gestrüpp, das sich uns permanent in den Weg stellte, eine Sicht, die links wenige Meter vor einem trüben Berghang endete und geradeaus nur weiteres Dickicht verkündete –, versiegte meine Lust schlagartig. Verglich ich Aufwand mit Nutzen, kam ich ohne Umschweife zu dem Schluss, dass es sich an dem Tag für uns bei dem Wetter einfach nicht lohnte. Es würde nichts Spannendes mehr kommen, und wir mussten denselben unbequemen Weg ja auch wieder zurück. Ich könnte den Weg ja auch bis ans Ende des Sees als Option im Buch, mit einer gestrichelten Linie als Track, in die Karte aufnehmen.

Doch Analena sah das anders. Natürlich! Sonst versuchte sie, jede Unannehmlichkeit unterwegs zu vermeiden, murrte schon bei dem Gedanken, überhaupt drei Schritte wandern zu gehen. Aber jetzt, als ich im Regen, noch dazu in triefnassem, kniehohem Gestrüpp ausnahmsweise selbst mal zum frühzeitigen Umkehren geneigt war, wollte sie weitergehen. Trotz?

In ihrer typisch vehementen Art, die sich immer dann zeigte, wenn sie eine dezidierte Meinung vertrat, postulierte »meene Kleene«: »Los, wir gehen weiter! Sonst ärgerst du dich hinterher, dass du den Weg nicht doch bis zum Ende gegangen bist.«

Wie recht sie hatte! Wahrscheinlich stellte sie sich ebenfalls die Frage nach Aufwand und Nutzen, nur mit dem entgegengesetzten Ergebnis: jetzt eine Stunde weniger Gequäle, dafür die nächsten Tage permanente Reueausbrüche meinerseits. Clever.

Doch reiner Egoismus war das nicht; es ist überhaupt nicht ihre Natur zu kalkulieren. Analena war immer schon empathisch; sie fühlte mit, egal, ob es sich um Menschen, Pflanzen, Tiere oder Gegenstände handelte. Bei ihr besitzt alles eine Seele. Sie sorgte für Harmonie, wann immer es ihr möglich war. Besonders wenn Kleister und ich uns in der Wolle hatten. Als wir beide einige Jahre zuvor in Alaska waren, beerdigte sie liebevoll an einem See mitten in der Tundra Mücken. Ich glaube, sie schlug bei diesem grauen Grisselwetter vor weiterzugehen, aus der festen Überzeugung heraus, dass es das Richtige war.

Wir gingen natürlich weiter. Ich moserte und stellte fest, dass es Spaß machte zu motzen. So wie früher als Kind, wenn wir als Kinder mit müden Beinen permanent unsere Eltern fragten: »Wie lang dauert es noooch?« und spielerisch testeten, wie weit wir gehen konnten mit unserem Genörgel. Mimimi macht Spaß. Es tat einfach gut, meinen Unmut rauszulassen und trotzdem das Richtige zu tun. Das Meckern half mir, meinen Komfortzonen-Schmerzpunkt zu überwinden, und das in einem Gefühl der Sicherheit, weil meine Teampartnerin mental stark war und die Führung übernahm. Meine 13-jährige Tochter lotste uns an diesem Nachmittag zum gelingenden und erfüllten Tagesabschluss.

Eine Wanderung über prächtige Sonnenscheinwiesen im schönsten Bergpanorama sollte ursprünglich den Abschluss unserer ersten gemeinsamen Wanderzeit küren, aber das Wetter sah düster aus und ich brauchte »Blauer-Himmel-Fotos«. Also besuchten wir das Visitor Center im bei Banff gelegenen Ort Canmore und fragten nach Optionen bei trübem Wetter in diesem östlichen Teil der Rockies. Dort schlug man uns den nahe gelegenen Grotto Canyon vor. Hinter ihrer langen Pforte aus schroffen Steilflanken berge diese vielversprechende Klamm einige Besonderheiten. Das klang nach einer willkommenen Abwechslung. Genau richtig für den Wanderführer und spannend für diesen gemeinsamen Abschlusstag.

Der Blick zurück eröffnete uns eine weite Sicht ins Bow-Tal. Dunkelgrüner Nadelwald verschluckte den breiten Highway 1 mitsamt den bergigen Anhöhen dahinter. Jäh schossen rückseitig die ehernen Zacken der Zweitausender empor, bedeckt mit dem Schleier der eisigen Ewigkeit. Wir gingen in die entgegengesetzte Richtung und standen bald vor einem gerölligen Bachbett, das uns urtief zwischen senkrechten Felswänden hindurch ins Innere der Klamm wies.

Mir stockte der Atem. Alle meine Glieder schienen plötzlich gefroren zu sein. Mein Blick wanderte die Felsflanken hinauf. Ich hörte mein Herz pochen, fühlte den Puls in jeder Zelle. Nein. Ich wollte nicht daran denken. Ich wollte nicht wieder in den Schmerz. Nein. Ich wollte mit unserer Tochter draußen sein. Ich wollte mir nicht vorstellen, wie es sein muss, unter einer Steilwand erschlagen zu werden. Nein und nochmals nein!

Es war Ende Mai, als Oliver in einem Steinbruch in Frankreich auf einem Felsblock nahe der Steilwand saß, um nach einem langen Grabungstag noch mal auszuruhen, bevor ihn seine Eltern mit Analena abholen würden. Die gefundenen Fossilien hatte er bereits in Zeitungspapier verpackt und im Rucksack verstaut.

Krank und noch mit dem Jetlag kämpfend, war ich an jenem Wochenende zu Hause geblieben. Ich war am Tag zuvor aufgrund einer schweren Grippe frühzeitig von einer US-Durchquerung zurückgekehrt und brauchte eine Pause. Analena und Kleister hatte ich noch wenige Stunden gesehen, bevor sie zu diesem Ausflug aufgebrochen waren. Wir hatten zusammen Erdbeeren gegessen.

Kleisters Eltern besuchten mit ihrer Enkelin den Wildpark in Lothringen, der sie wegen der Wölfe so sehr faszinierte. Währenddessen ging Kleister im Steinbruch seinem heiß geliebten Hobby nach: der Paläontologie des Muschelkalks. Seine Logbücher zeigten, dass er über hundertmal allein diesen Bruch besucht hatte, und so wusste er aus Erfahrung und predigte uns jedes Mal, wenn wir dabei waren: »Bleibt weg von der Wand!«

Als Analena und ihre Großeltern an jenem Spätnachmittag zum Steinbruch kamen, fanden sie ihn neben dem Felsblock liegend. Es war wie ein teuflischer Zufall, man hätte sich jahrelang an diese kilometerlange Wand stellen können und es wäre nichts passiert. Aber genau in diesem Moment fiel genau dort, wo er saß, ein Stück entfernt von der Wand, aber nah genug für das Unheil, ein Brocken auf meinen Partner, Analenas Vater, und verletzte ihn tödlich.

Den Verstand wieder einschalten, bitte, schnell! Steinschlaggefahr? Ist immer gegeben. Steinschlag zählt grundsätzlich zu den typischen alpinen Gefahren und wird aufgrund der Klimaerwärmung deutlich häufiger. Allerdings gehen laut DAV-Unfallstatistik von 2021 nicht mehr als etwa vier bis acht Prozent aller Alpinunfälle beim Klettern und Bergsteigen auf diese Ursache zurück und wir waren ja nur wandern.

Ich sah mir die Wände genau an. Die Felsen machten keinen extrem brüchigen und mergeligen Eindruck. Offiziell gab es auch keine Warnung. Andere Menschen kamen und gingen. Ich schaute zu Analena. Von ihrer Trauer wusste ich immer noch zu wenig. Sie wollte es allein verarbeiten. Klar redeten wir drüber, aber ich dachte oft, dass es nicht genügte und dass sie diese Emotionen extrem tief in sich vergrub. Und das glich möglicherweise einer tickenden Zeitbombe.

»Wie geht's dir?«, fragte ich sie.

»Alles in Ordnung, Mama«, war ihre Rückmeldung.

»Wirklich? Wir können auch umkehren. Wir müssen hier nicht rein«, schlug ich vor.

»Doch, doch, sieht total krass aus. Ich bin gespannt, wie es weitergeht«, kam als Antwort.

»Okay, aber lass uns bitte so schnell wie möglich unter den Wänden vorankommen.« Mein Blutdruck stieg. Ich war total angespannt.

An der engsten Stelle finden sich geheimnisvolle, etwa fünfhundert bis tausend Jahre alte Petroglyphen, die der Wissenschaft bis heute Rätsel aufgeben. Die rötliche Tonerde, die mit Tierfetten zu einer dauerhaften Farbe gemischt wurde, stammt aus den Ochre Beds im heutigen Kootenay-Nationalpark, Quellen mit mineralreicher, farbiger Erde am Rande der Rockwall – eine Tour, die wir später gehen würden. Doch es gibt einige Motive, die sich von den übrigen Felszeichnungen abheben und eher denen der Hopi gleichen, einem First-Nations-Stamm, der im Südwesten der USA lebt.

Wir suchten aber nicht nach den Petroglyphen, sondern stolperten Hand in Hand durchs Bachbett. Unsere Blicke pendelten hastig zwischen Himmel und Erde, Geröll und Fels, und wir pendelten ebenso hastig zwischen Angst und Hoffnung hin und her. Getrieben von der möglichen Gefahr von oben, liefen wir ohne Pause rasch durch die Talenge.

Als das Tal sich öffnete, war der Bann gebrochen. Meine Adern ließen wieder eine gesunde Menge Blut durch, mein Atem vertiefte sich auf natürliche Weise. Hinter der nächsten Kurve begrüßte uns eine Armee Inukschuks, in Karten auch »Inukschuk-Garten« genannt. Die Steinmännchen dienten vor allem den Inuit im hohen Norden als Wegweiser, Markierung oder sogar als Jagdhilfe. Das trockene Bachbett war übersät mit symmetrisch sortierten Steinhaufen.

»Wie geil«, hörte ich Analena rufen, die selbst noch ein Männchen dazustellte und dann ihre Kamera zückte. Oh ja, das war eindeutig Analena-Gelände!

Der faustgroße Bachschotter verwandelte sich in immer ansehnlicheres Geröll. Zunehmend mussten wir abgebrochene und heruntergepurzelte Findlinge umgehen, bis sich der Bachlauf in eine riesige Blockhalde verwandelte, in der mit Händen und Füßen gekraxelt werden musste, um voranzukommen. She loved it!

Während Analena erst richtig in Gang kam, spürte ich nach und nach meine Kraft schwinden. Es war, als ob mir die Energie entzogen würde. Ich schwankte und taumelte, meine Augen verloren den Fokus, meine Hände hielten mich nicht mehr an den Felswänden, meine Knie wurden weich, ich musste mich öfter ausruhen, bis ich nur noch ganz langsam die schroffen Felsen hochkam.

Pause. Trinken. Essen. Die Aussicht auf diese spezielle Bachlandschaft genießen und mich fragen, wie ich hier wieder rauskommen soll. Eigentlich wollte ich noch tiefer ins Tal hineingehen, sehen, was da noch kommt. Und wieder war es Analena, die richtiglag. Während ich Besorgnis in ihren Augen las, sprachen ihre Lippen überzeugende Worte:

»Mama!« So fängt sie immer an, wenn sie mir eine Ansage macht. Meist hat sie dabei recht, immer hat sie treffende Argumente. »Mama! Wir sind schon so weit ins Tal hineingelaufen. Wenn's dir nicht gut geht, kehren wir um. Wir wollen wieder hier rauskommen. Und wenn du deine Kraft einteilen musst, dann vergeude sie doch jetzt nicht, indem wir noch weiter reingehen. Außerdem wird das Gelände eh anstrengender, das siehste ja. Komm, wir trinken jetzt was, du isst noch 'nen Riegel und dann drehen wir um.«

Ganz ohne Konter konnte ich das nicht stehen lassen! »Ja, aber«, der schlimmste Satz, den man sagen kann, wenn es ums Ideenentwickeln oder Jemandem-Mut-Machen geht. »Ja, aber ich muss doch den ganzen Weg beschreiben, und ich brauche dafür den GPS-Track«, sagte ich und dachte dazu noch *nämlich!*

Aber meine Tochter hatte einen klugen Vorschlag: »Mach's doch, wie du es bei dem See vorhattest: Nimm den Track bis hierhin und schreib einfach mit 'ner gestrichelten Linie als Möglichkeit, dass man das Tal nach hinten weiter erkunden kann.«

Bäm. Das saß. Sie hatte recht! Wir kehrten um. Langsam bahnten wir uns den Weg zurück, nicht, ohne dass Analena mir mehrmals die Hand reichte und ich sie dankend nahm. So konnten wir beide die abwechslungsreichen Ansichten dieser Schlucht bewundern und sie gruben sich tief in unsere Erinnerung ein.

Durch die intensive gemeinsame Zeit hatten diese Pfingstferien an Tiefe und Fülle gewonnen, die wir uns so nie hätten vorstellen können. Und sie waren erst der Anfang des kostbarsten Sommers meines Lebens.

Doch erst einmal mussten wir uns wieder trennen. Nur dass diesmal Analena mich zurückließ, und das nach erst vierzehn erlebnisreichen Tagen. Jedes Mal, wenn ich meine Arme fest um sie wickelte, spürte ich ihre Zierlichkeit, sog ihren ureigenen Duft ein und wusste um unsere tiefe Verbindung.

Bereits am Morgen des Abreisetages, am 17. Juni, lag eine ungewöhnliche Schwere in der Luft. Während andere in den Pfingstferien am Meer entspannen, hatten wir einen Arbeitseinsatz hinter uns, der einem Teambuilding-Bootcamp glich, konfliktreich, aber verbindend. Und genau zwischen diesen zwei Polen bewegten sich meine Gefühle. Einerseits war ich tieftraurig, dass mir das deutsche Schulsystem mein Kind aus den Armen riss. War ich doch meiner Tochter viel nähergekommen, verstand sie besser und vertraute ihr mehr als je zuvor. Als sie am Flughafen in Calgary mutterseelenallein die Security-Schranke passierte, hatte ich das Gefühl, als würde ein Teil meines Innersten weggerissen. Andererseits war ich auch erleichtert, dass die Konflikte erst einmal beendet waren und ich von jetzt an nur noch mit mir allein klarkommen musste.

Sorgen wegen ihres Flugs machte ich mir nicht. Wir waren oft genug geflogen und gemeinsam unterwegs gewesen. Sie konnte die Schilder einordnen und wusste, wann sie ihr Ticket vorzuzeigen hatte. Zudem musste sie nicht auf irgendeinem Riesenflughafen umsteigen, sondern hier in Kanada nur zum richtigen Gate finden und in Deutschland den Ausgang, wo sie ihre Großeltern abholen würden. Ich wusste, dass sie zu Hause versorgt war und dass liebe Menschen an ihrer Seite sein würden.

Seit dem Tod von Kleister nistete dennoch ein gewisses Unbehagen in mir, das sich immer dann meldete, wenn ich von Analena getrennt war. Ich nutzte dieses Gefühl als Messlatte dafür, wie viel Trennung für uns beide annehmbar war und wann es zu viel würde. Das Gefühl war nicht angenehm, aber nützlich. Also bereitete ich vorab immer alles bestmöglich vor: Notfalltelefonnummernliste, Pläne, wer wann bei ihr ist, und meinen exakten Reiseverlauf. Damals hatte ich eine kanadische SIM-Karte, und wir hielten per SMS und E-Mail Kontakt.

Dass ich immer mal wieder wochen- und monatelang auf Reisen war, kannte Analena bereits seit ihrem fünften Lebensjahr. Genauso wusste ich, dass bei ihr alles in Ordnung war, wenn ich nichts von ihr hörte. So schräg das auch klingt: Es konnten zwei bis drei Wochen vergehen, ohne dass sie sich meldete. Das hielten wir gut aus, da wir es aus der Zeit vor der Existenz des Smartphones kannten, als ich in den wenigen Pausen unterwegs Telefonzellen und Internetcafés aufsuchte, um zu Hause anzurufen und zu mailen.

Für mich war immer klar: Sie schreibt mir auf jeden Fall, wenn etwas Außergewöhnliches passiert, wenn sie mich vermisst und braucht. Darauf konnte ich mich hundertprozentig verlassen. Wenn also Funkstille herrschte, wusste ich, ihr geht's gut. Von ihren Großeltern erfuhr ich, dass sie gut gelandet war. Analena selbst schrieb mir zwischendurch auch eine SMS. Die erste »ausführliche« E-Mail erhielt ich reichliche dreieinhalb Wochen nach unserer Trennung: »Hälllloooooouuuuu, hab dir eigentlich schon längst eine SMS geschrieben ❤❤❤🙈. Bei mir ist alles okay und mir geht's gut ❤❤❤ Hab dich gaaaaaaaaaanz arg lieb und vermisse dich.«. Huch, die SMS war (möglicherweise durch einen Handyausfall meinerseits) nie auf meinem Handy angekommen, zum Glück war ja alles gut gewesen.

UNITED STATES OF AMERICA

Kapitel 3
Alleingang

Verlassen – vom Wachsen und Werden

Verena Ein neuer Abschnitt brach an. Die Leere nach dem Abflug füllte ich eilig mit To-dos. Etwa zwei Stunden nachdem ich Analena am Flughafen von Calgary schweren Herzens verabschiedet hatte, fand ich mich einen bis obenhin vollen Einkaufswagen vor mich herschiebend im Real Canadian Superstore wieder. Anschließend sortierte ich alles in den Kofferraum ein, räumte ein wenig um und füllte den Tank. Schon bald rauschte ich mit dem mittlerweile reichlich verdreckten Mietwagen gen Süden, neugierig auf den kontrastreichen Nationalpark Waterton Lakes, etwa 270 Kilometer südlich von Calgary. Während der durchgetakteten Fahrten in meiner Zeit als Reiseleiterin war ich in den vergangenen neun Jahren zigmal daran vorbeigefahren. Jetzt bestimmte ich meine Route endlich selbst und fuhr hin.

Die schmale Straße folgte dem Auf und Ab der zunehmend hügeligen Prärie, dem anmutigen Übergang zwischen Ebene und Faltengebirge. Die Fahrt glich einer Achterbahn inmitten endloser Getreidefelder, dürrer und fetter Wiesen. Oben angekommen, sauste ich schon wieder hinab, um wenige Sekunden später erneut irgendwo hinaufzubrettern. Wooowhooooo!

Endlich konnte ich meinem rastlosen Fernweh selbstbestimmt nachgehen. Ich bog nach Westen ab. Die steinerne Kette der Rockies erhob sich aus dem Grasland wie eine gewaltige Wand und erstreckte sich über den gesamten Horizont. Eine breite Kontinentalscheide, die zur Entwicklung unterschiedlicher Kulturen maßgeblich beitrug.

Oft wurden und werden solche natürlichen Barrieren für politische Bestrebungen als Trennungsgrund benutzt. Umso schöner ist es, dass über viele Jahrtausende hinweg Menschen weltweit die geologische Diversität als Chance nutzten und durch Handelsnetze Waren und Ideen in andere Regionen getragen wurden.

Überall auf der Erde verbanden weitverzweigte Salzstraßen die entferntesten Regionen miteinander. So gelangte das kostbare Gut auch in Europa von Triest über die Alpen nach Wien. Ein reger Handel erstreckte sich auch zwischen Küstenbewohner:innen und Prärie-First-Nations. Vor etwa tausend Jahren war Südarizona ein großer Umschlagplatz für schillernde Abalone-Muscheln (Seeohren), die vor allem von der kalifornischen Westküste stammten und bis ins heutige New Mexico gehandelt wurden.

Und meist hatten die Endkäufer:innen die Produzent:innen nie gesehen, da die Ware über etliche Zwischenhändler:innen weitergegeben wurde. Gerade in Nordamerika erreichten Pferde, Waffen, Perlen, Fingerhüte, aber auch Krankheitskeime aus Europa die First Nations, lange bevor sie den ersten weißen Mann sahen. Die Stämme westlich der Rockies kamen etwa einmal pro Jahr in die Prärie, um Bisons zu jagen und mit den dort lebenden Blackfoot, Blood und Peigan zu handeln.

Der Nationalpark Waterton Lakes ist ein ungewöhnlicher Ort. Bereits auf der Hinfahrt hatte ich mehrfach angehalten, um die Landschaft in Ruhe bestaunen zu können. Auf einer Anhöhe parkend, blickte ich nun über einen kunterbunten Blumenteppich hinab zum Upper Waterton Lake, der sich bis über die Grenze in die USA erstreckt. Mit seinen mehr als 150 Metern Tiefe ist er der tiefste See der Rocky Mountains und zugleich Einfallstor heftiger Winde. Die durchschnittliche Windgeschwindigkeit im Dorf Waterton Park beträgt 32,5 Kilometer pro Stunde. Das ist etwa doppelt so hoch wie auf Rügen. Der Ort selbst besteht knapp zur Hälfte aus einem geräumigen Zeltplatz mit grandiosen Ausblicken auf den Vimy Peak, der auf der gegenüberliegenden Seite des schmalen Sees hoch emporragt.

Allein mit meinem grünen Zelt schlug erst einmal die Einsamkeit mit voller Breitseite zu. Schmerzlich vermisste ich meine umsichtige und liebevolle Tochter, die die Landschaft mittlerweile bestimmt auch hätte genießen können. Mit der ich diese zauberhafte Abendstimmung auf dem erstaunlicherweise spärlich belegten Campingplatz hätte teilen können. Die gemeinsam mit mir überlegt hätte, was wir als Erstes von den frischen Lebensmitteln vernaschen wollten. Ganz zu schweigen von der Arbeit, die wir unter uns aufgeteilt hätten. An diesem Samstagabend war ich ganz auf mich gestellt: Zeltaufbau, Wasser holen, kochen, abwaschen, Karte studieren und Plan schmieden.

Doch zugleich war es auch befriedigend, alles in meinem eigenen Tempo machen zu können, alles so umzusetzen, wie ich es mir vorstellte, ohne von anderen Resultaten überrascht zu werden. Es lief alles schön nach meinem Kopf und in meiner Reihenfolge. Das war äußerst entspannt. Aber eben auch einsam.

Ich merkte erst jetzt, wie sehr Analena und ich uns in dieser kurzen Zeit aneinander gewöhnt hatten, dass unsere Reibung doch Wärme erzeugte. Wie beruhigend es gewesen war, Eindrücke, Gedanken und Emotionen und ja, auch die anfallenden Aufgaben miteinander zu teilen.

Am nächsten Morgen stellte ich fest, dass zudem die Last des Rucksacks schwerer wog als bisher. Es war vollkommen anders, allein loszuziehen. Die Dinge hatten zwar mittlerweile ihren angestammten Platz, wo ich sie griffbereit fand. Nichtsdestotrotz musste ich unsere gemeinsam entwickelten Routinen nun auf mich allein anpassen. Welcher Handgriff zuerst? Wie hatte sie die aufblasbare Isomatte nur so geschickt zusammenrollen können?

Meinen Frust und die daraus resultierende miese Laune machte ich mit mir allein aus, ohne sie auf Analena zu übertragen und sie damit runterzuziehen. Ihre Fröhlichkeit blieb verschont, und ich brauchte kein schlechtes Gewissen zu haben. Es war mühsam, traurig und befreiend zugleich.

Nach zwei Tagen wurde deutlich, dass meine Pläne zu ambitioniert gewesen waren. Mein größtes Manko lag in den fehlenden Pausen. Etwas mehr freie Tage oder kurze Touren zwischen den langen waren zur Regeneration einfach notwendig, auch wenn ich es nicht wahrhaben wollte. Mein Körper zwang mich dazu. In der ersten Zeit hatten Analena und ich mehr unbewusst als kalkuliert einige längere Touren durch Halbtagestouren ersetzt. Und erst jetzt wurde mir schlagartig klar, wie sinnvoll das gewesen war. Also ersetzte ich am dritten Tag eine als schwer klassifizierte Tour durch eine mittlere und beschloss, früher gen Norden zu starten als geplant, denn Fahrzeit ist Ausruhzeit.

Später wollte ich mit Analena noch einmal zurückkehren, um einige anspruchsvollere Touren zu gehen und ihr diesen besonderen Flecken Erde zu zeigen. Vor allem der stark verfestigte Schluffmergel würde ihr gefallen, der ganze Schluchten und Gebirgszüge in ungewöhnlichen Rot- und Grüntönen schimmern lässt, je nachdem, ob das in ihm enthaltene Eisenoxid bereits oxidiert ist oder nicht. Außerdem liegt hier im Park das älteste sichtbare Sedimentgestein der Rocky Mountains offen, das sich über den wesentlich jüngeren, etwa sechzig Millionen Jahre alten Schiefer der Prärie geschoben hat. Deshalb spricht man auch vom Gebirge, das auf dem Kopf steht, weil ohne fließenden Übergang älteres Gestein auf jüngerem liegt. Hier war einfach alles anders.

Analena Die Schulzeit ging wieder los und meine Großeltern sollten mich betreuen. Wer freut sich schon auf Schule?! Und wochenlang nur mit den Großeltern väterlicher- und mütterlicherseits unter einem Dach zu wohnen, ist auch nicht ganz so einfach. Schön, ja, aber so lange …

Bei einem Betreuungswechsel hatte ich meist ein paar Tage alleine, gegen Ende hin sogar eine ganze Woche.

Wenn ich allein mit meinen Großeltern zu Hause war, gab es immer einiges zu tun und vieles erledigten wir zusammen. Es war schön, so viel mit ihnen gemeinsam zu machen, aber meine Alleinezeit wurde dadurch immer kürzer. Wenn ich mit meiner Mom allein zu Hause war, dann hatte meistens jede für sich etwas zu tun und beim Essen tauschten wir uns dann aus. Mit meinem Vater war es ähnlich gewesen. Er arbeitete zwar von zu Hause aus, hatte dabei aber wenig Zeit, mich zu »bespaßen«, er musste ja schließlich telefonieren, E-Mails schreiben, Pakete packen und so weiter. Wenn es irgendein Problem gab, war er immer für mich da. Ich lernte also relativ schnell, mir die Zeit selbst zu vertreiben, und malte und bastelte. Vielleicht habe ich durch diese Erfahrungen ein bisschen schneller das »Nest« verlassen.

In der Zeit, in der ich zu Hause von meinen Großeltern betreut wurde, habe ich mehr mit Freunden unternommen und bin mehr aus dem Haus gegangen, weil es mir dort doch auch mal zu eng wurde. Klar, ich war das junge Mädchen, das zu Hause betreut werden musste, aber ich fühlte mich viel erwachsener und eigenständiger, als ich von anderen gesehen wurde.

An ein Erlebnis kann ich mich noch lebhaft erinnern, als ein guter Kumpel meines Dads auf mich aufpasste, während meine Mom eine Reise in den USA leitete. Weil es mir so viel Spaß machte, durfte ich oft Holz für den Ofen hacken, und so dachte ich mir nichts dabei, als plötzlich der Kumpel meines Vaters völlig entgeistert auf mich zukam und mir die Axt aus der Hand nahm. Er wusste es ja nicht, dass ich das schon öfter allein gemacht hatte und man sich da bei mir keine Sorgen machen musste. Heute kann ich seine Reaktion verstehen, aber in dem Moment fühlte ich mich wie ein Baby behandelt und Wut kochte in mir hoch. Wie kann man mich so unterschätzen?

Bewährungsprobe – das erste Mal allein im Backcountry

Verena Tag für Tag arbeitete ich mich wieder Richtung Norden vor. Eine Woche nach Analenas Abreise, zwei Tage vor meinen geplanten Solo-Backcountry-Sessions, wanderte ich am 24. Juni den Mount Allan Centennial Trail, eine neunzehn Kilometer lange Gebirgstraverse mit 1500 Höhenmetern Anstieg im Kananaskis Country. Per se für routinierte Wandernde kein Problem, doch ich spürte nach drei bergwanderintensiven Wochen meine strapazierten Muskeln erheblich und bemerkte einen allgemeinen Kraftverlust. Wobei der anstrengendste Teil des Wandersommers ja noch vor mir lag! Deshalb beschloss ich, am Folgetag einen freien Tag einzulegen, den ich für Trailrecherche und letzte Besorgungen nutzte. Im Visitor Center von Lake Louise fragte ich nach dem Zustand der Trails, die ich begehen wollte, doch es gab noch keine Info.

Zu jung war der Sommer Ende Juni in Westkanada, als dass man von all den zerstörerischen Hinterlassenschaften des Winters hätte wissen können. Erst wenige Tage zuvor war die Reservierung meiner Backcountrytour an der Rockwall von Parks Canada storniert worden, da eine Brücke im zeitigen Frühjahr vom reißenden Strom weggespült und noch nicht wieder instand gesetzt worden war. Es hieß, das Wasser sei hüfthoch. Und wenn es bei den meisten Menschen die Hüfte erreicht, bedeutet das bei mir eher die Brust. Kein Gewässer also, das ich durchqueren wollte.

Mir blieb nichts anderes übrig, als diese Tour zu verschieben. Nach meinem Plan war das nur in der Zeit mit Analena machbar. Also buchte ich meine Reservierung um und für sie gleich mit. Diese vier Tage auf der sogenannten Achterbahn würden wir also gemeinsam gehen. Genial! Denn es sei eine spannende Tour, hieß es. Und – so viel kann ich schon vorwegnehmen – sie sollte wirklich atemberaubend werden.

Der Sicherheit wegen befolgte ich – meistens zumindest – die zwei wichtigsten Regeln in der Wildnis: 1. Know before you go: Infos über die Wegbeschaffenheit, Wetter und Umstände sammeln. 2. Let someone know before you go. Dass man unbedingt bei jeder Solotour mindestens eine Person genauestens über die Wanderpläne informieren sollte, erfuhr ich sehr bildhaft aus den Schilderungen von Aron Ralston in seinem Buch »Im Canyon«, der in den unübersichtlichen Canyonlands der südwestlichen USA verunglückte und nur durch eine krasse Selbstbefreiung gerade noch so überlebte (mehr spoilere ich hier nicht).

Mein Plan sah Folgendes vor: drei Tage durchs Skoki-Tal, eines der spektakulärsten Hochtäler im Banff-Nationalpark mit seinen subalpinen Wiesen gegenüber von Lake Louise gelegen. Es war die etwa vierzig Kilometer lange Tour, die Analena und ich ein Jahr zuvor abgebrochen hatten. Für sie war es okay, dass ich sie nun allein ging. Anschließend kurz zurück zum Auto, dieses umparken, den Rucksack neu packen, und mit zwei Bus-Transfers und einem privat gebuchten Shuttle nach Süden in den Assiniboine-Provinzpark, wo ich acht Tage am Stück im Backcountry über den Bow Valley Highline Trail nach Norden wandern wollte, etwa 110 Kilometer und etwa 4500 Höhenmeter.

Meine Vorfreude war riesig. Endlich ging's richtig los! Endlich tagelang allein unterwegs, nur wandern, schlafen, dokumentieren und essen. Noch ahnte ich nicht im Geringsten, welchen Herausforderungen ich mich würde stellen müssen und wie viel Kraft mich die Tour tatsächlich kosten würde.

Der lang ersehnte Tag, der Start ins Skoki-Tal, begann ruhig und konzentriert. Als ich das Auto auf demselben Parkplatz abstellte wie im Jahr zuvor, stiegen Erinnerungen in mir auf: wie die beschwingte Analena am Auto stand und kräftig in ihren Apfel biss. Würde es diesmal klappen? Wären wieder aktiv Bären im Tal unterwegs?

Zum ersten Mal musste ich für eine Mehrtagestour das Nötigste allein in meinen Rucksack sortiert bekommen, was nicht sofort beim ersten Versuch gelang. Einpacken, verschieben, doch wieder auspacken. Neu sortieren. Nachdem ich das Auto abgeschlossen, den Schlüssel verstaut und das GPS an meinem Träger eingeklinkt hatte, fragte ich mich, wo die Wanderstöcke geblieben waren. Mist, im Auto. Alles wieder abschnallen, Schlüssel rauskramen und Tür öffnen.

Ein letzter Blick zurück zum Wagen. »Gute Tour«, flüsterte ich. So, wie wir uns immer eine »gute Fahrt« wünschten, wenn wir mit dem Auto zu einer langen Strecke aufbrachen. Ich dachte an Analena und lief los. Das Gewicht des Rucksacks drückte mich fast in die Knie, während der Hüftgurt mit seinen Riemen meine Hüfte zu zerquetschen drohte und die Träger in die Kuhle zwischen meinem Hals und den Schultern pressten. Mein Backpack hatte mich fest im Griff. Oh ja, der Vorteil, als Paar unterwegs zu sein, lag definitiv auch im geteilten Gewicht. Schließlich braucht man Zelt, Topf und Kocher nur einmal. *Aber hey, Verena, hier wird nicht gejammert, jetzt geht's richtig los. Also komm!*, spornte mich mein Ego an.

Bereits nach wenigen Schritten verhärteten sich meine Oberschenkel und begannen leicht zu brennen. Ein Hauch von Wasabi bei jedem Schritt. Meine Augen blieben klar, wachsam und fokussiert. Sie richteten sich auf den umliegenden Wald und scannten das Gefahrenpotenzial. Hier waren wir im Jahr zuvor einem Schwarzbären und weiter bergauf einem ausgewachsenen Grizzly begegnet.

Meine Ohren schienen sich in alle Richtungen zu wenden, aus denen auch nur das leiseste Geräusch drang. Ich war voll auf Empfang gestellt. Besonders acht gab ich auf Raben und Krähen, denn davon hatte ich im Buch »Mind of the Raven« des Biologen Bernd Heinrich gelesen. »Dank des Raben wurde ich gewarnt und habe den Puma rechtzeitig gesehen«, zitiert er darin eine Frau. Sie stand im Vorgarten ihres Hauses, als es passierte. Doch sie täuschte sich fatal, wie Heinrich aufklärt. Das Gegenteil war der Fall gewesen, der Rabe hatte den Puma zu ihr locken wollen und der Komplott war nur durch ihre Aufmerksamkeit misslungen.

Die schwarzen Intelligenzbestien gelten bei den First Nations nicht nur als Erschaffer der Welt, sondern auch als Verräter. Selbst mit ihren scharfen Krallen und kräftigen Schnäbeln können sie Kadaver nicht freilegen. Das bedeutet, sie brauchen Raubtiere, die ihre Beute reißen und die toten Körper aufschlitzen. Deshalb haben Raben ein Interesse daran, Pumas und Bären den Weg zu der potenziellen Beute zu weisen, die sie aus ihrer erhabenen Position heraus erspäht haben.

Sobald ich ihr tiefes Krächzen, Glucksen und rollendes *Krack-krack-krack* höre, läuten bei mir die Alarmglocken. Doch davon gab es an jenem Tag keinen Laut. Wie ein gut geöltes Uhrwerk setzten meine Füße in regelmäßigen Abständen einen Schritt vor den anderen.

Bald war der Punkt erreicht, an dem wir im Jahr zuvor umgekehrt waren. Ab hier begann für mich Neuland. Ich fotografierte so viel wie möglich, um Analena später das Gebiet zumindest auf Bildern zeigen zu können. Es dauerte nicht mehr lange, bis es bühnenreif wurde, denn jeder Schritt bergauf brachte den getreuen Wandernden den luftigen Höhen des Boulder-Passes ein Stück näher und bald genoss ich die herrliche Sicht auf einen der gewaltigsten Berge der Rockies.

Über fünfzehn Quadratkilometer umfasst der 3543 Meter hohe Mount Temple. Eine dicke Schneedecke krönte sein Haupt und hinter ihm ragten die scharfen Spitzen der Wenckchemna Range aus dem zartblauen Äthervorhang der Ferne. Samuel Allen, einer der ersten Bergsteiger der Region um Lake Louise, benannte die dichte Zackenreihe in der Sprache der dort lebenden First Nations, der Stoneys, nach ihrer Anzahl: zehn (Wenckchemna) – er verzählte sich um eine Zacke. Ein beeindruckendes Panorama.

Am Pass, auf etwa 2400 Metern Höhe, ergötzte sich der harsche Firn an den kühlen Temperaturen Ende Juni, als könne er noch immer nicht wahrhaben, dass die kurzen Wochen des Sommers längst angebrochen waren. Nur knapp zwei Monate bleibt der Vegetation hier oben, um zu gedeihen, bis der Winter das Land wieder mit seiner kristallenen Decke überzieht.

Die ersten gelben Frühjahrsblüher reckten ihre Köpfe keck aus dem Boden. Ein eisiger See in kargem Hochland erstreckte sich vor mir. Keine Menschenseele war zu sehen. Ich war allein auf Feld und Flur.

Während ich fasziniert die kargen Hänge nach Grizzlys und Schneeziegen absuchte, machte sich zaghaft ein Beklommenheitsgefühl in mir breit. Das Hochtal war vollkommen einsehbar, ohne versteckte Winkel, Blockhalden oder hohe Bäume. Trotzdem wurde mir in dieser halb verschneiten, rauen Landschaft zunehmend unheimlich. Es war die Grabesstille, die sich über das Land legte, hier draußen, wo sich eine Bergkette an die andere reihte. Kein einziges Lebewesen zu sehen, kein Mucks zu hören und das blühende Leben noch von Eis und Schnee betäubt.

Außerdem meldeten sich meine Fußsohlen zu Wort: »Verena, wie lange noch?« Auf einer Anhöhe legte ich eine kurze Pause ein, entlastete meine Füße und zog die Karte raus. Landkartenlesen ist außerordentlich beruhigend. Man sieht alles glasklar und beschriftet aus der Vogelperspektive: Namen, Gewässer, Höhen, Gelände und – sofern vorhanden – auch Wege. Bestenfalls erkennt man den eigenen Standort und weiß genau, wo man sich befindet. Bekanntes im fremden Terrain. Ich fand heraus, dass ich in einer Dreiviertelstunde am Zeltplatz sein würde, also gleich »zu Hause«. Zum ersten Mal allein in den wilden Weiten Westkanadas.

Jetzt war ich froh, dass ich ein neues »Messerchen« besaß, ein Polizeimesser aus dem großen Outdoorladen MEC. Vor einigen Wochen hatte ich dort gebannt einem Vortrag darüber gelauscht, wie man sich bei Grizzlyangriffen am besten wehren kann. Die versierte Referentin meinte, wenn man am Boden liegt und sich totstellt, der Bär aber nach zwei Minuten nicht lockerlässt, solle man sich mit allem, was man findet, verteidigen. Ich dachte nur: *Aha, klar, ich zähle in so einer Situation ganz ruhig meine 120 Sekunden runter und finde sofort etwas neben mir, womit ich gegen so ein Riesenraubtier kämpfen kann.* Ich brauchte also eine handliche Waffe, die stets griffbereit war, auch bei Pumaangriffen. Da soll man sich nämlich keinesfalls totstellen, sondern sofort und massiv, vehement und aggressiv reagieren, am besten, bevor das lauernde Tier einen attackiert. Die auch als Berglöwen bekannten Jäger sind eher die leisen Stalker, die plötzlich am Waldrand stehen und einen anblicken. Die beste Verteidigung ist dann das krasseste Abschreckungsmanöver, das man bewerkstelligen kann, damit sie die Flucht ergreifen und deutlich erkennen: Menschen sind keine Beute. Deshalb darf man sich unter keinen Umständen bücken, auch nicht, um Steine oder Stöcke aufzuheben, denn damit nimmt man die Opferhaltung ein. Auch wenn mir klar ist, dass die etwa zwölf Zentimeter lange Klinge meines Polizeimessers im Zweifelsfall nicht ausreichen würde, war sie dennoch eine Beruhigung.

Auf dem Weg zum Zeltplatz versuchte ich mich abzulenken und überlegte meine nächsten Schritte nach Ankunft: *Was mache ich zuerst? Zelt aufbauen oder kochen? Zelt aufbauen, okay. Und wie mache ich das mit meinen Wertsachen? Mitnehmen oder versteckt im Rucksack lassen, während ich koche und esse?*

Diese Frage wurde tatsächlich relevant, denn während ich unser grünes Zuhause auf einer freien Zeltfläche aufstellte, gesellte sich auf dem noch freien Platz daneben ein absonderlicher Typ dazu. Ein hagerer, fast schon knöcherner Mann mittleren Alters mit buschigem, total verwildertem Haar. Das Gelb seines Zeltes hatte alle Mühe, den braun-grauen Dreckfilm, der darüberlag, zu durchdringen. Seine stechenden Augen verweilten stets einen Augenblick zu lange auf dem, was sie betrachteten, unter anderem meinem dunkelgrünen Zelt und mir.

Mich gruselte sein Starren. Deshalb stopfte ich mir Geldbörse, GPS und Handy in meine Hosen- und Westentaschen, schnappte mir die beiden Koch- und Essenssäcke, verstaute den Rucksack verschnürt und zugezogen ganz hinten im Zelt, verschloss dieses mit allen vorhandenen Zippern und suchte, nicht ohne mich noch mal umzusehen, den Open-Air-Speisesaal, in dem schon reger Betrieb herrschte.

Nachdem ich mit dem Abendessen fertig war und alles bärensicher verstaut hatte, bezog ich müde meine geräumige Schlafkammer. Ohne Analena erschien mir das Innenzelt fast riesig. Ich konnte mich breitmachen, meine Arme ausstrecken und musste mich nicht direkt an die Zeltwand klemmen. Doch außerhalb von den belebten Zeltplätzen an den Highways und in den Städten, hier draußen im Backcountry, in der freien Natur, wo es nichts gibt außer ein paar rustikalen Bänken, einem Plumpsklo und bärensicherer Aufbewahrungsgerüste, so ohne Auto neben mir fühlte es sich seltsam an, allein zu sein. Wenn jetzt der schräge Typ oder ein Raubtier von der Seite durch die Zeltwand schlägt? Mir ging die Muffe.

Schnell füllte ich die Leere neben mir wieder auf, indem ich die zwei Stopfsäcke mit Wechselklamotten auf die eine Seite packte. Auf die andere Seite, dort, wo dieser Typ nächtigte, quetschte ich den Rucksack. So eingekuschelt war die Welt für mich wieder in Ordnung, auch wenn die Nacht wegen meiner Nervosität äußert unruhig verlief.

Mit schweren Gliedern schälte ich mich am nächsten Morgen aus dem Schlafsack und schielte nach draußen. Es war schon hell, und zwei Parteien bauten bereits ihre Zelte ab. Ein Schreck fuhr mir in die Glieder, und meine Alarmglocken schrillten auf: Mit diesem unheimlichen Mann im Zelt neben mir wollte ich keinesfalls allein sein, weder auf dem Platz noch unterwegs in diesem weiten Land. Also hopp!

Hastig zog ich mich um, quetschte alles in den Rucksack. Die rasende Verena erzielte an diesem strahlend sonnigen Morgen eine neue Rekordzeit im Zeltabbau. Fix das Essen holen, schnell frühstücken, Flaschen mit abgekochtem Wasser füllen und ab ging's. Der undurchschaubare Typ packte ebenfalls zusammen und war fast fertig. Gerade noch rechtzeitig klemmte ich mich hinter das letzte normal aussehende Pärchen, das wenige Minuten zuvor den Zeltplatz verlassen hatte, und preschte hinterher.

Kopf, Arme, Brust, Schultern, Rumpf – alles gab Vollgas. Nur meine Beine blieben in Slow Motion. Da kann ich gedanklich rödeln, was das Zeug hält, meine Beine gehen *den* Speed, den *sie* für richtig halten, und zockeln meinem Oberkörper stets hinterher.

Nichtsdestotrotz einigten sich meine Körperteile schließlich darauf, zu kooperieren, und ich holte das langbeinige Pärchen ein. In gebührendem Abstand und so, dass ich nicht kommunizieren musste, lief ich eine Zeit lang hinter ihm her, bis ich mich wieder sicher fühlte. Die Gefahr schien endlich gebannt, und der Typ tauchte glücklicherweise nicht wieder auf. Ich entspannte mich.

Ah, da war sie wieder, diese Weite, die weder Haus noch Hof besetzte. Und an diesem Tag konnte ich sie auch genießen. Oha, ich musste ja fotografieren! Ein schmaler, von vielen Fußsohlen tief eingetretener Bergpfad wand sich durch das sonnendurchflutete Hochtal, dem ich andächtig folgte. Zumindest so lange, bis er unter einem Berg aus durcheinandergewirbeltem Firn und zersplitterten Baumstämmen verschwand.

Aha! Eine Lawine hatte den Trail verschüttet. Ab hier hieß es, Weg finden und sich über und unter Baumtrümmern durchfuchsen. Die Schneelawine vor mir war noch nicht abgetaut, da Schnee länger liegen bleibt, wenn er bewegt wurde, so wie im Winter zu Hause die geschippten Schneehaufen am Straßenrand noch lange überdauern.

Diesen Lawinen-Geröll-Baumberg zu überwinden war furchteinflößend, aber aufregend. Herausfordernd, aber verlockend. Anstrengend, aber schön. Der Moment, als es keinen Weg mehr gab, versetzte mich anfänglich in eine leichte Panik: Was, wenn ich nicht hindurchfinden würde? Das Gefühl des Alleinseins zeigte sein Zweites Gesicht: das der Verlorenheit. Wenn keine vertrauenswürdige Menschenseele, kein Haus und Hof weit und breit zu sehen ist, kein Pfad den Weg vor oder zurück weist. Völlig auf sich allein gestellt, bleibt einem nur man selbst. Beschenkt mit zwei Beinen zum Gehen und gesegnet mit einem Kopf zum Denken.

Ich brauchte Klarheit: Was war jetzt wichtig? Welche Richtung sollte ich nehmen? Achtsamkeit statt Aktionismus. Ruhe statt Rastlosigkeit. Konzentration statt Chaos. Vertrauen auf das eigene Können, Verlass auf die eigenen Fähigkeiten. Also los.

Im Stop-and-go-Modus hieß es jetzt abwechselnd: orientieren, bewegen, orientieren, bewegen. Mit jedem Stück lawinenaufwärts gewann das Gefühl der Sicherheit an Stärke. Geborgenheit folgte, bis die Freiheit in allen Gliedmaßen, allen Zellen und Nervenbahnen bitzelte wie die kunterbunten Brausestäbchen auf der Zunge. *Das* war Leben! Das war meine Realität! Und ich wollte mehr davon.

Als ich nach einer gefühlten halben Stunde den Bergpfad wiederfand, hüpfte mein Herz. Beschwingt wanderte ich sogar über das Ziel hinaus, über abschüssige Schneefelder und kraxelnd um einen kleinen Felssturz hinauf zum wie in einem Amphitheater eingeschlossenen Lake Merlin am Fuße des Mount Richardson (3086 Meter), bevor ich auf dem Backcountryzeltplatz einkehrte.

Am nächsten Morgen klingelte um 4.30 Uhr mein Wecker. Der Tag verdrängte behutsam die Nacht. Die Geräusche der Dunkelheit verstummten, während die des Tages noch nicht wagten, gehört zu werden. Auf dem noch stillen Zeltplatz packte ich leise meine Siebensachen zusammen, um die spärlich verstreuten Reisenden nicht aus ihrem wohlverdienten Schlaf zu reißen. Der Verlauf der folgenden neun Tage hing davon ab, dass ich heute die vierzehn Kilometer rasch zurücklegte und mittags den Bus zur neuen Route zwischen Lake Louise und Banff erreichte.

Als ich meine Schuhe schnürte und losstiefelte, wurden die Umrisse der Bäume klarer, der Himmel blauer. Die Dämmerung. Mit ihrem undurchsichtigen Licht ist sie die Zeit der Jagenden und Gejagten. Wieder spitzte ich die Ohren und schärfte meine Augen. Zum ersten Mal im Leben war ich um diese junge Stunde im Backcountry auf den Beinen. Eine ganz besondere Zeit. Im Morgengrauen taucht der Himmel die Welt in magisches Licht. Der dritten Tageszeit wohnt ein Zauber inne, der die Menschen seit jeher in ihren Bann gezogen hat. Doch die Uhr tickte und ich durfte nicht trödeln.

Die Temperatur ging noch mal stark in den Keller und erreichte ihren Tiefpunkt bei Sonnenaufgang. Als würde die Sonne die letzte Wärme der Nacht aufsaugen, um richtig durchstarten zu können.

Als ich an der schneebedeckten Passkuppe stand, sah ich tief eingesunkene Spuren und dachte: *Oje! Wenn ich mich hier durchkämpfen muss, dauert das viel länger und ich verliere sinnlos Zeit.* Dabei traf mein erster Schritt auf knallharten Firn. Was für mich überraschend kam, weiß jede:r Bergsteigende aus dem Effeff: In den Morgenstunden ist der Schnee noch komplett gefroren, bevor seine Oberfläche in der Mittagssonne dann zu tauen beginnt. Ich fühlte mich wie getragen, als ich die harte Schneedecke überquerte, und kam schneller voran als auf einem gerölligen Weg. Diese Zeit ist perfekt, um über Gletscher und Firn zu gehen. Erstaunt und erfreut von der ersten Lektion des Tages, wanderte ich vergnüglich bergab.

Es lief alles wie am Schnürchen, ich erreichte pünktlich Lake Louise und meine Transfers zum Hikers'-Shuttle in Canmore. Das Shuttle lieferte mich am Nachmittag glücklich und gut gerüstet für die nächsten acht Tage im Backcountry in der abgelegenen Mount Engadine Lodge ab.

Gesellschaft – unerwartete Bekanntschaften

Verena Stinkend und verstaubt erreichte ich die feine Lodge in Kanadas Wildnis, die mir eigentlich zu teuer für meine Zwecke war. Im Umkreis gab es nirgends einen Ort, an dem ich legal hätte übernachten können, also prüfte ich die Preise. 250 Dollar für ein Einzelzimmer inklusive Vollpension, da darf ich mir einmal in vierzehn Wanderwochen den Luxus eines richtigen echten Betts gönnen. Nach einigem Zögern hatte ich dann tatsächlich gebucht. Und mich seitdem voll darauf gefreut.

Nach dem Einchecken an der Theke öffnete ich die Tür zu meinem Zimmer für diese eine Nacht. Was ich sah, trieb mir Freudentränen in die Augen: Ich schaute direkt auf ein Doppelfenster mit Blick ins Grüne, vor dem ein hölzerner Beistelltisch mit einer heimeligen Tischlampe stand; an der sandfarbenen Wand ruhte ein breites, mit weißen Baumwolllaken bezogenes Bett! Jaaa, so richtig mit gediegenen Kopf- und Fußenden aus lasiertem Nadelholz, solider Matratze, knautschbarem Kopfkissen und einem mit kanadischen Symbolen bedruckten Zierkissen. Ich war im siebten Himmel. Nach 27 Tagen unterwegs sein, im Schlafsack auf einer Isomatte oder verkrümmt auf dem Autositz, schlief ich diese Nacht in einem waschechten Bett, verfügte über eine private Dusche und wurde königlich verpflegt.

Gerade rechtzeitig brachte ich mich für die Gesellschaft in Schuss, denn als ich herunterkam, begann die Tea Time. Ich und Tea Time! Wieder eröffnete sich mir eine ganz neue Welt. Auf den ledernen Sesseln lagen weiche Tierfelle, im steinernen Kamin loderte ein Feuer und an den Wänden hingen Gemälde, die diese raue Landschaft realistisch abbildeten.

Ich setzte mich an den Rand einer geräumigen Ledercouch und verlor mich in der spannenden Lektüre eines Buchs des Biologen Karsten Heuer. Der Abenteurer brach 2003 mit seiner frisch angetrauten Frau

Leanne Allison auf, um der berühmten migrierenden Karibuherde (Porcupine Herd) hoch in ihre Kalbgründe nördlich des Polarkreises ans Beringmeer in Alaska zu folgen. Dort, wo die Kühe kalben, sollte unter der George-Bush-Administration nach Öl gebohrt werden, was höchstwahrscheinlich zum Aussterben der Tiere geführt hätte. Die beiden wollten mit ihrer Dokumentation (Film und Buch) darauf aufmerksam machen. Die Herde hat sich mittlerweile erholt und wurde 2017 auf etwa 235 000 Tiere geschätzt.

Während ich völlig vertieft ins Buch gedanklich im Permafrost stapfte, servierte ein zuvorkommender junger Mann in dunkler Livree den Tee. Er setzte ein frisch geöltes Olivenholzbrett vor meiner Nase auf dem großen hölzernen Beistelltisch ab, worauf in feine Scheiben geschnittener Käse und Hartwurst der verschiedensten Couleur angerichtet waren. »Wow! Herzlichen Dank!« Inbrünstiges Glück durchströmte all meine Adern. An diesem Abend genoss ich jeden Bissen, jeden Blick aus den riesigen Fenstern ins zunehmend bewölkte und später verregnete Bergland, jeden Wasserstrahl und die Decke, die meine Haut vor Kälte schützte, tausendmal mehr als sonst.

Am nächsten Morgen, dem vorletzten Tag im Juni, begann meine bis dato längste Backcountrytour: Acht Tage und sieben Nächte sollte sie dauern. Ich freute mich mega und war gespannt: Wie würde der viel beschworene Mount Assiniboine in echt aussehen und das Hochland am östlichen Rand des Banff-Nationalparks? Würden mir Bären begegnen, und wenn ja, würde ich mit der Situation klarkommen? Reichten meine Vorräte? Fände ich immer genügend Wasser? Würde ich mit dem schweren Rucksack überhaupt die Pässe hochkommen?

In Deutschland hatte ich extra zwei Packen des zwar schweren, aber kalorienreichen, eingeschweißten Proteinbrotes eingekauft und mit nach Kanada genommen, mit dem ich jetzt meine Essensvorräte im Backcountry aufstockte. Anschließend füllte ich alle meine Wasserbehälter vollständig auf, sodass ich auf drei Liter kam. Zudem hatte es am Morgen noch ein Lunchpaket gegeben, das ich ebenfalls mitnahm. Gut gestärkt vom leckeren Frühstück und mit einem bombenschweren Rucksack beladen, startete ich zu einer Tour, die mich prägen sollte.

Doch am Trailhead drückte zuerst die Blase. In Westkanada üblich und für die Umwelt äußerst schonend, gibt es an den meisten Wanderparkplätzen öffentliche Plumpsklos. Am WC-Häuschen begegnete ich zwei gestandenen und kräftigen Männern, die ebenfalls aufzubrechen schienen. Mein Rucksack war so krachend schwer, dass ich ihn mir nicht mit einer Hand locker über die Schulter werfen konnte. Es ging auch nicht unlocker. Es ging gar nicht. Er war einfach zu schwer. Neben dem Häuschen gab es eine kleine Terrasse in Hüfthöhe. Dort bugsierte ich meinen Rucksack mit beiden Händen hinauf, schlüpfte in die Armschlaufen hinein, zurrte alles fest und stapfte unter dem Gewicht schon schrumpfend los.

Das Ganze war mir peinlich vor den beiden Männern. Ich rechtfertigte mich mit dem Argument, dass ich schließlich mehr Kleidung und Vorräte dabeihatte. Aber warum sah das bei den anderen so leicht aus? *Weil es eben ziemlich große und kräftige Männer sind und sie vielleicht auch gar nicht so lange unterwegs sein werden wie du, Verena.* Hm. Ändern ging nicht mehr, nur noch durchziehen.

Was um Himmels willen hatte ich mir da nur vorgenommen? War ich irre? Doch bevor die Zweifel ihre gnadenlosen Widerhaken in mein Gehirn jagen konnten, wurden sie von der erdrückenden Last auf meinem Rücken, dem trittsicheren Gang und dem bereits jetzt schon einsetzenden Brennen der Fußsohlen verdrängt.

Der breite Weg war schlammig und von Pfützen übersät, aber er gab eine klar erkennbare Richtung vor. Das war gut. Hinter mir hörte ich Stimmen und erkannte die beiden Männer, die mich fröhlich plaudernd einholten. Der beschwingte Rotschopf Jim und der fröhlich lächelnde Frank grüßten mich gut gelaunt und begannen einen kurzen Plausch mit mir. Wohin es ginge, wollten sie wissen, und was ich vorhabe.

Es stellte sich heraus, dass unsere Pläne sich die ersten vier Tage überschnitten, bevor sich unsere Wege trennen würden. Jim beschrieb mir noch den Weg, und sie wünschten mir alles Gute, bevor sie von dannen zogen. Jims heiteres Gemüt und Franks ruhiges Lächeln waren ansteckend. Sie hatten es geschafft, mir ein Lächeln ins Gesicht zu zaubern und die Welt wieder mit glänzenden Augen zu sehen. Hach, war es wunderbar, hier draußen zu sein und, ja, auch die eigenen Glieder und Muskeln mit jeder Bewegung zu spüren.

Ich überlegte: *Bekommt man nicht immer die Aufgaben vom Leben, die man auch bewältigen kann?* Als Reiseleiterin hatte ich schnell festgestellt, dass eine Herausforderung auf die vorhergegangene aufzubauen schien. Also würde ich auch diese Tour im kanadischen Backcountry schaffen.

Vielleicht eine halbe Stunde später sah ich die beiden Männer wieder. Sie saßen an der Brücke über den Spray River und betankten ihre Flaschen mit frischem Wasser aus dem Bach. Dabei wurde mir schnell klar, was mir auf all den Wanderungen zuvor nicht in den Sinn gekommen war: Man tankt unterwegs leicht Frischwasser auf und erspart sich dadurch locker zwei Kilo Gewicht. Eigentlich logisch. Ein Blick auf die Karte und Gespräche mit anderen Wandernden genügten, um zu wissen, wann zusätzliches Wasser sinnvoll und wann es entbehrlich war. Super, am nächsten Tag war mein Rucksack gleich viel leichter.

Dennoch füllte ich konsequent jeden Morgen gekochtes Wasser ab, damit ich im Zweifelsfall immer sauberes Wasser zur Wundreinigung hatte. Überflüssig? Vielleicht. Ein paar Monate zuvor hatte ich es schmerzlich vermisst, als auf einer Halbtagestour im Zion-Nationalpark mein linkes Knie beim Sprung an einen dreckigen Stein knallte. Die einzige Flüssigkeit, die ich in meinem Rucksack fand, war gletscherblaues Gatorade. Megaerfrischend nach einer schweißtreibenden Tour, aber nicht zur Wundspülung geeignet. Deshalb lasse ich seitdem immer einen letzten Schluck Trinkwasser in der Flasche, bis ich am Ziel angekommen bin.

Die beiden Männer brachen auf. Ich nutzte die Gelegenheit für eine kurze Verschnaufpause, denn eigentlich wollte ich ja allein gehen. Aber das Leben hegte andere Pläne. Zum Glück.

Etwa anderthalb Stunden nach meinem Aufbruch erkannte ich in knapp fünfzig Metern Entfernung vor mir wieder die beiden Kanadier, die den Boden inspizierten. Was da wohl Spannendes lag? Aufgeschlossen und beredt erläuterten mir die beiden Outdoorenthusiasten alles, was ich je über Bärenkot wissen sollte. Das war genial.

Um herauszufinden, von wann die Spur war, pulten wir mit unseren Stöcken darin herum. Wir hielten unsere Handrücken millimeterbreit über der Losung, um zu erspüren, ob sie noch warm war, und beäugten genauestens ihre Konsistenz. Ergebnis: Die Spur war frisch, der Bär noch in der Nähe. Und da im Bärenland mit der Gruppengröße auch die Sicherheit wächst, schlugen sie mir vor, mich ihnen anzuschließen – dann seien wir wenigstens zu dritt. Das leuchtete mir ein und so wanderten wir gemeinsam weiter.

Die folgenden zweieinhalb Stunden durch den Wald vergingen wie im Flug. Die wenigen Aussichten ließen uns genügend Zeit für einen lebendigen Austausch über unsere Lebensgeschichten. Jim war Fotograf und arbeitete in meinem Lieblingsmuseum der Region. Frank erzählte mir vom unerwarteten Verlust seiner Frau durch Krebs und wie er seine drei Kinder allein großzog. Wir fühlten uns sofort verbunden. Unglaublicherweise kannte Frank sogar unsere Nachbarstadt Leonberg von Geschäftsbesuchen. Die kommenden Tage entwickelte sich zwischen Frank und mir eine Freundschaft, die bis heute über die riesige Distanz einer halben Welt hinweg besteht.

Am nächsten Morgen kristallisierte sich heraus, dass Frank und ich die langsamen Durchzieher waren, während die quirlige Frohnatur Jim in Intervallen lief. Er düste voran und vertrieb sich die Wartezeit auf uns mit Sprachaufnahmen über die Wegbeschaffenheit. Er half Brian Patton und Bart Robinson beim Update ihres Wanderführer-Klassikers, den ich ebenfalls als Inspiration für mögliche Touren genommen hatte. Meine beiden Begleiter entpuppten sich als wahre Wandercracks der kanadischen Rocky Mountains. Welch geniale Fügung des Schicksals! Ich konnte mein Glück kaum fassen.

An einem abschüssigen Hang liefen wir geradewegs auf die Felsbastionen des Mount Eon zu, der mit seiner kleinen spitzen Krone und dem schneeweißen Gletscherbezug eine Ehrfurcht verströmte, die ich zuletzt am Potala-Palast in Lhasa verspürt hatte. Eine ewige Festung mit erhabenem Glanz. Tief unter uns funkelte der azurblaue See, dessen Verlauf wir lange Zeit folgten, bis der Weg sich gen Norden neigte und uns in vielen Kehren den Pass zwischen Wonder Peak im Osten und The Towers im Westen hinauflotste. Dank meiner Kamera konnte ich die persönlich notwendigen Verschnaufpausen brillant kaschieren.

Die blauen Wanderstöcke bewiesen einmal mehr ihren Nutzen, denn sie verteilten das Gewicht auf alle vier Glieder. Bei jedem Schritt tarierte ich genau aus, wie viel Kraft die Beine und wie viel die Arme aufbringen mussten, um mich den Steilhang hinaufzubringen. Meine Oberarme waren seit Langem schon kräftig. Beim schonungslosen Aufstieg ins Hochtal des Matterhorns der kanadischen Rockies half mir meine Muskelerinnerung enorm, denn dadurch trainierte ich sukzessive meine Beine, ohne sie zu überlasten, und bekam dazu noch breitere Schultern.

Training, Verena, das hier ist bestes Training. Alles ist Kung-Fu, ermutigte mich mein praktischer Optimismus, während meine Schadensbilanzabteilung schon zusammenrechnete, was im Rucksack alles völlig überflüssig war, und mich drängte: *Essen, Verena, essen. Mit jedem Riegel wird's leichter!* Alles brannte. Bizeps, Quadrizeps, Waden und meine Haut, denn die Sonne knallte im Volleifer vom Himmel.

Als ich bei abflachendem Gelände und zunehmend subalpiner Vegetation den Sattel des Wonder-Passes auf etwa 2250 Höhenmeter vermutete, lag ich völlig daneben. Ich sah die Linie am Horizont, wo sich Land und Himmel trafen, und meine trügerische Hoffnung lud mich zu der Vermutung ein, das sei bereits das ersehnte Ziel. Ich schwor mich darauf ein und portionierte meine Kraft. Bis dahin noch. Sobald ich mich aber dem vermeintlichen Endpunkt der Qualen näherte, verschob sich die Horizontlinie und gewann an Land.

Oh Gott, noch mal. Mittlerweile lief Frank vorn und wahrscheinlich aus Gnade in Sichtweite und so langsam, dass ich hinterherkam. Ziel anpeilen, Weg finden und los!

Ein junges Pärchen hüpfte uns fröhlich bergab entgegen und beschrieb eine Grizzlymama mit ihren zwei Jungtieren, die es gerade weiter oben gesehen hatte.

Noch weiter oben? Grizzlys?!!! Frank und ich blieben nun zusammen und hielten Ausschau. Jim war schon lange außer Sichtweite. Die Erleichterung darüber, dass ich nicht allein war, kam mir jetzt voll zu Bewusstsein und mit dem neuen Fokus stieg es sich plötzlich leichter bergauf – auch wenn der Pass nach wie vor sein Spiel mit mir trieb und mir seinen Wendepunkt vor die Nase hielt wie dem Esel die Möhre. Doch irgendwann ist der Esel schneller oder dem Halter wird langweilig. Wir erreichten das Joch nach zweieinhalb Stunden Anstieg. Eine Stunde mehr, als die Berechnung ergeben hatte. Eine Stunde zu schwer war mein Rucksack. Von den Grizzlys keine Spur.

Beim Abstieg ins Tal des Lake Magog, in dem sich der Mount Assiniboine spiegelte, begrüßten uns braun-matschige Wiesen mit den ersten Anemonen des Jahres. Vom leisen Wind bewegt, winkten uns frühlingsgrüne Lärchen zu. Etwa eine Stunde später standen wir endlich vor den Toren der Assiniboine Lodge. Hierher kam nur, wer entweder zwei Tagesmärsche zu Fuß in Kauf nahm oder sich den Luxus gönnte, mit dem Heli einzufliegen, was durchaus einige Erholungssuchende taten. Entsprechend betriebsam ging es im Umkreis der Lodge zu.

Die Aussicht war gigantisch. Schon wieder! Hier thronte Mount Assiniboine, der schöne König der Berge, hautnah und in vollem Glanz. Der 3618 Meter hohe Gipfel ähnelt in seiner dreikantigen Form dem Matterhorn und auch ihre bergsteigerische Vergangenheit verbindet die beiden Giganten eng miteinander. Dem Briten Edward Whymper gelang mit seiner Siebner-Mannschaft 1865 die Erstbesteigung des schweizerischen Gipfels, wobei die vorderen vier Mitglieder seiner Seilschaft beim Abstieg tödlich verunglückten. Dennoch war der Bann gebrochen und Bergsteigen kam in Mode.

Als mit der Entdeckung der kanadischen Rockies durch etliche Expeditionen Mitte des 19. Jahrhunderts die Möglichkeiten des Bergtourismus erkennbar wurden und auch die Eisenbahn in den 1880er-Jahren eine Verbindung schuf, zog es viele Bergsteiger und Bergführer nach Westkanada, darunter etliche Schweizer, Österreicher, Schotten und Briten sowie wieder Edward Whymper. Doch es dauerte bis zum Jahr 1901, als ein Mensch die Spitze des Mount Assiniboine betrat. Dem zu diesem Zeitpunkt 62 Jahre alten Whymper war das Glück nicht vergönnt. Sein Zögling, der schottische Bergsteiger James Outram, bestieg mit seiner Seilschaft aus Schweizer Bergführern erstmalig den schönen kanadischen Gipfel und zog daraufhin in seine neue Wahlheimat.

Ich war platt. Total k. o., völlig im Eimer. Während Jim und Frank mit Bekannten ein Schwätzchen hielten, seilte ich mich ab. Ich ließ meinen schweren Rucksack auf einen erhabenen Stein am Wegesrand plumpsen, von dem aus ich ihn später wieder aufwuchten konnte. Leute kamen und gingen an mir vorbei. Ich beachtete sie gar nicht und kramte nach einem Riegel in meinem Rucksack, als ein Mann mit einer kraftvollen und athletischen Statur meine Blicke auf sich zog. Ich erkannte ihn flüchtig. Er hatte sich zuvor mit meinen neuen kanadischen Freunden unterhalten.

Jetzt kam er mir entgegen und strahlte mich aus seinem lebensfrohen und kernigen Gesicht an. Tatsächlich, er meinte mich. Mich kleine, völlig von Schweiß verklebte Frau, die vor ihrem Riesenbackpack der Kapitulation näher stand, als ihr lieb war.

Er machte vor mir halt, schaute mir mit seinen warmherzigen Augen direkt ins Gesicht, schmunzelte und sagte nur: »You are a strong woman.« Mit einem ehrlichen anerkennenden Nicken zog er seines Weges. *Bummer!* Ich war ebenso sprachlos und wie elektrisiert. Manche Leute lachten über mich, wenn sie sahen, wie groß mein Rucksack verglichen mit meiner eigenen Körpergröße war. Was es doch für einen gewaltigen Unterschied macht, wenn man für Gelungenes gelobt wird, auch wenn offensichtlich noch viel Luft nach oben ist, statt für das gerügt zu werden, was noch nicht perfekt ist (wie mein viel zu schwerer Rucksack). Dieses Kompliment gab mir Kraft. Es spornte mich an und würde mir außerordentlich beim Bewältigen der letzten halben Stunde zum Zeltplatz helfen. Ein Learning, das ich leider viel zu spät bei Analena und mir selbst angewendet habe. Zu oft lag mein Blick nur auf den fehlerhaften Komponenten, anstatt das Große und Ganze zu feiern.

Durcheinander und beseelt fanden Frank, Jim und ich uns anschließend wieder zusammen, um den halbstündigen Wandermarsch zum nächsten Zeltplatz gemeinsam anzugehen. Doch zuvor wollten die beiden mich noch durch den öffentlich zugänglichen Teil der Assiniboine Lodge führen, wo wir uns alte Fotos ansahen und die beiden mir Anekdoten vom Hochtal und seinen Bewohner:innen erzählten.

Da war der exotische Nobelmann Marquis Nicolo d'Albizzi, der in den 1920er-Jahren die Gegend wiederentdeckt und die ersten Skifahrer zum

Berg gelockt hatte, was bleibende Eindrücke hinterließ. Denn bereits 1928 wurde die Assiniboine Lodge gebaut und war damit die erste Backcountry-Ski-Lodge Nordamerikas. Frank erzählte von der legendären Lizzy Rummel, einer Münchnerin, die ab den 1950er-Jahren am benachbarten Sunburst Lake ein Camp betrieb, als Ski- und Bergführerin arbeitete, mit ihrer gütigen Art zur Ikone der Region und mit dem höchsten Verdienstorden Kanadas für Zivilist:innen ausgezeichnet wurde.

Wir betrachteten Fotos des Österreichers Hans Gmoser, der ebenfalls hier in den 1950er-Jahren das moderne Bergsteigen in Kanada begründete, das junge Heliskiing perfektionierte und zum Big Business ausbaute. Die Schwarz-Weiß-Fotos wurden bunter. Unter anderem sahen wir Bilder von Barbara und Sepp Renner, die diese Lodge ab 1983 in ein modernes Juwel verwandelten. Der gebürtige Schweizer Bergsteiger Sepp Renner fand sein eigenes Matterhorn hier in Kanada und wurde mit seinem außergewöhnlichen Können, seiner philosophischen und erzählerischen Art zur Legende. Ich ging einen Schritt näher an das Foto, kniff meine Augen zusammen und nahm es genauer unter die Lupe. Meine Vermutung bestätigte sich. Krass. Es war tatsächlich jener Mann, der mich soeben sprachlos gemacht hatte.

Am nächsten Tag blieben unsere Zelte am Lake Magog stehen, denn wir wollten das Hochplateau erkunden. Allerdings verabredeten wir uns nicht zu einer gemeinsamen Tour, da ich gern flexibel bin und noch nicht ganz genau wusste, wohin ich gehen wollte und wie weit, die beiden als erfahrene Berggänger aber schon konkrete Pläne hatten.

An diesem Morgen waren meine Gliedmaßen wie gelähmt, der Muskelkater exorbitant. Ich kam erst spät aus den Federn, schaffte dennoch eine zwölf Kilometer lange Halbtagestour auf den 2755 Meter hohen Nub Peak und geriet nachmittags fast in ein Gewitter.

Am Tag darauf liefen wir noch gemeinsam durchs Hochtal gen Norden, bis sich am übernächsten Morgen unsere Wege trennten. Wir tauschten unsere Kontaktdaten auf kleinen Handzetteln aus, umarmten uns herzlich und verdrückten beim Abschied ein paar schüchterne Tränen.

alena und ihr Papa präparieren hochkonzentriert einen Ceratiten des Muschelkalks. Seit
hen Kindheitstagen an ist sie auch bei Exkursionen in Steinbrüchen mit dabei.

ein bunter Stein oder markanter Gegenstand auf dem Boden entgeht Analenas Adleraugen.
les muss mit Hingabe umgehend begutachtet oder herausgepult werden.

Bei Sichtung eines süßen Nagetiers sind Pausen stets vorprogrammiert. Zu gern beobachtet Analena die Tiere, wie beispielsweise hier ein genüsslich am Zapfen knabberndes Eichhörnche

Das Beste am Wandern ist für Analena die rustikale Rast mit Brot, Obst und Käse.

Los geht's! Aufbruch zur allerersten Backcountrytour ins Skoki-Tal

te Verschnaufpause am Brückengeländer
:htung Skoki-Tal

Ein Grizzly auf der Suche nach Fressbarem als Fettreserve für den nächsten Winter

s goldene Zeitalter des Bergsteigens in den kanadischen Rockies begann 1894 mit der
stbesteigung des Temple Mountain, dem dritthöchsten Berg im Banff Nationalpark.

Der erste Schnee erfüllt Verena zunächst noch mit freudiger Überraschung.

Die exzellent getarnten Pikas bewegen wie Hasen ihre Kiefer beim Kauen seitwärts.

Blick vom Icefields Parkway auf den Sunwapta River und die fotografierende Verena. Das wichtigste Werkzeug in der Fotografie ist der eigene bewegliche Körper, sagen manche.

ɔtz eisigen Wetters macht die Wanderung zu den Waterfowl Lakes Analena noch Spaß.
der Waterfowl-Kalksteinformation wurde bisher kein einziges Fossil gefunden.

ıf der Sulphur Skyline blickt man auf die nahezu unberührten Gipfelzüge der östlichen
ıckies. Die weite Landschaft zeigt uns einmal mehr, wie winzig wir in unserer Welt sind.

Auf dem Saturday Night Lake Loop zelten wir zum ersten Mal im kanadischen Backcountry.

Die Bald Hills begrüßen uns mit Schneefeldern, die es zu überwinden gilt.

Freier Blick von der Headwall im Fryatt Valley hinab ins Tal. Kapitän Fryatt evakuierte im erst Weltkrieg alliierte Truppen aus Frankreich, wofür er 1916 hingerichtet wurde.

er hat ein Bär den breiten Wanderweg
nutzt und seine Spur hinterlassen.

Steile Felsflanken im Grotto Canyon sind für uns eine psychische Herausforderung.

e roten Stühle von Parks Canada stehen hier optimal: hoch über dem turbulenten Icefields
rkway mit Aussicht auf den Athabasca-Gletscher und das Columbia Icefield.

Endlich eine kurze Pause am Wonder Lodge Cook Shelter, bevor wir den Lake Magog erreich
Für Verena ist es ein Segen, mit Frank und Jim unterwegs zu sein, die sie so viel lehren.

Hoch über dem Marvel Lake führt der Pfad durch eine traumhafte Bergkulisse. In einem Höhe
zug ist der Eon Mountain (3310 Meter) mit dem Mount Assiniboine (3618 Meter) verbunden.

ɪn Nub Peak eröffnen sich spektakuläre Aussichten auf den Mount Assiniboine. Die Wander-
cke geben auf Schneefeldern guten Halt und helfen bei Schneelöchern.

ırmeltiere verbringen knapp den halben Tag mit Schlafen. Selbst vor gefrorenem Boden
ıchen ihre Pfoten nicht Halt.

ɛr Rock Isle Lake ist ein Touristenmagnet. In den 1970er-Jahren stritten Umweltschützer:innen
ɪd Erschließungsgesellschaften über die Erweiterung des Skigebiets.

Topmotiv der Rockies: Der durch einen Steinrutsch entstandene Moraine Lake. Ein geologisch Prozess im Gebirge, der im Zuge der Permafrosterwärmung wohl öfter vorkommen wird.

Die Rauchsäule des Wildbrands im Tal Verdant Creek

Wegen der Bären muss man auf manchen Trails zeitweise mindestens zu viert gehen.

ıächst noch gut gelaunt geht es hoch
ıauf zum Vimy Peak.

Geschafft! Auf dem Gipfel des Vimy Peak wird erstmal ausgiebig Pause gemacht.

ːr Carthew Alderson Trail im Waterton Lakes Nationalpark führt abwechselnd durch karges,
:es Gestein und fruchtbare Oasen an einer Kette idyllischer Seen entlang.

Im Kananaskis Country schlängelt sich unser Pfad durch Blumenwiesen. 1977 wurde das Parksystem als Spielwiese für jegliche Outdoorsportaktivitäten, auch Golf und Motorsport, entwicke

Igelfliegen dienen mit ihrer parasitärischen Lebensweise der Schädlingsbekämpfung.

Analena gelöst und fröhlich auf dem Rockw Trail

:s übliche Haferbrei-Frühstück am Campingplatz der Helmet Falls. Unser erster Morgen auf
r Rockwall-Tour startet ruhig.

e stille Morgenstimmung am zauberhaften Floe Lake gibt mentale Kraft für den Tag. Als beste
ınderzeit gilt der Besuch hier zwischen Mitte Juli und Anfang Oktober.

Es ist fantastisch, wieder gemeinsam unterwegs zu sein, zu quatschen, zu lachen und von Analena motiviert zu werden, wenn die Kraft versiegt.

Der Lohn aller Qualen ist gewiss: die weite Aussicht und der Blick zurück auf die Mauer aus Stein und den langen zurückgelegten Weg hoch oben auf dem Numa Pass.

alena umgeben von Waldweideröschen auf
: letzten Etappe der Rockwall-Tour

Elchmutter mit Kalb auf der anderen Seite
des wilden und eiskalten Athabasca River

e Lebensgeister sind geweckt! Happy Analena hoch über dem Tal des Stanley-Gletscher

Das Schattenspiel von Sonne und Wolken verleiht dem subalpinen Hochtal einen wechselhaften Charakter. Jederzeit kann sich alles ändern – in den Bergen und im Leben.

Für Fotos laufen wir auch mal ein kleines Stück zurück – wie hier auf dem Skyline Trail entla der Maligne Range, die ihren Namen einem Tagebucheintrag eines flämischen Pfarrers verdan

Diese skurrile Freiluft-Toilette am Tekarra Campground des Skyline Trail sorgt für eine heitere Abwechslung.

r Curator Lake vor der Notch des Skyline Trail. Als der Geistliche 1845 an einer schwierigen
lle den Athabasca River überquerte, beschrieb er diese als »maligne« (trickreich, böse).

Tonquin Valley geht es uns richtig gut: bestes Wetter, viel Zeit, easy Strecke und dazu noch
e außergewöhnliche Tierbegegnung.

Am kleinen Weiher nahe des Surprise Campground im Tonquin Valley. Es sind auch diese Mo-
mente, in denen die Seele heilen kann und sich Negatives in der noch kühlen Morgenluft aufl

Fröhlich wandert Analena über die Hängebrücke auf dem Berg Lake Trail.

Ein Ziesel prüft versteckt zwischen Steinen und Waldweideröschen die Lage.

ı seltenes Waldlandkaribu kreuzt völlig unerwartet im Tonquin Valley unseren Weg. ·lch ein magischer Moment.

ke Helen im heißen Dunst des Sommers. Es ist manchmal schwerer, kurz vor einem Ziel ızukehren, als ein Projekt durchzuziehen. Eine Prüfung der Faktenlage lohnt sich immer.

Am Tag des Rückflugs parken wir nochmal unseren Mietwagen in Banff. Als Verena nach kurz Abwesenheit zurück zum Auto kommt, empfängt sie diese Nachricht, …

… die sie umgehend beantwortet. Ein unbeschreiblich schönes Ende des langen gemeinsame Wandersommers, der uns enger zusammenschweißte, als wir es uns je hätten träumen lassen.

ücklich und erschöpft auf unserem letzten gemeinsamen Gipfel der zwei Wandersommer:
m Mount Bourgeau.

Ob Berg oder Land: Die Natur lässt sich nicht bezwingen. Es sind wir selbst, die durch die inne Einstellung im Umgang mit den Herausforderungen des Lebens wachsen und gedeihen könne

Dickhornschafe sind im Schrofengelände bestens getarnt und selten so gut zu erkennen wie hie am Hang des Mount Bourgeau. Es kommt immer auf die Perspektive an – am Berg wie im Allta

Wandel – von Pumas und Herzensgüte

Verena Ab dem seenreichen Hochtal der Sunshine Meadows war ich nun auf dem Bow Valley Highline Trail wieder ganz allein unterwegs. Auf dem knapp 45 Kilometer langen Weg entlang der kontinentalen Wasserscheide nach Norden zum Highway 93 genoss ich den Langmut. Während der zu bewältigenden 2000 Höhenmeter konnte ich mich ganz nach meinem Befinden richten. Nur meine eigenen Vorgaben zählten. Nach bestem kanadischem Wissen musste ich auch nicht mehr pausenlos singen, um bärensicher zu wandern. Hier, im subalpinen Terrain, hatte man weite Sicht und es reichte ein kontinuierlicher Scan der Landschaft. Im undurchsichtigen, dicht bewachsenen Gelände, durch das ich auch hin und wieder kam, genügten laute Rufe wie »Yo Bear« alle paar Minuten.

Hach, das war toll. Die Geschichten, die mir meine beiden Begleiter in den vergangenen Tagen erzählt hatten, spulten sich in meinem Hirn ab wie ein Film, dessen Bilder sich in die Leinwand eingebrannt hatten, ebenso wie die Stationen meines bisherigen Lebens. Die Anstrengungen des Tages wandelten sich in wohlverdiente Müdigkeit am Abend. Von Schlafproblemen keine Spur mehr. Geborgenheit machte sich breit. Tiefer Frieden und Entspannung legten sich auf meine nervösen Zellen und beruhigten mich. Die ursprüngliche Angst vor Bären schlich sich davon. Die Gefahr war dennoch nicht gebannt.

Vor einer Sache hatten mich Jim und Frank eindringlich gewarnt: »Wir machen uns bei dir keine Sorgen wegen Bären, Verena, aber nimm dich vor Pumas in Acht, du bist als kleine Person leichte Beute für sie, und sie greifen aus dem Hinterhalt an.«

Das Gebiet der Berglöwen erstreckt sich vom Yukon bis nach Chile, wobei sie bis 1900 über fünfzig Prozent ihres ursprünglichen Habitats verloren haben. Heute gelten sie in einigen Regionen als geschützt, in anderen dürfen sie noch mit Lizenz gejagt werden. Pro hundert Quadratkilometern leben in den kanadischen Rocky Mountains etwa drei bis fünf Pumas. Definitiv durchkreuzte ich hier an der Westgrenze des Banff-Nationalparks ihr Gebiet. Sie jagen meist zwischen Sonnenunter- und -aufgang, selten über Tag und ernähren sich in den Rockies vor allem von Weißwedel- und Maultierhirschen, Wapitis, jungen Elchen sowie Schneehasen, Bibern und Stachelschweinen. Doch es kommt vor, dass halb verhungerte Raubkatzen auch mal Kinder anfallen oder meist junge, gerade von ihren Katzenmüttern getrennte Kater in jugendlichem Überschwung austesten, ob Menschen auch als Beute taugen.

Also nahm ich Pumaspuren als neue Anzeige auf meinem inneren Armaturenbrett auf, dessen Signale es regelmäßig zu prüfen galt.

Meine Umsicht beim Wandern verglich ich mit der beim Autofahren oder Fliegen. Mein Freund und Fluglehrer Galen hatte mir erklärt, dass Pilotenaugen immer nur Bruchteile von Sekunden stillstehen, ehe sie weiterziehen. Da ein langes Verweilen auf der Aussicht tödlich sein kann, wandern ihre Blicke in kurzen Intervallen von Himmelsquadrant zu Himmelsquadrant, anschließend von Anzeige zu Anzeige, zur Karte und zurück in den Himmel – stets prüfend, dass alles passt, wie es soll, um gegebenenfalls nachzujustieren, was gerade aus dem Ruder läuft. Die meisten Zusammenstöße in der Luft geschehen bei klarer Sicht am Tag! Also Augen auf und Kopf an in der Wildnis! *Nicht träumen, Verena!*

Mit positivem Mindset und geschärften Sinnen wanderte ich bergauf und bergab. Täglich der gleiche Rhythmus: aufstehen, zusammenpacken und essen, GPS einschalten, gehen und fotografieren, ab und an Wegpunkte markieren und an Analena denken, ankommen, Track speichern und GPS abschalten, Zelt aufbauen, essen, schreiben, Fotos begutachten, Karte anschauen, einschlafen. That's it.

Es gab auch entspannte Strecken, auf denen es über sonnige subalpine Höhen ging, seichte An- und Abstiege in Täler und auf niedrige Pässe. Mein Tempo regelte sich von ganz allein bei unterschiedlichen Steigungsgraden. Es wurde mir egal, ob mich jemand überholte. Ich kam in den Flow und lernte mit jedem Tag mehr.

Beispielsweise, dass es für mich keinen Sinn ergab, das nahrhafte wie schwere Proteinbrot mitzunehmen, von dem ich nur wenige Bissen pro

Tag hinunterbekam und von dem ich über dreiviertel wieder zurück zum Auto schleppte. Bewährt hatte sich hingegen die Erdnussbutter. Morgens gab ich einen großen Löffel der zähen Paste in die Schüssel mit Haferflocken, goss abgebrühtes Wasser darüber, legte den Topfdeckel darauf und ließ es ziehen. Diese Vollkost hielt mich bis mittags satt.

Mit jedem Tag schwand das Gewicht meiner Last. Parallel dazu zog mein Appetit nach mehr an. Nach mehr draußen sein, nach mehr unterwegs sein, nach mehr Natur, Stille, Einsamkeit. Ich glaube, man kann sagen, dass ich darin aufging. In der Momo-Welt von Michael Ende gesprochen, begann die Blüte meines Lebens intensiv zu leuchten, sie glühte förmlich vor flammender Lebenslust. Da war sie wieder: die Niemals-Gasse. Der Langsamkeit liegt Zauber inne und wehe dem, der schnell durchs Leben hetzt.

Als ich dann unerwartet mitten im Wald auf einer Anhöhe den Highway 93 sah, war es schlagartig vorbei mit meiner Besonnenheit. Der Anblick riss mich geradezu aus allen Wolken. Da war sie, die Straße in die sogenannte Zivilisation. Ihr aalglatter Schnitt durch das harmonische Gefüge von Bergen und Tälern verriet ihre Absicht, die gestressten und betriebsamen Massen miteinander zu verbinden, auch wenn sie so harmlos und still hinter dem tiefen Kerbtal am bewaldeten Hang des Berges ruhte. Das Schlimme war, ich gehörte dazu. Teilweise war mein täglicher Hustle extrem.

Zack, zack. Es geht noch mehr. Schneller, Verena, schneller! Was du heute alles wieder nicht geschafft hast! Hopp, hopp, keine Müdigkeit vortäuschen! Ohne Unterlass trieb mich mein rasendes Kaninchen durch die Monate und Jahre. Wo waren sie geblieben? Sie hatten sich wie die Abgase der vorbeibrummenden Autos rasend schnell in Luft aufgelöst.

Meine Nasenflügel blähten sich in dem vergeblichen Versuch, die kullernden Tränen aufzuhalten, während ich einen letzten Atemzug der reinsten Bergluft aus den Lungen presste. Da war sie, die motorisierte und geschäftige Welt. Ich hatte keine Wahl. Dorthin musste ich, zurück in die Zukunft.

Acht Tage Backcountry: Eine Woche getrockneter Fertigkost, körperlicher Qualen, unendlicher Weiten, strahlenden Sonnenwetters, erholsamer Einsamkeit und tiefer Verbundenheit lagen hinter mir. Eine andere Verena kam aus der zivilisationsnahen Wildnis heraus, eine verschwitzte und zerzauste Frau mit überdimensioniertem Rucksack, die eine Mitfahrgelegenheit suchte. Schließlich wollte ich ja wieder zurück zu meinem Mietwagen nach Lake Louise und meiner Familie Bescheid geben, dass ich körperlich intakt war, auch wenn ich seelisch noch zwischen den Welten hing.

Ich suchte den ersten parkenden Wagen und fragte drauflos, wohin er fuhr und ob er einen Platz frei hätte. Es war ein Wohnmobilfahrer. Er schaute mich an – nahm wahrscheinlich meinen intensiven Geruch wahr – und antwortete in ausgezeichnetem Deutsch freundlich, aber bestimmt: »Wir nehmen grundsätzlich niemanden mit.«

Ein Landsmann. Trotz der Absage wirkte er aufgeschlossen und neugierig, sodass wir ins Gespräch kamen. Er war mit seiner Frau bereits etliche Monate in Nordamerika unterwegs. Sie kamen von Mexiko, waren auf der Durchreise gen Osten und hielten hier nur kurz, weil der Kaffee drückte. Zwischenzeitlich gesellte sich seine zuvorkommende Frau dazu, und als er ihr kurz berichtete, was er in den wenigen Minuten über mich erfahren hatte, einigten sie sich darauf, dass sie mich ausnahmsweise doch nach Banff mitnehmen würden.

Erleichterung. Ich hatte eine Mitfahrgelegenheit bei vertrauensvollen Menschen.

Angekommen dankte ich den beiden herzlich für ihre prompte und unverhoffte Gastfreundschaft, flitzte zur Bushaltestelle am Bahnhof, erwischte gerade noch rechtzeitig den letzten Bus und gelangte wohlbehalten an mein Ziel in Lake Louise. In dieser Woche war ich gesegnet von Mutter Natur und menschlicher Herzensgüte.

Zu Hause – zwischen Schule und Freizeit liegen Welten

Analena Zurück zu Hause kam ich schnell wieder in meinen Schulalltag. Morgens aufstehen, mich in den Unterricht setzen und versuchen, das Zeug in meinen Kopf zu kriegen. Ich bin noch nie sonderlich gerne in die Schule gegangen. Es gab ein paar Fächer, die ich mochte, wie zum Beispiel Geschichte und Kunst. Beides waren Themen, die mich total interessierten. Dann gab es noch Sport und Latein, mein totaler Hass, wie wahrscheinlich jede:r so Fächer hat. Die allerschönste Zeit war die nach Unterrichtsschluss. Ich konnte nach Hause gehen und meine eigenen Sachen machen.

Da meine Großeltern da waren, verbrachte ich auch einige Zeit mit ihnen, mehr als viele andere Kinder, ich habe sie besser kennengelernt, viel von ihnen gelernt: Meine Oma hat immer mit mir genäht und gebastelt. Wir gingen oft zu zweit in den Ort nach neuen Klamotten oder einer Tasche gucken. Sie hatte dort ihren Lieblingsladen am Marktplatz. Ein kleiner Shop, der italienische Mode verkaufte. Mit meinem Opa habe ich viel im Garten gemacht und handwerklich gewerkelt. Meine andere Oma hingegen hat mir das Kochen beigebracht, wie wohl schon meinem Vater als Kind, und mein anderer Opa war ein ganz Gemütlicher, mit dem man gut Kreuzworträtsel ausfüllen konnte.

Den Rest der Zeit verbrachte ich mit meiner besten Freundin Smilla. Zwischenzeitlich durfte ich auch bei ihr wohnen. Das war eine superschöne Zeit! Smillas Mutter, Natascha, kümmerte sich gut um mich und war immer sehr herzlich. Smilla und ich unternahmen viel, fuhren Inliner oder Fahrrad und zeichneten.

Ansonsten waren natürlich auch noch Hausaufgaben zu tun. Gab es etwas Unnötigeres als das? Oft wurde sowieso kurz vorm Unterricht abgeschrieben oder es wurde sich nicht mal dafür die Mühe gemacht.

Bei mir passierte in dieser Zeit so viel in der Schule mit Klausuren und Hausaufgaben sowie privaten Projekten, dass ich nicht so oft Nachrichten an meine Mom schrieb. Ich vermisste sie schon sehr, aber solange es mir gut ging, dachte ich eher weniger daran, mich mal zu melden. Mir tut es auch sehr leid, dass ich mich nicht öfter bei ihr gemeldet habe.

Es gab einige Momente, in denen ich sie nicht hätte mehr vermissen können, die Tränen schossen mir in die Augen. Zwar war ich es gewohnt, dass sie öfter länger auf Reisen war, darin bestand schließlich ihre Arbeit. Aber damals hatte ich ja immer noch meinen Papa zu Hause gehabt. Klar, ich habe auch in der Zeit geweint, sie vermisst, aber das war etwas anderes. Ich mag es, mit meinen Großeltern Zeit zu verbringen, und ich schätze auch, was sie damals für mich und meine Mom gemacht haben, indem sie mich betreuten. Aber es war eben nicht dasselbe, wie die nächste Familie um sich zu haben, die Eltern.

Die Tage zogen sich teilweise hin. Klausuren, Tests und nervige Lehrer:innen. Meine Mutter bekam vor allem die negativen Tage mit, was mich beschäftigte, wie traurig ich war und so weiter. Selten schrieb ich ihr an guten Tagen. Sie berichtete mir von ihren Wanderungen, wo sie war, was sie erlebte. Ich erfuhr von einem Frank, mit dem sie sich sehr gut verstand und der eine halbe Mehrtageswanderung mit ihr machte. Ich freute mich zu hören, dass sie dort in Kanada nicht ganz allein war.

Aber um meine Mom machte ich mir sowieso keine Sorgen. Sie hatte sich gut mit dem Thema Bären und Pumas beschäftigt und sich mit der Natur befasst – wie man sich verhält bei Gewitter, bei Schnee und starkem Regen. Sie wusste, was sie tat. Viele Wochen allein zu sein, kann allerdings auch schwer sein. Nun hatte sie endlich jemanden zum Reden.

Klar, wir telefonierten auch manchmal, wenn sie Netz hatte und wir uns abgesprochen hatten. Dann zog ich mich in mein Zimmer zurück, machte es mir gemütlich und wir skypten oder ich rief sie mit dem Handy an; oder sie mich. Ich freute mich irgendwie schon darauf, wieder zurück nach Kanada zu fliegen.

N
W
O
S
0 25 50 km
Hinton
16
Mount Robson
3954 m
16
Jasper
Maligne River
Maligne Lake
ALBERTA
Icefields Parkway
JASPER NATIONALPARK
North Twin Peak
3733 m
Columbia Icefield
Kinbasket Lake
Mount Columbia
3747 m
Mount Athabasca
3479 m
Saskatchewan River Crossing
Athabasca Glacier
93
BANFF NATIONALPARK
Lake Louise
Cascade Mountain
Columbia River
GLACIER NATIONAL PARK
Golden
Mount Temple
3547 m
Banff
Calgary
1
REVELSTOKE NATIONAL PARK
Revelstoke
Nub Peak
2755 m
Mount Assiniboine
3618 m
BRITISH COLUMBIA
Columbia River
Lake Revelstoke
Radium Hot Springs
Columbia Lake
Canal Flats
Rocky Mountains
CANADA
Upper Arrow Lake
Pincher Creek
Vimy Peak
Castlegar
WATERTON LAKES NATIONALPARK
Waterton Lakes
UNITED STATES OF AMERICA

Kapitel 4

Gipfelsturm

Erwartungen – Reisen ist Arbeit und Arbeit ist eine Reise

Verena Etwa 45 Kilometer und knapp 3000 Höhenmeter auf diversen Tagestouren später, startete ich Mitte Juli meine über tausend Kilometer lange Autofahrt nach Vancouver, für die ich 24 Stunden Zeit hatte. Von dort würde ich die nächsten vierzehn Tage wieder deutsche Urlauber:innen die einschlägigen Routen über Vancouver Island, Whistler, Lilloet, Kamloops, den Wells-Gray-Provinzpark, Jasper und Banff zurück bis nach Calgary führen.

Neben der Reiseleitung weiterhin in meiner Mission unterwegs, nutzte ich jede Gelegenheit für potenzielle Wanderungen fürs Buch, so auch den für die Gruppe freien Tag in Banff. Den knapp 3000 Meter hohen Hausberg Cascade Mountain erklärte ich zu meinem Tagesziel.

Auf der neunzehn Kilometer langen Tour zum *Minihapa,* »Berg, wo das Wasser fällt«, wie die Stoney First Nations den Cascade Mountain nennen, blieb ich nicht allein. Ein Gast aus der Reisegruppe schloss sich mir ausnahmsweise auf eigenes Risiko an. Da nur wenige Wochen zuvor seine Verlobte am Tag der geplanten Hochzeit kalte Füße bekam, würden ihn die frische Bergluft und der weite Blick sicher ablenken. Wie ich im Nachhinein erfuhr, hat das Paar später doch noch eine Familie gegründet. Die Winkelzüge des Lebens sind oft unvorhersehbar, dafür aber manchmal wunderbar!

Als wir nach etwa 1200 Höhenmetern Aufstieg unsere Blicke in die Ferne schweifen lassen konnten, erspähten wir den Mount Assiniboine. Woooow! Eine wohlige Wärme stieg in mir auf.

Doch was war das? Beim gerölligen, kniestauchenden Abstieg nachmittags um halb zwei entdeckten wir hinter dem übernächsten Gebirgszug eine rußig-weiße Rauchsäule, die gemessen an der Höhe der Berge etwa einen Kilometer senkrecht in die Luft stieg. Und wie schnell! Meine Fotos zeigten, dass sie eine halbe Stunde zuvor noch nicht zu sehen gewesen war und sich fünfzehn Minuten später wieder in Luft auflöste. Bizarr.

Später stellte sich heraus, dass es sich um das Verdant-Creek-Feuer gehandelt hatte, das zehn Tage zuvor im Kootenay-Nationalpark von einem Blitz ausgelöst worden war. Binnen zwei Monaten würde es einen 300 Jahre alten Wald auf einer Fläche größer als Liechtenstein in Asche und Staub verwandeln. Was wir sahen, war der Beginn der Wildbrandsaison 2017, die alle Rekorde brechen würde. In Nordamerika spricht man eher von Wild- als von Waldbränden, da auch subalpines Terrain, Prärie, Buschland und Grasland brennen. Natürliche Wildbrände gehören seit jeher auf dem nördlichen Kontinent zur Tagesordnung.

Die Flammen verschlingen alles Leben am Boden und verdichten diesen so stark, dass das kommende Regenwasser flutartig die Hänge hinabstürzt und Nährstoffe samt ausgespülter Mineralien mit sich reißt. Die Hitze des Feuers setzt aber auch chemische Prozesse in Gang, welche die im Boden angereicherten Nährstoffe für Mikroben und Vegetation wesentlich leichter verfügbar machen. Asche ist fruchtbar. Deshalb zünden in etlichen Regionen der Welt auch die Bäuer:innen nach der Ernte ihre Stoppelfelder an.

In den Rockies siedeln sich zuerst die pink leuchtenden Waldweidenröschen, lokal als »Fireweed« bekannt, an, eine wahre Blütenpracht, die sich wie ein Teppich zwischen den verkohlten schwarz-weißen Stämmen ausbreitet. Als echter Pyrophyt ist die in Nordamerika heimische Drehkiefer sogar auf regelmäßige Brände angewiesen. Nur die Hitze der Flammen bringt das Wachs der verschlossenen Zapfen zum Schmelzen und öffnet die Kammern der Samen, die als Mineralbodenkeimer auf frischer Asche bestens gedeihen. Auch der Kiefernprachtkäfer nutzt das abgebrannte Gebiet bevorzugt für die Aufzucht seiner Jungen. Und wo Käfer sind, folgen Vögel. Spechtpopulationen vermehren sich in Brandgebieten teilweise auf das Fünfzigfache. Zahlreiche Ökosysteme in Westkanada entwickelten sich mit dem Feuer und brauchen es für ihr Fortbestehen.

In der ersten Hälfte des 20. Jahrhunderts wussten die weißen Siedler noch nicht um die Funktion des Feuers im Ökosystem und waren bestrebt, jedes Feuer im Keim zu ersticken. Die First Nations verstanden den Kreislauf sehr gut, doch ihnen wurde verboten, Feuer zu legen.

Ohne Wildfeuer wuchs das Unterholz enorm, konnten sich vermehrt Schädlinge wie der Borkenkäfer und Krankheiten wie der aus Europa eingeschleppte Strobenrost ausbreiten, die zu mehr Totholz – leicht brennbarem Material – führten. Dazu kommen durch den Klimawandel vermehrt ausgelöste Hitzewellen und warme Winter sowie starke Winde, die nun exorbitant die verheerenden Brandausmaße verstärken. Der natürliche Kreislauf ist außer Rand und Band geraten. Die Brände eskalieren, wenn nicht mehr nur das durch regelmäßiges Glimmen kurz gehaltene Unterholz verkohlt, sondern die Flammen auch lodernd die Baumkronen und riesige Flächen fressen.

Aufgrund der zunehmend desaströser werdenden Feuerlage entwickelte sich in den vergangenen Jahrzehnten in Nordamerika der Forschungszweig Feuerökologie. Erste Erkenntnisse führten zum bewussten Feuermanagement in den Nationalparks, wo mittlerweile absichtlich und kontrolliert Brände gelegt werden, um solche Katastrophen zu verhindern. Ziel sind feuerresiliente Landschaften, die nach einem Brand zurück in ihre Balance finden können. In Deutschland forscht das Global Fires Monitoring Center am Max-Planck-Institut in Freiburg.

Der Brand, den wir beobachtet hatten, würde binnen weniger Wochen den Luftraum im südlichen Banff-Nationalpark verräuchern und in unserer spätsommerlichen Tourenplanung noch für Wirbel sorgen. Doch das war an jenem strahlenden Sommertag reine Zukunftsmusik.

Nachdem mein Fahrerkollege und ich am Tag darauf die Gäste zurück zum Flughafen gebracht hatten, kehrten wir getragen von den vibrierenden Bässen unserer Lieblingsmusik zum Campingplatz zurück.

Am meisten belastete mich als Guide die Erwartungshaltung der Gäste. Sie verdarben sich damit oft selbst die schönste Reise. Wenn ein Wahrzeichen nicht genau so aussieht wie sie es auf aufwendig und professionell bearbeiteten Fotos gesehen haben, sind sie massiv enttäuscht. Manche haben eine Liste, was sie alles sehen müssen, wodurch jede Überraschung im Keim erstickt wird und die Enttäuschung vorprogrammiert ist. Sie suchen nach der Bestätigung dessen, was sie vorher schon wussten. Und das ist furchtbar schade. Optimal wäre es, wenn man alle

Erwartungen zu Hause zurücklassen könnte und nur die Vorfreude und das Wissen mitnähme, dass vieles unvorhersehbar ist. Leider ist das gar nicht so einfach, und ich merke selbst oft genug, wie mich meine Erwartungen der potenziellen Freude berauben. Natürlich spielten sich auch in meinem Kopf Bilder ab, bei dem Gedanken, dass Analena gleich wiederkommen würde. Einerseits die Angst vor Streit und Gezeter, andererseits tanzte die Vorfreude auf mein Töchterchen auch in meinem Herzen Polka. Endlich, nach etlichen weiteren Etappenwanderungen und Tagestouren allein, kam sie zurück nach Kanada.

Unruhe – zwischen hier und dort

Analena

Bevor meine Mom längere Touren – Mehrtageswanderungen – startete, schrieb sie immer meinen Großeltern und mir eine Nachricht. Wir waren ihr Notfallkontakt, meine Großeltern ihr erster, ich der zweite. Das bedeutet, wenn sie sich nicht dann meldete, wie sie es uns angekündigt hatte, mussten wir bei Parks Canada einen Notruf starten, sodass jemand nach ihr sucht. Zum Glück gab es nie einen solchen Ausnahmezustand!

Eines Tages kam die Nachricht, dass sie nun zu der längsten ihrer geplanten Mehrtagestouren – zum Mount Assiniboine – aufbrechen würde. Sie kam sehr aufgeregt und euphorisch rüber. Na klar, ich wäre auch aufgeregt, wenn ich die nächsten acht Tage im Hinterland verbringen würde, und wenn man sich mal Bilder von diesem Berg anguckt, sieht er auch sehr beeindruckend aus!

Nach einigen Tagen kam dann die Nachricht, dass meine Mom und ihre Begleiter wieder gut und unversehrt in die Zivilisation zurückgekehrt wären und es eine richtig geile Route gewesen sei. Mehr habe ich meistens von ihren Wanderungen nicht mitbekommen. Wenn wir telefonierten, schwärmte sie und manchmal schickte sie auch ein Foto. Sie nahm zwar viele Bilder auf, aber die waren auf der Karte der Kamera gespeichert und damit nicht ganz so einfach zu versenden, wenn man in einem Zelt wohnt und keinen Rechner dabeihat.

Es war wie in zwei verschiedenen Welten: die eine bei uns zu Hause im Großraum Stuttgart und die andere bei meiner Mom in der Wildnis Kanadas. Wir konnten beide immer wieder in die jeweils andere eintauchen, waren aber dennoch in unserer eigenen Welt. Auch wenn ich schon einige Zeit mit ihr dort verbracht hatte, fiel es mir mit den verstreichenden Wochen immer schwerer, mich in die Umgebung, in den Wanderalltag hineinzuversetzen, in dem meine Mama gerade war; er rückte in immer weitere Ferne. Wenn man allein wandert, entwickelt man eine ganz andere Dynamik.

Ich konnte mir gar nicht vorstellen, wie es ist, allein in einer menschenunbewohnten Gegend zu sein, tagelang am Stück durch Wälder und Berge zu laufen, sein Zelt an einer Stelle aufzubauen, wo niemand anderer um einen herum ist. Wie es wohl ist, Geräusche im Dunkeln zu hören, nicht zu wissen, was sie verursacht hat, und mit niemandem reden zu können, die:r einen beruhigt. Es gab Bären da draußen und Pumas – ich würde mich nicht trauen, ganz allein dort im Nirgendwo zu übernachten, aber sie hat es ohne Probleme und voller Freude durchgezogen.

Ich hatte meine Mom mittlerweile ganze zwei Monate nicht mehr in live gesehen, nur auf dem Handy, und ich vermisste sie ganz arg. Es wurde also Zeit, dass ich wieder zurückkehrte, auch wenn ich mich nicht gerade auf das Wandern freute. In mir breitete sich ein großer Konflikt aus. Am liebsten wäre es mir gewesen, wenn sie einfach wieder zurück nach Hause gekommen wäre. Das wären zwei Fliegen mit einer Klappe: Ich hätte sie wieder bei mir und müsste nicht wandern. Ich hatte an sich keine Bedenken mehr wegen des Aufeinanderhockens und der Streits, schließlich hatte ich das jetzt schon einige Wochen erlebt und wusste, wie das war. Ich konnte mich gut darauf einstellen und sie auch mittlerweile ein wenig besser einschätzen und auf sie eingehen. Aber beim Thema Wandern befiel mich eine innere Unruhe.

Rückkehr – im Land der Berglöwen

Verena Waterton Park. 260 Kilometer südlich der Millionenmetropole Calgary, die US-amerikanische Grenze zum Greifen nah, dort, wo sich die majestätischen Rocky Mountains in den endlosen Great Plains auflösen, lag das erschöpfte Schulkind Analena tiefschlafend in unserem Zweipersonenzelt. Der anstrengende Überseeflug und die Zwanzig-Kilometer-Gebirgstraverse vom ersten Tag nach ihrer Ankunft steckten ihr noch in den Knochen, da stand ihr nach nur einem Tag Pause in dem herrlich vielfältigen Nationalpark, in den ich sie unbedingt mitnehmen wollte, schon ihr erster Gipfel bevor.

Um 6.30 Uhr morgens klingelte der Wecker namens Mama. Es war offensichtlich, dass Analena noch keine Lust hatte aufzustehen. Ich war freundlich und rücksichtsvoll, wollte es mir nicht gleich mit ihr verderben. Eine intensive Wanderzeit lag vor uns, in der wir aufeinander angewiesen sein würden, aber der Status quo war eine Schieflage. Sie hatte in den vergangenen knapp zwei Monaten ein bisschen Schulsport getrieben, während ich ausgiebige Bergerfahrung gesammelt hatte. Die Kluft war groß, Konflikte vorprogrammiert. Ich war voll im Flow und hatte meine Baustellen bezüglich Speed, Organisation und Mindset besser im Griff. Aber wie stand es bei ihr? Und wie bei mir, wenn wir uns wieder aneinander gewöhnen mussten? Diesmal war klar: Wir würden uns die Arbeit teilen, und sie muss bei allen Touren mit. Punkt.

Doch Harmonie war mir sehr wichtig. Ich wollte keine Auseinandersetzungen, ich wünschte mir Nähe zu meiner Tochter und dadurch Offenheit, denn nur so konnte ich ihr im Zweifelsfall helfen. Seit dem Tod von Kleister versuchte ich, möglichst nicht zu schimpfen, wenn sie etwas Verbotenes oder Unbedachtes tat. Warum? Zum einen, weil ich selbst im Teenageralter alles Mögliche angestellt hatte. Was gab mir 21 Jahre später das Recht, die Moralkeule zu schwingen? Zum anderen, weil ich dadurch so viel wie möglich von ihr erfuhr. Nichts ist schlimmer, als wenn man nichts über sein Kind weiß. Und es gab nur noch mich als Erziehungsberechtigte, deshalb war Vertrauen mein oberstes Gebot.

Analena wusste, sie konnte sich auf mich verlassen so gut es eben ging, darum bemühte ich mich. Aber sie wusste auch, dass sie sich einbringen muss, dass Herausforderungen angenommen werden und wir uns auch mal durchbeißen müssen. Das bisher gewonnene Vertrauen wollte ich keinesfalls durch meinen Unmut aufs Spiel setzen. Eine heikle Gratwanderung im Gebirge des täglichen Lebens. Denn natürlich geriet ich bei manchen Dingen innerlich durchaus in Rage.

An diesem Samstagmorgen schonte ich sie jedoch und machte selbst das Frühstück. Unser Zelt konnten wir am Campingplatz in Waterton Park stehen lassen, sodass wir um 7.30 Uhr startklar zwischen Büschen und Gestrüpp am Trailhead am Rande einer einsamen Landstraße standen. Gefühlt irgendwo im Nirgendwo.

Wir folgten dem staubigen Pfad leicht bergan und standen nach wenigen Minuten mitten in der gelb leuchtenden Prärie. Hüfthohe Gräser kitzelten unsere nackten Beine. Es roch nach Morgen und hauchzart nach Ruß. Ein Wildbrand fraß sich im Westen des Waterton-Lakes-Nationalparks durch bewaldete Täler und über alpine Hänge. Rauch hing in der Luft, und der Dunst trübte die Sicht. Die umliegende Bergkette schien dadurch weiter entfernt, als sie es tatsächlich war; somit auch unser Tagesziel, der Vimy Peak mit seinen 2380 Metern, der vor uns aufragte. Sechs Kilometer trockene Steppe lagen zwischen seinem Fuß und unseren eingelaufenen Wanderschuhen.

Die Westausläufer der Great Plains sahen für mich aus wie die afrikanische Savanne. Nur dass ich noch nie auf Safari in Afrika gewesen war. Aber so musste es sich anfühlen. Glaubte ich. In Gedanken sah ich die ockerfarbenen Löwen vor mir, die in der weiten Steppe unentdeckt lauerten.

Plötzlich packte mich die Angst: Wir waren im Land der Berglöwen zwischen Steppe und Buschland unterwegs und gaben als kleine Menschen eine ideale Beute ab. Die eleganten Raubkatzen jagen strategisch, indem sie sich anschleichen und auf den richtigen Moment warten, anstatt ihre Kraft bei langen Sprints zu vergeuden. Dabei können sie Beutetiere bezwingen, die siebenmal schwerer sind als sie selbst.

Ein Puma kann bis zu hundert Kilogramm auf die Waage bringen, im Gegensatz zu uns beiden, die wir zusammen gerade mal so viel wiegen.

Adrenalin schärfte meine Aufmerksamkeit noch stärker. Wie ein Radar scannten meine Augen jetzt die Landschaft. Ich war gespannt wie ein Bogen, hoch konzentriert. Und damit hatte ich meine Angst auch wieder im Griff. Sie gewann nicht die Oberhand über mich. Nicht mehr. Zu lange war ich bereits in den kanadischen Rockies unterwegs. Analena sagte ich, sie sollte aufmerksam sein. Es bestand kein Grund zur Panik, aber es war wichtig, regelmäßig in alle Richtungen Ausschau zu halten und darauf zu achten, dass wir zusammenblieben. Das war das A und O.

In der Wildnis waren wir aneinandergebunden, tagsüber unterwegs und nachts im schmalen Zelt. Es gab keine Pause, kein Alleinsein. Wir mussten das Beste daraus machen und miteinander klarkommen. Immer. Egal, welche Stimmung sich in uns breitmachte, egal, wie schlimm wir nach Schweiß rochen oder wie konfus wir uns fühlten. Wir mussten aufeinander Rücksicht nehmen, auch wenn in uns der Zornigel tobte oder wir einfach nur Raum brauchten, denn den gab es für uns nicht in den unendlichen Weiten hier.

Neben Pumas konnten hier die schnellsten Landtiere Nordamerikas aus dem Unterholz hervorbrechen und mit über siebzig Kilometern pro Stunde an uns vorbeidüsen. Die extreme Geschwindigkeit der Pronghorns (*Antilocapra americana*, auf Deutsch Gabelbock) ist ein Relikt aus einer längst vergangenen Epoche, als in der Prärie noch schnelle Fressfeinde jagten, wie zum Beispiel die in der letzten Eiszeit ausgestorbene langbeinige Hyäne und der amerikanische Gepard.

Das Herz der Pronghorns ist doppelt so groß wie das einer gleich großen Antilope. Während ihrer bis zu zehn Kilometer langen Sprints atmen sie durch ihr offenes Maul. Beides zusammen ermöglicht ihnen, solch enorme Geschwindigkeiten zu erreichen. Ihren Namen verdanken die Gabelböcke (»prong« heißt Gabel, Zinke) ihren schokoladenbraunen, nach innen gebogenen Hörnern.

Die Prärie war für mich Ruhe und Lebendigkeit zugleich. Analenas blonder Pferdeschwanz wippte fröhlich vor mir hin und her. So hatte ich beides im Blick: meine Tochter und den Ort, an dem Prärie und Berge aufeinandertrafen. Nur knappe drei Kilometer Luftlinie entfernt, ragte vor uns der Vimy Peak noch gute 1200 Meter in die Höhe. Eine graue Kante zwischen baumloser Grassteppe und schneebedecktem Hochgebirge.

Das Land des sagenumwobenen Chinook, eines warmen Fallwindes, der wie ein Föhn von den scharfzackigen Höhen ins fruchtbare, weite Land hinabbraust. An diesem sonnigen Sommertag flüsterte das Espenlaub nur. Der leichte Windhauch am Morgen brachte es zum Rascheln und eine angenehme Kühle mit sich, bevor die Mittagshitze über uns hereinbrach.

Die staubtrockenen und kargen Bergflanken, die lebendigen Oasen an verstreut liegenden Bergseen, das fruchtbare Land und die bunte Blütenpracht der Region Waterton Lakes: alle Kinder des Windes.

Vom Pazifik strömen feuchte Luftmassen gen Osten und prallen an der Westküste Kanadas auf über 2000 Meter hohe Berge der Coast Mountains. Die zum Auftrieb gezwungenen Luftmassen kühlen ab, alle hundert Höhenmeter sinkt ihre Temperatur um circa ein halbes Grad Celsius. So heruntergekühlt, können sie weniger Wasser speichern. Es regnet. Auf der Leeseite der Berge strömen die Luftmassen wieder hinab. Sie sind nun trockener als vorher und wärmen sich im Sinkflug wieder auf. Nur diesmal schneller, als sie sich abgekühlt haben, etwa ein Grad Celsius pro hundert Höhenmeter. Deshalb ist es auf der Ostseite des Gebirges deutlich wärmer als auf der Westseite.

Von hier aus ziehen die Luftmassen etwa 750 Kilometer weiter ins Inland, bis sie oben an den Westausläufern der über 4800 Kilometer langen Bergkette der Rocky Mountains ankommen. Als Fallwinde namens Chinook stürzen sie nun aus über 2000 Metern Höhe erneut in die Tiefe und knallen mit einer Geschwindigkeit zwischen fünfzig und hundert Kilometern pro Stunde auf die große Ebene. Die warme, trockene Luft saugt am Steppenrand beträchtliche Mengen an Wasser auf, sodass die Feuchtigkeit am Boden verdunstet und der winterliche Schneebelag oft rasant taut. Die Fallwinde verursachen binnen weniger Stunden teilweise Temperaturanstiege von bis zu dreißig Grad. Es kann sprichwörtlich passieren, dass die Kufen vorn am Schlitten noch über Schnee und Eis gleiten, während sie hinten bereits Staub aufwirbeln.

Doch an unserem Gipfeltag trübte kein Wölkchen den Himmel. In bester Sommerlaune wanderten wir durchs dürre Gras, das nur von einem zarten Lüftchen gestreichelt wurde, stets den Vimy Peak im Blick. Noch war Analenas Laune gut, glich der Weg doch einem Spaziergang, ohne größere Anstrengungen und mit dem Ziel dicht vor Augen. Am Fuß des Bergausläufers betraten wir einen schattigen Espenhain und wanderten noch frohen Muts in Kehren bergan. Der Weg führte langsam bergauf.

Es gab viel zu erzählen, von lustigen und merkwürdigen Lehrer:innen, von den neuen Zeichentechniken, die sie im Malkurs lernte, vom Zusammenleben mit ihren Großeltern, die alle ihre eigenen Rituale haben. Ich bin beiden Elternpaaren zutiefst dankbar, dass sie mir diesen Traum und uns beiden diese Lebenserfahrung ermöglicht haben.

Jetzt aber hatten wir uns beide endlich wieder. Es tat meiner Seele so unglaublich gut. Mein Sweetie war endlich wieder bei mir. Ihre glockenhelle Stimme, wenn sie einen leuchtenden Käfer am Wegrand entdeckte, ihr heiteres Gemüt und ihre ganz besondere Ausdrucksweise, wenn sie sagte: »Mamumbelá, weißt du waaas?« Wir freuten uns unbändig, wieder zusammen zu sein.

Wir liefen in einem Tempo, das es uns erlaubte, miteinander zu sprechen. Mussten wir auch, wegen der Bären. Die Grizzlys waren in die Great Plains zurückgekehrt. Bevor sie durch die in den frühen 1870er-Jahren eingeführte Repetierbüchse und das Strychnin fast ausgerottet worden waren, hatten Tausende Grizzlys die große Ebene Nordamerikas bis nach Ontario, Oklahoma und Texas durchstreift. Auch die kleineren Prärie-Grizzlys gab es damals in Hülle und Fülle: Millionen Bisons, unzählige Wapitis und Antilopen versorgten sie mit Fleisch. An den Bachläufen fanden sie ein Dickicht aus früchtetragenden Sträuchern, Wurzeln und einer üppigen Vegetation. Wahrscheinlich verbrachten sie einen Großteil ihrer Zeit in den Pappelwäldern entlang der Flüsse sowie in isolierten Hügelregionen wie den benachbarten Cypress Hills. Die kommerzielle Jagd überlebten nur einige wenige im angrenzenden Blackfoot-Reservat und am Ostende des Waterton-Glacier-International-Peace-Parks. Die hier ansässige Population expandiert seit dem 21. Jahrhundert wieder ostwärts. Ein gutes Zeichen.

Mittlerweile stiegen wir in einer Rinne der Nordostflanke gipfelwärts, deren Höhe uns einen schmalen Blick hinab in die fruchtbare Ebene erlaubte. Wir erkannten sonnengelbe, tannen- und moosgrüne Flecken, die auf landwirtschaftliche Nutzflächen und kleine Wälder schließen ließen. Dank Feuer und Wind gedeiht die Vegetation hier üppig. Ein Kreislauf schließt sich. Der Wind zieht weiter.

Analena Hier war ich, frisch gelandet in Kanada: Ich hatte gerade die siebte Klasse hinter mich gebracht und war in die Sommerferien gestartet. Smilla hatte mir noch kurz vor dem Flug einen Umschlag in die Hand gedrückt mit einem Brief und ein paar kleinen Geschenken darin. Nachdem ich mich von meinen Großeltern verabschiedet hatte, durfte ich allein ins Flugzeug steigen. Am Flughafen in Calgary würde meine Mutter mich abholen.

Der Flug dauerte sehr lang, ich hatte Smillas Umschlag geöffnet und mich total gefreut. Das gab mir ein bisschen ein Zuhause-Gefühl auf der Reise und ich vermisste sie, schließlich unternahmen wir damals fast jeden Tag etwas zusammen.

In der restlichen Zeit konnte ich einige Filme anschauen und viel Musik hören. Darauf hatte ich mich total gefreut. Wie schon beim letzten Mal ganz in Ruhe, ohne Aufsicht, die Filme angucken zu dürfen, die ich will. So oft kommt das ja nun mal nicht vor.

»Der Hobbit« lief in Dauerschleife.

Die Flugbegleiterinnen kamen immer mal wieder vorbei und schauten nach dem Rechten. Für mich ein bisschen nervig. Dann musste ich immer wieder die Kopfhörer herausnehmen, den Film stoppen und aus dem schönen Fantasyuniversum aussteigen, nur um gefragt zu werden, ob alles okay ist! Ein bisschen mehr Alleine-Zeit wäre schön gewesen.

Mit meiner Mutter hatte ich natürlich im Voraus besprochen, wie ich mich bei den Polizeibeamt:innen am Flughafen in Calgary verhalten sollte. Dennoch kochten bei mir die Aufregung und vielleicht auch ein kleines bisschen Angst hoch. Was, wenn die mich nicht durchlassen? Muss ich dann gleich wieder nach Hause fliegen, was sag ich dann meiner Mutter? Oder muss meine Mom dann am Flughafen einchecken und sich um das Ganze kümmern?

Und das auch noch in einem anderen Land, die ganze Kommunikation auf Englisch. Also formulierte ich mir meine Sätze schon mal im Kopf vor und legte meine Unterlagen bereit. Ich schaute dreimal durch, ob das auch wirklich alles war, was ich brauchte und meine Mutter mir gesagt hatte.

Schon von Weitem hatte ich gesehen, dass an den Tischen eine Frau und zwei Männer saßen, und darauf gehofft, zu der Frau zu kommen, denn sie sah mir am sympathischsten aus. Aber nein, ich kam zu dem grimmiger aussehenden der beiden Herren. Das Gespräch war dann aber ganz freundlich, er lächelte zwar nicht viel, stellte mir aber auch keine unerwarteten Fragen. Ich musste die Einverständniserklärung meiner Mom vorzeigen und die Sterbeurkunde meines Vaters. Das war nicht gerade einfach, denn an manchen Tagen konnten mich schnell die Gefühle überwältigen, die ich so weit vergraben hatte. Mal bin ich nah am Wasser gebaut, mal kann ich alles gut zurückhalten. Ich habe sehr schnell nach dem Tod meines Vaters angefangen, meine Gefühle ganz weit wegzusperren und für alle anderen da zu sein. Das ist bei mir bis heute noch drin. Allerdings denke ich, dass ich mich mittlerweile schon etwas weiter geöffnet habe und es mir leichter fällt, darüber zu sprechen.

Die vorbereiteten Dokumente schienen dem Grenzbeamten zu reichen und er winkte mich weiter. Schnell und schmerzlos. Und dafür habe ich mir jetzt so viel Stress gemacht?

Endlich war es so weit: Ich lief aus dem Terminal und sah meine Mom mit ihrer kleinen grünen Handtasche und ihren Wanderklamotten im Arrival-Bereich stehen. Wir fielen uns mit Anlauf in die Arme, und ich war überglücklich, sie wieder bei mir zu haben.

Kaum angekommen, ging es direkt los! Schon am nächsten Tag absolvierten wir eine erste Wanderung, von der ich noch keine Vorstellung hatte. Die Tour war dann entspannter, als ich gedacht hatte; sie kam mir trotz der zwanzig Kilometer und tausend Höhenmeter erstaunlich kurz und leicht vor.

Das nächste Ziel unserer Reise war der Vimy Peak, mein allererster Gipfel! Vorerst ging es locker flockig dahin. Wir wanderten eine lange Zeit auf ebener Fläche in leichten Bögen über ein Feld. Es schien alles viel naturbelassener, gar nicht zugebaut mit Dörfern wie zu Hause. Für mich war das alles noch ganz surreal. Gerade war ich noch in unserem kleinen Heimatdörfchen gewesen und von einem auf den nächsten Tag in Kanada in freier Natur. Vor mir ein großer erhabener Berg, auf den es hochgehen sollte. Ich war noch völlig überwältigt, körperlich nicht gerade fit und meine Aufnahmefähigkeit hielt sich in Grenzen.

Zwischen meiner Mutter und mir war alles gut, wir waren beide zwar etwas angespannt, dadurch dass wir uns natürlich aufeinander einlassen mussten. Aber gleichzeitig freuten wir uns riesig, einander wiederzuhaben.

Von Weitem sah man schon den riesigen Berg. Es war ganz schön heiß, die Sonne schien und ich schwitzte schon, ohne überhaupt einen Höhenmeter zurückgelegt zu haben! Aber der Anfang ist ja bekanntlich immer schwer. Ich musste erst in meinen Rhythmus kommen, und eine solche Wärme macht das definitiv nicht einfacher. Am Fuß des Berges standen die ersten Bäume. Dort war es etwas kühler, da die Sonne nicht mehr ganz so stark brutzelte. Die Anstrengung stand uns beiden ins Gesicht geschrieben. Unterhalten ging aber noch, und das Adrenalin am Anfang unserer großen Reise hielt uns gut am Laufen.

Wir brauchten gaaanz viel zu trinken! Unsere Wasservorräte gingen entsprechend schnell zu Ende. Aber auf dem Weg den Berg hoch querten wir mehrmals einen Bach, bei dem wir immer wieder unsere Vorräte aufstocken konnten.

Mit einem UV-Stick reinigten wir das Wasser, sodass es trinkbar wurde. Am Anfang war ich etwas skeptisch, weil man nicht wirklich sieht, was da passiert. Als wir das Gerät vor der Reise zu Hause getestet hatten, hatte mir meine Mutter die Wirkungsweise zwar erklärt. Aber ehrlich gesagt hatte ich mir das nicht gemerkt, da es für mich schwer vorstellbar war. Ein blaues Licht leuchtet auf, aber das Wasser wird nicht abgekocht oder in irgendeiner Weise durchmischt. Nach einiger Zeit gewöhnte ich mich dann daran. Niemand wurde vergiftet, nichts Komisches passierte, also schien es ja zu funktionieren. Wir erhielten schön klares, stilles Wasser.

Hm, perfekt natürlich. Aber meine Begeisterung hielt sich trotz meiner Funktionstüchtigkeitsinspektion in Grenzen, denn ich mochte kein stilles Wasser. Sprudelwasser bringt so eine Frische mit sich. Still schmeckt Wasser fad und eher lasch, als ob noch eine wichtige Substanz fehlt.

Uiuiui, da tut mir meine Mutter im Nachhinein ganz schön leid wegen der vielen Diskussionen und Auseinandersetzungen, die wir darüber hatten. Wie oft wurde Wasser zum Streitthema zwischen uns beiden. Auch schon weit vor dieser Kanadareise. Heute ist es mir ganz schön peinlich, dass ich wegen so einer Kleinigkeit häufig so ein Riesendrama veranstaltet habe. Bei der Tour blieb meiner Mom zum Glück nach der ersten Wasserprobe weiteres Rumgemecker erspart. Das Flusswasser schmeckte so schön süßlich und frisch, dass es mir weniger ausmachte, kein Sprudelwasser zu haben.

Weiter ging's! Mittlerweile konnten wir schon an manchen Stellen schöne Ausblicke genießen. Grundsätzlich hatte ich mir vor der Reise nicht allzu viele Gedanken darüber gemacht, was mich in Kanada erwartete. Ich freute mich auf Urlaub und Ferien, war gespannt auf die Erlebnisse, die wir haben würden, aber hatte eben überhaupt keine Lust aufs Wandern. Lieber baden oder zeichnen oder tanzen, aber wandern?! Tja, jetzt war ich hier und hatte mich darauf eingelassen. Allerdings ohne große Vorbereitung, denn ich war nicht so die Wanderführerleserin oder naturinteressiert. Meine Infos waren: wandern, Kanada, Zelt, durchgeplante Tage. Das reichte mir schon. Meine Mutter dagegen war schon immer wanderbegeistert und im Urlaub hatten wir meistens ein Zelt dabei.

Die Bäume lichteten sich immer wieder, vor allem an den Stellen, wo der Bach entlangplätscherte. Das wäre sehr idyllisch – gäbe es da nicht den Stress, da wir ja hoch auf den Gipfel wollten und keinen Spaziergang zu einem Fluss geplant hatten. Sonst wäre das auch ein sehr schöner Ort zum Nachdenken, Malen und Zeichnen gewesen. Man hatte einen relativ weiten Blick, der sich noch mehr öffnen sollte.

Je näher wir der Bergspitze kamen, desto weniger Bäume und Sträucher wuchsen. Es wurde immer öder und ich gleichzeitig immer schlapper, ich hatte keine Ausdauer mehr. Die Sonne brannte fast schon auf der Haut, und der Berg wurde immer gerölliger, steiler, und ich rutschte immer wieder ab, sodass ich kaum vorankam. Meine Motivation: gleich null. Worauf hatte ich mich hier nur eingelassen?

Ich nahm nichts mehr um mich herum wahr. Alles verschwamm regelrecht und wurde von einem dämpfenden Schleier umhüllt – die ganze Umgebung, die Ausblicke, die Vegetation, die kleinen Tierchen, die mich sonst immer so aus der Fassung bringen, und die ganze Geräuschkulisse. Ich war zunehmend angespannter. Meine Frustration stieg enorm, und ich begann langsam, aber sicher zu motzen. Meine Mom versuchte, mich aufzubauen und anzutreiben, sie gab alles. Aber ich wollte nicht mehr.

»Ich schaff das ja sowieso nicht. Rutsche immer wieder runter. Ich kann nicht mehr. Ich brauche eine Pause. Es ist noch so weit…«

Lange konnte sie das nicht aushalten, denn ihr selbst ging es, glaube ich, ähnlich. Zumindest merkte ich auch ihr die Anstrengung an. Der Schweiß floss. Wir legten eine ganz kurze Verschnaufpause von circa fünf Minuten ein, aber ich hätte mir definitiv noch eine längere gewünscht. Sie wollte allerdings unbedingt weiter, da der Gipfel nicht mehr weit war. Vielleicht versuchte sie auch, sich selbst mit ihren Kommentaren aufzumuntern? In diesem Moment interpretierte ich das jedoch ganz anders.

Mir kam es so vor, als ob ihre Energie gerade den Höhepunkt erreichte, wobei ich gerade einen Tiefpunkt hinsichtlich Motivation und Durchhaltewillen hatte. Meine Stimmung kippte noch mehr. *Warum geht sie nicht auf mich ein? Bin ich jetzt nicht mehr wichtig? Ist jetzt der Gipfel das Einzige, was zählt? Kann man denn bei so einem anstrengenden Aufstieg nicht mal eine ordentliche Pause machen, um richtig Energie zu tanken?! So eine kleine Alibipause soll da was bringen? Ernsthaft??*

Also ging ich noch mehr auf Kontra. Ich war eingeschnappt und angepisst. Keinen Schritt wollte ich mehr gehen. Hauptsache, nicht das tun, was sie gerade forderte! Dickkopf eben.

Gipfel – langsam angehen oder doch nicht?

Verena Wir liefen bergan. Nach guten zwei Stunden erreichten wir endlich den Talkessel unterhalb des Gipfels. Hier sprossen nur noch selten kleinwüchsige Lärchen aus dem kargen Felsboden und hartnäckige Fichten rotteten sich in versprenkelten Inseln zusammen. Die Kesselwand war steil und steinig.

Dieses Schrofengelände bot uns eine besondere Herausforderung, an der wir entweder scheitern oder wachsen konnten. Der einst felsig-griffige Boden hatte sich durch jahrtausendelange Erosion in Sand aufgelöst. Zwei Schritten aufwärts folgte ein langer Rutsch abwärts. Über uns brannte sich die Sonne ihre Mittagsfreude aus dem Leib, unter uns rieselten die Sandkörner talwärts und wir manchmal gleich mit. Nun lief ich vorn, um uns etwas voranzuziehen, um Mut zu machen und zu zeigen, dass es mir genauso ging wie Analena.

Analena hatte es schwer, zugegeben. Warum um Himmels willen war sie hier und quälte sich unter sengender Sonne einen kantigen Abbruchhaufen hoch, statt quietschvergnügt im Freibad herumzutoben? Gerade noch wurde von ihr verlangt, quasi bewegungslos im Klassenzimmer dem Unterricht zu lauschen und in schriftlichen Aufgaben das Beste aus ihrem Hirn zu quetschen. Nun sollte sie plötzlich knapp 27 Kilometer wandern und 1200 Höhenmeter im alpinen Gelände meistern, das Trittfestigkeit und gute Kondition erforderte. Klar war das ein harter Bruch, der vor allem an meinem Vorhaben lag.

Aber sie hatte es gewusst. Sie wusste seit Monaten, dass wir auf Berge steigen würden. Sie hätte trainieren können! Zumindest etwas. Zuerst überwog mein Verständnis, doch je länger ihre Klagelaute mein Ohr trafen und ich über die potenziellen Möglichkeiten ihres ausgebliebenen Trainings nachdachte, umso grantiger wurde ich. Denn ja, es war anstrengend, auch für mich. Aber auch noch eine Motzpoffeline hier hochzutreiben, erforderte mehr als die übliche Portion Eigenmotivation.

»Heyyyy, schau mal, es ist wirklich nicht mehr weit, noch um den Hügel rum und irgendwo hier oben muss es sein.« Half nichts. »Wenn du oben stehst, wirst du begeistert sein, dass du's geschafft hast – wir können bestimmt übelst weit ins Land schauen und runter auf den großen See!« Ein feuerspeiender Blick. Wieder rutschten wir ein Stück zurück. Sie blieb stehen. Ihr Gesicht schien rötlich fahl, in ihren Augen glitzerten Tränen. Dort, wo die Rucksackträger ihr Shirt berührten, machten sich riesige dunkle Flecken breit. »Ich kann nicht mehr.«

Okay. Stopp. Trinken. Pause. Erholen. Reden. Mut machen. Sie sah insgesamt in Ordnung aus, es gab keinen gesundheitlichen Grund, um umzudrehen. Pause ja, aufgeben nein. So kurz unterhalb vom Gipfel – nee, das machen wir nicht.

Ich fühlte mich zurückversetzt in die Zeit, als Analena Fahrrad fahren oder schwimmen lernte. Das waren die einzigen Situationen, in denen ich sie massiv angetrieben hatte, in denen ihr weder zetern oder weinen noch Wutausbrüche halfen. Es war wie eine Schwelle, über die sie drübermusste. Sobald ihr im Wasser die ersten Züge gelangen, verwandelte sich ihr Groll in Flossen und sie schwamm wie eine Nixe. Sobald das Fahrrad nicht mehr kippte, zischte der Ärger mit Vollgas davon und es gab kein Halten mehr.

War das hier wieder so eine Schwelle? Mordsanstrengend für uns beide, denn ich hasste es, sie lautstark und vehement anzuspornen. Ohne Rücksicht auf ihren Protest, ohne sichtbares Mitleid. Normalerweise will ich sie verstehen und denke mich in sie hinein. Es brach mir fast das Herz, sie so erschöpft zu sehen, aber sie sollte lernen, dass sie über sich hinauswachsen kann. Ja, das hier war wieder eine Hürde, eine große zwar, aber keine unüberwindbare. Meine Strategie bestand nun aus gutem Zureden. Ich stärkte sie mit Wasser und Müsliriegeln, wir machten kurze Pausen. Aber dann ging es weiter, auch das Antreiben.

»Du rutschst? Ja, ich auch«, sagte ich. »Dann musst du eben noch einen Schritt mehr machen und dann noch einen!« Meine Stimme verhärtete sich. Wir wollten hoch hinaus! Kurz und knapp trieb ich uns an.

Die Sonne biss uns beiden in die Haut, unsere Wadenmuskeln brannten wie nach hundert Wespenstichen, der Schweiß triefte auch bei mir aus allen Poren und lief in Rinnsalen dem Boden entgegen. Unter Verzweiflungstränen meisterte Analena den sandigen Abschnitt. Wütend auf mich und ein bisschen auf die Welt.

Die fantastische Aussicht, die wir beim Zurückschauen auf einem kurzen Abschnitt des Aufstiegs an der Ostflanke des Vimy Peak bewundern konnten, nahm sie gar nicht wahr. Wie auf einem Gemälde reihten sich die Bergkuppen hintereinander im hellen Dunst auf, während wir hinter dem vordersten Steilkamm der Silhouette den Crypt Lake sehen konnten. Ein tief eingeschnittener kleiner Karsee, an dessen Schutthängen noch Schneereste schimmerten, die wohl niemals schmelzen würden. Hohe Felskanten schirmten den See nach Süden hin ab. Sie markieren die Grenze zwischen Kanada und den USA. Dort war ich vor einigen Wochen gewesen! Für mich erfüllende Erinnerungen, für sie verständlicherweise im Moment ihres Kampfes mit dem Berggelände so relevant wie eine kniende Ameise. Wir kletterten auf der anderen Seite des steinigen Bergmassivs weiter Richtung Himmel. Nun lief Analena voran. Sie biss die Zähne zusammen und kämpfte sich durch.

Mit zunehmender Höhe wurde das Grün immer spärlicher, bis es ganz verschwand und wir von gewaltigen grauen Quadern umgeben waren, die wild durcheinanderlagen. Kaum dass wieder feste Steinblöcke unseren Füßen Widerstand boten, verdampften Analenas Schweißperlen der Wut im Handumdrehen und in einem Affenzahn sprang sie davon. Ein wütender, abgekämpfter und gequälter Blick hinab auf die fotografierende Mama und schwupps war sie oben – als Erste auf dem Frontgipfel am Ende der Prärie: Minuten, bevor ich überhaupt ahnte, dass wir gleich unser Ziel erreichen würden. Ich sah nur die immer dichter und größer werdenden Boulderblöcke vor mir, die ich Schritt für Schritt mühsam hinaufkraxelte, im Gegensatz zu meiner Jungspundin, die aus heiterem Himmel mit frischer Energie und Wendigkeit emporschnellte. Sie hatte es mal wieder geschafft! Und sie war die Erste auf ihrem ersten alpinen Gipfel! Mein bereits vor Anstrengung rasendes Herz hüpfte vor Freude gleich noch schneller.

Der Vimy Peak ist benannt nach einem Gefecht in Frankreich im Ersten Weltkrieg. 1917 siegten die kanadischen Streitkräfte in der Schlacht bei Vimy, wo sie erstmals geschlossen mit allen vier Divisionen der Canadian Expeditionary Force als Einheit agierten. Für die Kanadier ein Meilenstein auf dem Weg zur selbstständigen Nation und der Abnabelung von der kolonialen Mutter Großbritannien. Das Gefecht fand relativ zeitgleich zur kartografischen Erfassung der Waterton-Lakes-Region statt. So wurde der ehemalige Goat oder Sheep Mountain kurzerhand zum militärischen Gedenkenträger umbenannt.

An genau diesem symbolträchtigen Namensort hatte Analena nun einen immensen inneren Erfolg errungen. Nicht über ihre sie antreibende Mutter, sondern über ihren ureigenen, feindlichen inneren Widerstand, der Komfort und Bequemlichkeit forderte. Sie hatte den tief sitzenden Trieb, vorschnell aufzugeben und umzukehren, mit Körper und Geist bezwungen. Das erforderte Biss, Willenskraft und immenses Durchhaltevermögen. Super gemacht!

Der Lohn für die Mühsal war ihr gewiss. Und mir auch. Vom wüsten Blockhaldengipfel eröffnete sich ein gigantischer Blick hinab in die Tiefe auf den ultramarinblauen Waterton Lake, über die schroffen Bergflanken der dunstigen Rocky-Mountains-Ketten sowie die mit dem Horizont verschmelzende Ebene der kanadischen Prärie.

Die Berge hier sind kahler und spürbar trockener als die Westausläufer der Rockies. Statt grüner Berghänge leuchten die bunten Gesteinsfarben um die Wette – kalkweiß, eisenrot, schwefelgelb oder granitgrau. An den Bergseen tummelt sich das blühende Leben. Frauenschuh, Bärengras, Lupinen, Waldreben, Castilleja und Balsamwurzel tanken dort mehr Sonne als auf der anderen Gebirgsseite und recken ihre farbenreichen Kelche gen Himmel. Das unter uns liegende Dörfchen Waterton Park ist mit seinen über 400 verschiedenen Blütenpflanzenarten die Wildblumen-Hauptstadt Kanadas!

Wie nach einem leichten Sommerregen erwachten Analenas letzte müde Lebensgeister zu neuer Tatkraft. Sie begann zu tanzen, zu posieren und die Aussicht in vollen Zügen zu genießen. Unsere Mundwinkel strebten schneller wieder nach oben, als wir es bemerken konnten, und wir strahlten heller, als die Sonne es an jenem heißen Tag vermochte.

Die sesselgroßen Steinplatten boten uns eine Aussichtsloge, von der wir unsere Blicke zu den entfernten Gipfeln des Glacier-Nationalparks südlich des 49. Breitengrades schweifen lassen konnten.

Wir sogen sie ein, die gigantische Szenerie der rauen Wildnis, in der Leben und Tod, Werden und Vergehen so eng miteinander verflochten sind. Der Brautschleier der Natur, der die wahre Schönheit verbirgt, hatte sich für eine Weile gelüftet und trug unsere Gedanken weit über den Horizont hinaus. Meine wurden immer langsamer, für einen kostbaren Moment waren sie der Welt entrückt. In seltenen, glücklichen Augenblicken gelang dies selbst meinem dauerhaft ratternden Geist. Mein ewiger Antrieb konnte allerdings nur kurz schweigen und innehalten. Auch wenn mir die Gabe der Muße noch so weit entfernt schien wie ein Fußmarsch nach Vancouver, so genoss ich dennoch jede Sekunde geistiger Ruhe.

Analena Meine Mutter zwang mich fast schon dazu weiterzugehen. Sie lockte mit Versprechungen wie: »Wir sind ja gleich da, dort oben gibt es dann eine lange Pause. Dort wirst du viel zufriedener sein als hier kurz vor dem Ziel!«

Ich nehme es vorweg, am Ende hatte sie tatsächlich recht, aber annehmen wollte ich ihre Argumente zu diesem Zeitpunkt nicht. Und glauben erst recht nicht! Tja, hätte ich das mal nur. So habe ich es mir selbst viel schwerer gemacht, als es eigentlich war. Aber später ist man immer schlauer. Ich war allzu sehr damit beschäftigt, sauer zu sein und mich hochzukämpfen. Für klare Gedanken war da kein Platz mehr. Also quälte ich mich die letzten Höhenmeter hinauf und – *Tataaa*! Wir waren tatsächlich ganz oben angekommen. Dieser Weg, der so unendlich zu sein schien, hatte doch wirklich ein Ende und wir hatten es erreicht! Wow!

Das Gefühl, endlich dort oben zu stehen und es trotz des letzten nervenzerreibenden Anstiegs geschafft zu haben, war überwältigend! Wir konnten von den weiter unten liegenden Seen bis zu den Bergen am Horizont und dem kleinen Dorf schauen, in dem wir gestartet waren.

Mit einem Mal hatten wir unsere Auseinandersetzungen beinahe vergessen; wir waren zwar jede noch etwas trotzig, konnten uns aber jetzt auf Wichtigeres konzentrieren und fühlten uns frei, erleichtert und erholt. Auf dem Gipfel ging ein leichter Wind, also suchten wir uns eine etwas windstillere Stelle und packten unseren Proviant aus. Es tat so gut, mit diesem Erfolgsgefühl den Müsliriegel und ein bisschen Salami und Käse zu essen, da schmeckt es gleich noch mal so gut und viel intensiver.

Dazu kam noch, dass dies für mich der erste erfolgreich erklommene Gipfel war, was natürlich mein Selbstbewusstsein pushte. In meinem Kopf wanderten die Gedanken kreuz und quer: *Wie werden wohl meine Klassenkamerad:innen reagieren, wenn ich davon erzähle, dass ich mit dreizehn Jahren einen 2380 Meter hohen Berg in den Kanadischen Rocky Mountains bestiegen hatte? Was würde Smilla sagen?*

Wider Erwarten gab es dort oben sehr viel Leben. Jede Menge Käfer und Insekten krabbelten herum, so klein und unscheinbar, dass man sie kaum bemerkte. Auch Spinnen schlichen unter den Steinen hervor. Einige Streifenhörnchen schnellten umher und kamen näher. Mit ihrer braun-schwarz-weißen Färbung passten sie sich super der Umgebung an. Fast schon wie kleine unscheinbare Mäuse, aber eben – mit Streifen. Eins saß sogar direkt hinter mir!

Meine Mom hatte mir schon oft gepredigt, dass es sehr schlecht ist, ein wildes Tier zu füttern, denn dann gewöhnen sie sich daran, bauen sehr viel Vertrauen und Nähe zu den Menschen auf und werden unselbstständiger. Sie sind dann auf uns angewiesen, es kann schneller passieren, dass der Müll durchwühlt wird und sie uns näher kommen, als uns lieb ist. Innerhalb weniger Minuten fressen sie Löcher in Rucksäcke, essen Plastiktüten mit, ersticken und sterben.

Überhaupt weiß meine Mama immer sehr viel, sei es von ihren Reisen, aus Vorträgen oder einfach aufgrund von Allgemeinbildung. Den Ratschlag, wilde Tiere nicht zu füttern, habe ich mir jedenfalls sehr zu Herzen genommen. Gucken, freuen und von »schnuckeligen« und »süßen« Tieren sprechen ja, aber anfassen und füttern ein ganz klares Nein.

Wir genossen die Momente auf den Geröllfeldern oben am Gipfel, doch nach einer Weile drängte die Zeit und wir mussten wieder zurück zu unserem derzeitigen Heim, unserem Zelt. Aufzustehen und diese Entspannungsphase hinter uns zu lassen, fiel uns beiden sehr schwer. Am liebsten wäre ich dort sitzen geblieben und hätte mich nach unten gebeamt, wenn so etwas nur gegangen wäre. Aber wir hatten mit dem Hinweg eben erst die Hälfte der Wanderung hinter uns gebracht.

Bewältigung – vom Spüren und Verstehen

Analena Zu meiner Erleichterung war der Abstieg wesentlich unspektakulärer und weniger nervenaufreibend als der Aufstieg. Wir redeten kaum, schlossen endgültig wieder Frieden miteinander und genossen den einfacheren Weg. Runter geht es immer schneller und entspannter als hoch. Zum Glück, denn wir waren mittlerweile beide äußerst geschafft und müde. Uns kamen nur ein paar vereinzelte Wandernde entgegen. Die Sonne senkte sich langsam, daher war die Hitze nun wieder besser auszuhalten und es wurde frischer.

Ich freute mich darüber, dass es wieder zurück ging und wir den Löwenteil hinter uns gelassen hatten. Gleichzeitig kam auch ganz schön viel Stolz hoch, darauf, dass ich mithilfe meiner Mutter auch das letzte Stück noch durchgezogen hatte und bis zum Gipfel gekommen war. Bei unseren Wanderungen danach dachte ich öfter an diese Situation zurück, wie schwer das letzte Stück gewesen war und wie schön es sich dann aber angefühlt hatte, ganz dort oben zu stehen und zu verweilen. Dieses Erlebnis schaffte es immer wieder, mich für die letzten Anstrengungen zu motivieren und irgendwo in den Tiefen meines Energiereservoirs doch noch ein bisschen Kraft aufzutreiben.

Meine Mom und ich hatten während unserer Touren immer wieder Zeiten, in denen wir uns nicht unterhielten und ganz in unsere Gedanken vertieft waren, und für mich war das auch ganz wichtig. Nach ein paar Tagen hat man sich schließlich auch alle jüngsten Vorkommnisse und Neuigkeiten erzählt und wozu ein Gespräch erzwingen? Auf dem Weg vom Vimy Peak hinunter stimmten wir so auch einzig und allein zum Fernhalten der Bären ab und zu mal ein Lied an, um nicht ganz still und leise durch das Gelände zu laufen.

Wir hatten bei dieser Wanderung einiges durchgemacht, aber alle Probleme gemeistert! Etwas durchzuziehen lohnt sich, wer aufgibt, wird etwas verpassen. Das war meine Lehre an diesem Tag.

Verena »Das Ziel liegt nicht auf dem Gipfel, sondern im Tale, wo der Aufstieg begann«, wusste schon der Gründer der analytischen Psychologie Carl Gustav Jung. Wir packten zusammen und begannen den dreizehn Kilometer langen, schweigsamen Rückweg. Diesmal rutschten wir freiwillig mit dem Sand, trug er uns doch schneller dem Tal entgegen.

Hätten wir nicht gleich dort bleiben können? Warum die Müh, wenn man sowieso wieder runtermuss? In etlichen Situationen meines Lebens hatte ich genauso gedacht. Als ich aber sah, wie Analena sich auf den Gipfel kämpfte, wurde mir klar, dass das Erklimmen von Bergen ein Symbol für viele Bereiche des Lebens ist. Wie oft war es mir in Prüfungssituationen genauso ergangen, dass ich abbrechen wollte. Aufhören, dann hat die Qual ein Ende. Meist kurz vor dem Ziel. Aber dann wäre auch die Aussicht auf Erfolg verschwunden und mit ihm das durchdringend gute Gefühl, das sich nach vollbrachter Tat so wohlig in einem ausbreitet.

Der Sportpsychologe Steve Bull entwickelte in Anlehnung an solche Bergerfahrungen die »Confidence Peak Chart«-Methode. Man zeichnet zwölf Gipfel auf ein Papier und benennt jeden nach einem Erfolg seines Lebens, auf den man stolz ist. Anschließend beschreibt man die jeweilige Situation so ausführlich wie möglich: Gefühle, Handlungen, Gedanken, die damit verbunden sind. Durch die Erinnerung daran fällt es einem in schwierigen Momenten leichter, durchzuhalten, dranzubleiben und sich zu motivieren.

Unser Leben hatte uns schon heftigere Bewährungsproben aufgegeben, die wir überwanden. Analena und ich hatten hart lernen müssen, was es bedeutet, wenn sich die Welt von einer Stunde auf die nächste radikal verändert. Noch zwei Jahre zuvor hatte ich nicht gewusst, wie ich diese Zeit überstehen sollte, wie ich überhaupt überleben sollte.

Psycholog:innen sagen, dass Trauer beim Verlust eines geliebten Menschen etwa nach zwei Jahren in gemäßigteren Bahnen verläuft. Eine schier unvorstellbare Dauer, wenn jeder Tag einer trostlosen Ewigkeit gleicht. Zum Glück hatte ich mit Analena und Kleisters Label Skuld Releases gleich zwei große Aufgaben, in die ich mich wie ein Maulwurf vergraben konnte, sodass ich dem stechenden Schmerz ausweichen konnte. Er brannte und stach von innen, durchdrang meinen Körper, Geist und die Seele, lähmte den Atem, trübte die Augen und betäubte alle Sinne.

Logisches Denken half mir. Beschreibe den Schmerz auf einer Skala von eins bis zehn. Wenn elf eine Nierenkolik oder Geburt ist – beides hatte ich durchlebt –, dann war dieser Verlust eine zwanzig, chronische Schmerzen, die mit Arbeit betäubt werden konnten. Vergleichbar mit dem Wellengang im Meer, bei dem eine Woge höher ist als die andere, ein Tal erschreckender als das nächste. Wunden heilen, das hatte ich selbst erlebt. Kleine und große Wunden wachsen zu, es bilden sich Narben, pflegt man sie, werden sie geschmeidig. So musste das mit seelischem Schmerz auch funktionieren, dachte ich.

Für meine Rolle als Mutter brachte ich immens viel Kraft auf, woher auch immer sie kam. Eigentlich sackt man zusammen, taumelt, verharrt im Schock. Aber für Analena musste und wollte ich da sein. Unbedingt. Für sie stand ich jeden Morgen auf. Sie brauchte eine Stütze, stärker als je zuvor. Zuerst dachte ich, ich muss stark für zwei sein, seine Rolle mit übernehmen. Doch dann machte ich die Erfahrung, dass dies weder gut noch richtig ist. Beruhigend. Wie kann ich auch einen ganzen Menschen ersetzen? Ich bin ja selbst nur einer und dazu ein gefühlt unvollständiger. Also voll da sein in eigener Stärke. Aber auch Schwäche zeigen, weinen ist völlig legitim – das lernte ich ebenso. Wenn ich traurig war, sah es Analena und erklärte das Warum.

So vergingen die Tage, an denen auch die hellste Sommersonne die Trostlosigkeit nur selten vertreiben konnte. Am schlimmsten waren die Nächte, wenn weder Arbeit noch Analena meinen Geist rattern ließen. Unweigerlich öffnete sich die Box, in die ich tagsüber die Trauer stopfte, auch wenn ich sie noch so sehr zudrückte. Es war nicht aushaltbar. Ein Spaltbreit reichte, und der Schmerz brach hervor.

Ich versuchte, auch dabei analytisch vorzugehen. Aus der Ethnologie kannte ich die Netzwerkanalyse, in der die verwobenen zwischenmenschlichen Beziehungen genauer untersucht werden. Wenn Menschen sterben, reißt das ein Loch ins Netz des Beziehungsgeflechtes der

Hinterbliebenen. Das Loch, auch visuell sehr gut darstellbar, kann niemand flicken, aber die Stränge ringsherum verstärken sich und es werden neue gewoben. Dieses Bild half mir. Eine sachliche Herangehensweise hilft mir eigentlich meistens.

Die Situationen, dass das Leben uns den geliebten Menschen entrissen hatte, konnten wir nicht ändern, aber das, was wir darüber dachten und wie wir damit umgingen, was wir taten. Das Leben ist ständige Änderung. Wir können auf seinen Wellen surfen oder wie Nixen tauchen, wir haben immer eine Wahl. Es gleicht einem Fluss, der sich ständig ein neues Bett gräbt, mäandert, windet, mal austrocknet und mal sein Wasser flutartig verschwendet. Die Stromschnellen von heute sind die Sandbänke von morgen.

Daran dachte ich beim Anblick der Front Range, die rings um uns aufragte, als wir vom Vimy Peak abstiegen. Vor 120 Millionen Jahren hatte sich dieser Vorgebirgszug aus dem Pazifik erhoben und war unter schwerem Druck gefaltet und zerdrückt worden, sodass ganze Sedimentplatten zerbarsten. Von Wasser und Wind zerrieben, glich dieser Landstrich einem sanften Bergland, mit runden Bergkuppen und von Bächen gefurchten Tälern.

Dies änderte sich mit den großen Eiszeiten, die vor 80 000 Jahren alles bis auf die höchsten Kuppen unter ihrer schweren Last begruben. Riesige Gletscher zogen in die Täler und zerschmirgelten das Gestein. Die größte Vereisung wird auf eine Zeit vor etwa 25 000 Jahren geschätzt, als die kanadischen Rockies der heutigen Arktis ähnelten. Das schmelzende Eis hinterließ breite U-Täler, hoch gelegene Trogtäler und isolierte Gletscher auf den Bergkuppen, die das Antlitz der heutigen Rockies prägen.

Aus der Höhe betrachtet, ziehen sich die Felsriffe wie ein Netz aus Fäden übers Land. An den rauen und unregelmäßigen Gipfeln laufen sie zusammen und verteilen sich von dort willkürlich in alle Himmelsrichtungen. Zwischen den Felsmassiven liegen wildromantische Täler, in denen Schwarzbären durchs Unterholz streifen, Eichhörnchen genüsslich an Fichtenzapfen nagen und das glänzende Gefieder der stolzen Diademhäher aufblitzt. Auf den offenen subalpinen Pässen mit ihrem niedrigen Bewuchs streifen Grizzlymamas mit ihren verspielten Jungen umher, während kühle Gebirgsbäche den großen Flüssen im Tal entgegenspringen. Es tat so gut, draußen zu sein in diesem wilden Land. Ich war glücklich, meinem inneren Antrieb im Herbst 2015 nachgegeben zu haben, der den Plan für dieses Projekt in mir reifen ließ.

Unten am Berg angekommen, machten wir uns auf den langen Rückweg durch die Prärie. Am Abend sandten die letzten Sonnenstrahlen ein weiches Licht, und eine angenehme Kühle sank auf den von der Hitze des Tages ausgetrockneten Boden. An diesem Sommertag hatten wir einmal mehr gelernt, dass verborgene Bärenkräfte in uns schlummern, die uns, einmal freigesetzt, weit hinaustragen ins Land der ungeahnten Möglichkeiten.

N
W
O
S
0
25
50 km
Hinton
16
Mount Robson
3954 m
16
Jasper
Maligne River
Maligne Lake
ALBERTA
Icefields Parkway
JASPER
NATIONALPARK
North Twin Peak
3733 m
Columbia
Icefield
Kinbasket Lake
Mount Columbia
3747 m
Mount
Athabasca
3479 m
Saskatchewan River Crossing
Athabasca Glacier
93
Rocky Mountains
BANFF
NATIONALPARK
Columbia River
Lake Louise
Rockwall
GLACIER
NATIONAL
PARK
Mount
Temple
3547 m
Stanley Glacier
Golden
REVELSTOKE
NATIONAL
PARK
Banff
1
Calgary
Revelstoke
Columbia River
Nub Peak
2755 m
BRITISH
COLUMBIA
Mount
Assiniboine
3618 m
Burstall Pass &
Black Prince
Lake
Revelstoke
Rawson Lake
Radium
Hot Springs
Columbia Lake
Canal Flats
CANADA
Upper
Arrow Lake
Pincher Creek
Castlegar
WATERTON LAKES
NATIONALPARK
Waterton Lakes
UNITED STATES OF
AMERICA

Kapitel 5

Bärenland

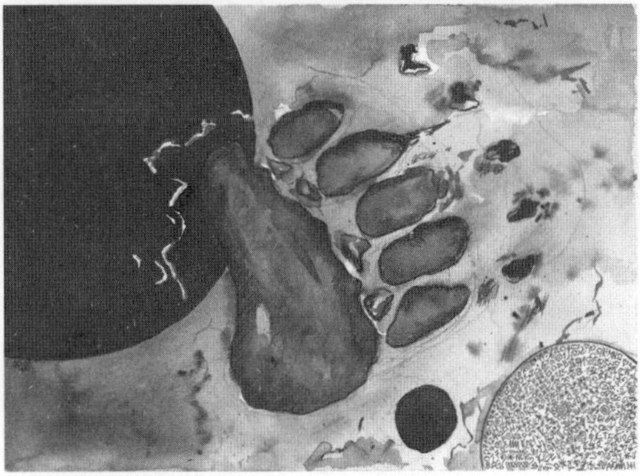

Erkundungen – lost in nature

Verena Symphoniegleich griffen unsere Hände ineinander. Analena erinnerte sich an die meisten Arbeitsschritte, und es lief wie geschmiert. Sie ließ sich gelassen meine über die vergangenen Wochen erlernten Handgriffe zeigen, und ich ließ sie geduldig ihren Part übernehmen. Unser grundlegendes Bestreben lag in der Harmonie. Bloß kein Streit, bloß kein Stress, bloß keine Auseinandersetzung. Es funktionierte. Unsere Gesichtszüge verrieten gegenseitiges Wohlwollen, ohne dass unsere Lippen auch nur ein Wörtchen verloren.

Während ich die Schlafsäcke zusammenpackte, fegte Analena das Zelt mit beiden Händen; während ich das Zelt auseinanderbaute, rollte Analena die Isomatten zusammen und tütete die Zeltunterlage ein. Auch um das Frühstück kümmerten wir uns gemeinsam. Analena stellte alles auf den rustikalen Picknicktisch des Zeltplatzes, schmierte und befüllte unsere Tortillas, die wir gern aßen, wenn wir nicht im Hinterland unterwegs waren. Unterdessen sausten meine Beine hin und her, um unsere Wassertanks im Auto zu füllen, wozu zwei Fünf-Liter-Wasserkanister und unsere Nalgeneflaschen aus BPA-freiem und langlebigem Kunststoff zählten.

Wir kehrten dem Nationalpark Waterton Lakes endgültig den Rücken und fuhren über Pincher Creek und den Crowsnest-Pass gen Norden in den Kananaskis-Provinzpark. Unterwegs am Straßenrand erspähte Analena eine elfköpfige Herde Dickhornschafe, die sich um eine Salzlecke drängte. Ich trat vehement auf die Bremse und stoppte mitten auf der einsamen Landstraße, um den Anblick der anmutigen Tiere auf ewig festzuhalten.

Huftiere haben es in den Rockies besonders schwer. Sie müssen jede wache Minute fressen, um genügend Fettreserven für den langen Winter anzulegen. Wenn eine dicke Schnee- und Eisschicht die Vegetation bedeckt, verbrauchen sie mehr Energie, als sie zu sich nehmen können, und verlieren täglich an Kraft. Wie zu Urzeiten für uns Menschen entscheidet dann ein zeitiger, üppiger Frühling für die Tiere oft über Leben oder Verhungern.

Und das ganz besonders bei den Rammböcken der Dickhornschafe. Während der Brunft im November und Dezember verausgaben sich die Männchen in bis zu 25 Stunden andauernden Kämpfen, in denen sie mit aller Gewalt ihre bis zu dreizehn Kilogramm schweren Gehörne aneinanderknallen. Und das kurz vor der meist heftigen Winterzeit, in der warme Westwinde die Schneelandschaft mit einer zentimeterdicken Eisschicht überdecken können und selbst verrottendes, kalorienarmes Gras unerreichbar bleibt. Nicht selten verhungern die stärksten Böcke noch während der Saison, in der sie erfolgreich gekämpft und ihre Spermien massenhaft verteilt haben. Der einzige wahre Leithammel bleibt: ein altes Mutterschaf, das die Herde über Jahre hinweg anführt.

Der anfängliche Sonnenschein begann sich bereits mittags sporadisch zu verflüssigen und legte sich in tief hängenden Wolken über die Ostausläufer der Rockies. Genügend Touren hatte ich im Kasten, sodass wir die vor uns liegenden drei Tage bis zur geplanten Rockwall-Backcountrytour ruhigen Gewissens mit spontanen Bonus-Wanderungen füllen konnten. Das hieß dennoch, dass wir bei Wind und Wetter wandern würden, was auch immer die himmlischen Schleusen für uns bereithielten. Wir entschieden uns für die Wanderung zu einem schmalen Bergsee am Upper Kananaskis Lake, der vom Parkplatz aus in knapp vier Kilometern zu erreichen war. Klar hielt sich Analenas Begeisterung in Grenzen, als sie ihr luftiges Outfit vom Vortag gegen eine wind- und wetterdichte Verschalung tauschen musste. Zumal jeder Schritt die Qualen eines heftigen Muskelkaters entfachte. Sie nahm es mit Humor und wir lachten herzlich, als wir uns gegenseitig unsere Zipperlein beschrieben und unser Schmerzvokabular erweiterten. Da gab es einen »Ziehbolzen« und eine »Mimosette«, eine »Knarzantine« und einen »Scharnierklemmer«.

Ein relaxter Reisetag mit Nachmittagswanderung ging zu Ende, als wir zufällig am Rand eines entlegenen Parkplatzes, inmitten prallroter Seifenbeerensträucher, einen zimtfarbenen Bären rascheln hörten. Genüsslich streifte das noch schlanke Tier die Beeren vom Strauch. Seiner Form nach war es ein Schwarzbär. Schwarzbären können ein blauschwarzes, zimt- und ockerfarbenes und sogar weißes Fellkleid tragen. Der Name ist völlig irreführend und stammt noch aus der Zeit, als die ersten Siedler vom Atlantik kommend ins Inland gelangten und dort auf Bären trafen.

Im Osten Kanadas überwiegt die schwarze Fellfärbung, während in den Rockies die braune Tönung weitverbreitet ist. Wissenschaftler:innen vermuten, dass ein Grund für die Braunfärbung in der Landschaft zu finden ist. An offenen Südhängen finden Bären im Frühling das meiste Futter. Schwarzfarbige Bären halten sich dort nur kurz auf, da sie möglicherweise von der heißen Sonne zu schnell überhitzen. Deshalb setzte sich wahrscheinlich in den Rockies das Gen für ein helleres Fell durch. Die weiße Fellfarbe der extrem raren Kermodebären im Land der Lachse an der kanadischen Westküste ist für Fische im Kontrast zum Himmel wesentlich schwerer erkennbar als das deren schwarzer Artgenossen. Deshalb haben die Geisterbären, wie die weißen Tiere auch genannt werden, eine 35 Prozent höhere Fangquote als jene.

Auch wir Menschen beeinflussten die Evolution u.a. durch unser Jagdverhalten: Aufgrund der Großwildjagd, die es vornehmlich auf die stattlichsten Exemplare abgesehen hat, setzten sich genetisch die kleineren durch. Auf diese Weise reduzierte sich beispielsweise die Größe des Gehörns der Dickhornschafe im Verlauf der vergangenen dreißig Jahre um etwa zwanzig Prozent. Die Durchschnittsgröße mancher Fischarten hat sich ebenfalls drastisch reduziert, da die kleinen durch die Netze schlüpfen und sich vermehren können. Auf der Jagd nach Großem überlebt das Kleine.

Von unserem braunen Bären in den Büschen standen wir keine dreißig Meter entfernt. Viel zu nah, um auszusteigen. Die hastig aus dem runtergelassenen Fenster des parkenden Wagens geschossenen Fotos verwackelte ich vor lauter Aufregung. Wie immer dachte ich beim Fotografieren eines anderen Lebewesens auch jetzt an das Unbehagen, das mich überkommt, wenn etwas Starres auf mich gerichtet ist. Sei es ein Blick, der zu lange auf mir ruht, oder eine Kamera, deren Linse sich öffnet, ohne dass man es vorher abgesprochen hat. Wunderbar beschrieben ist es beim alternativen Reiseführer »Achtung Touristen« von Christian Adler.

Unser Grundsatz der Harmonie galt auch bei Bären, die wir keineswegs erzürnen wollten, selbst wenn es ein gelungenes Foto kostete. Ein minimaler Preis für gegenseitiges Wohlergehen. Und so überließen wir die Wildtierfotografie lieber den Profis und zogen weiter.

Wir bogen auf die Kiespiste Smith Dorrien/Spray Lakes Trail ein und suchten uns eine ruhige Stelle, an der wir im Auto übernachten konnten. Je nach Lust und Laune schlief mal Analena und mal ich auf der Rückbank. Die jeweils andere rollte sich auf dem zurückgeklappten Fahrer- oder Beifahrersitz zusammen.

Nach einer kurzen Nacht erfrischte uns ein knackig kalter Morgenspaziergang an einem vertrockneten See. Anschließend holperte unser tougher Mietwagen weiter die staubige Straße voran, bis wir ihm am Trailhead zum Burstall-Pass eine Pause gönnten. Die nächsten sieben Stunden trugen uns unsere Füße durchs Gebirge.

Als der breite Geröllweg zunehmend schmaler wurde und sich schließlich im gletschergespeisten Weidendelta ganz auflöste, mussten Analena und ich zusammenarbeiten. Gemeinsam bahnten wir uns den Weg durchs brusthohe Gestrüpp, das sich regelmäßig zu widersetzen versuchte, indem es uns die biegsamen Äste entgegenschmetterte, welche die Vorgängerin jeweils sorgsam zur Seite schob.

Schmale Bäche durchfluteten das auf Kies und Schlick gebettete Gewirr aus Weidenbüschen. Nicht nur für Wanderer eine Qual, auch für Botaniker:innen. Weiden genetisch korrekt zu bestimmen, ist der blanke Horror. Bei manchen Arten enthalten die Zellen einen Chromosomensatz mit neunzehn Chromosomen, bei anderen einen mit elf oder zwölf. Manche Arten verdoppeln den Chromosomensatz und die nächsten vervielfältigen ihn durch unzählige Kreuzungen und enthalten bis zu 224 Chromosomen in einer Zelle. Wer soll da noch durchblicken?

Die Verschiedenartigkeit unter Weiden ist enorm. Von kleinen Sträuchern bis hin zu stämmigen Bäumen, wie wir sie in Europa kennen, gedeihen sie prächtig in der nördlichen Hemisphäre von den Gletscherrändern im hohen Norden bis hinunter in die Tropen. Da sie sich auch gern durch Wurzelausläufer vermehren, könnte es sogar sein, dass wir in einem ausufernden Weidenklon standen, einer Pflanze also, die aus Hunderten Sträuchern bestand.

Wir glichen Tänzerinnen, die sich mit erhobenen Armen springend und sich drehend über das zugewucherte Geäst des Talbodens manövrierten. Dabei suchten wir mit den Blicken nach dem nächsten Markierungspflock, der uns die Richtung wies. Eine gelungene Abwechslung vom üblichen Entengang auf schmalen, sich windenden Bergpfaden, die jedoch nicht lange auf sich warten ließen. Das wechselhafte Wetter beschenkte uns auch an diesem Tag mit allen Nuancen seiner sommerlichen Kunst.

Hinter dem Burstall-Pass folgten wir dem Pfad ein Stück weiter. Ich wollte wissen, wie das andere Tal aussah, das sich hinter den granitgrauen, blanken Felswänden und grünen Mooshügeln verbarg – oder besser gesagt erstreckte. Diesmal zog Analena bereitwillig mit. Sie entdeckte puschelige Pflanzen, die so fotogen in der mittlerweile wieder zum Vorschein gekommenen Sonne posierten, dass sie nicht nur ihre Kamera zückte. Nein! Sie legte sich auch noch auf den Boden, ja streckte sich geradezu aus, um sie im rechten Licht fotografieren zu können.

Was war das denn? Meine Tochter wurde vom Fotofieber geküsst, und ein Lächeln schlich sich in ihr Gesicht. Sie war angekommen und konnte die Tour genießen. Vielleicht lag es daran, dass sie sich nicht länger dagegen sträubte. Dass sie sich damit abfand, dass wir wetterunabhängig wanderten, tagein und tagaus. Warum Kraft mit Dingen verschwenden, die man nicht ändern kann? Effektiver ist die Kraft doch angelegt, wenn man sie stattdessen aktiv nutzt und das mitgestaltet, was man zu beeinflussen in der Lage ist? Ich weiß nicht, was sie zu diesem dauerhaften Gemütswandel veranlasste, aber es war fantastisch. Für sie, für mich, für uns.

Aus dem saftig grünen Längstal zu unseren Füßen stieg eine große Stille zu uns hinauf, die von der Unberührtheit einsam umherstreifender Grizzlys erzählte, vom tollpatschigen Tapsen junger Pumakinder und von den längst geschmolzenen Spuren weißer Schneehasen. In diesem Tal gab es keine Straße, keinen Lift, kein Resort. Die Abgeschiedenheit befreite unsere Gedanken von allen To-dos, Aufgaben und Plänen. Gähnende Weite lenkte unseren Blick auf benachbarte Höhenzüge, die mit den Wolken Fangen spielten. Die Welt stand einen Moment still. Lost in nature.

Analena Schlechtes Wetter ist immer eine gute Voraussetzung für einen gelingenden Wandertag – so viel stand mal fest. Wir waren beide noch grummelig und nicht ganz wach, als wir die Handtücher und Jacken, die zur Abdeckung der Autofenster aufgehängt waren, entfernten. Die Scheiben waren vor Kälte beschlagen, denn innen hatte sich Tau von unserer kondensierten Atemluft gebildet. Unsere Schlafsäcke waren leicht klamm wie unsere Kleidung, die wir teilweise als Kissen nutzten. Frühmorgens konnte man am besten Bilder innen an die Scheiben malen.

Wir pellten uns also aus unseren Schlafsäcken und zogen uns nach und nach an. Außerhalb des Schlafsacks war es immer sehr kalt, deswegen versuchte ich, mein Oberteil und meine Hose anzuziehen, während ich noch in dem warmen Kokon war. Besonders angenehm war das nie morgens, da die Klamotten immer leicht nässlich und verstunken waren. Wie oft hatten wir denn schon die Gelegenheit, unsere Sachen zu waschen?

Es kam nur selten vor, dass wir überhaupt in Banff oder Jasper waren, geschweige denn, die Zeit hatten, uns dort einen Waschsalon zu suchen. Und viele Wechselklamotten hatten wir auch nicht dabei. Ich fand es die paar Male, die wir so eine Waschaktion durchführten, ganz angenehm, dort die Zeit abzuwarten und dann die klammen Sachen in die Trockner zu befördern.

Da wir nicht mehr Zeit als unbedingt nötig draußen in der nassen Kälte verbringen wollten, ging das Aufräumen des Autos mit mehrmaligem hastigem Öffnen und Schließen der Türen einher. Bloß schnell wieder zurück in den warmen Innenraum! Als wir fertig waren mit dem Rückbau unseres Schlafplatzes und das Auto wieder aufgeräumt und zur Fahrt bereit war, fuhren wir los.

Heute war eine Eintageswanderung mit einer Länge von circa siebzehn Kilometern angedacht. Der Burstall-Pass. Ich war gar nicht begeistert. Bei diesem grauen Wetter läge ich viel lieber zu Hause unter der Bettdecke eingekuschelt mit einem Buch in der Hand und nicht in stinkenden Sachen auf dem Weg zu einer Location, zu der wir mehrere Stunden lang laufen würden. Das lief meiner eigenen Vorstellung komplett entgegen. Aber da kann man nichts machen, es hieß Augen zu und durch.

Anfangs unkompliziert, gingen wir einen matschigen Weg entlang. Zu allem Überfluss standen wir nach längerem Laufen mit einem Mal vor einem großen, offenen Bereich. Die Bäume hatten eine weite Fläche voller niedriger Büsche freigelegt. Zuerst: Überforderung. Wo mussten wir denn jetzt lang? Man sah ein paar viereckige Stäbe mit roten Markern aus dem Boden herausragen, die typische Farbe, die man auch öfter im Wald sieht, wenn Bäume mit einem waagerechten Strich zum Fällen markiert werden.

Okay, also da entlang führt der Weg. Mit den Markierungen wurde anscheinend sparsam umgegangen und man konnte immer nur den nächsten Pfahl sehen. Wenn es hochkam, auch noch den übernächsten. Ein absolutes Abenteuer! Fast wie eine Schnitzeljagd. Aber irgendwie auch gruselig, dass man den Weg nicht so weit voraussehen konnte, um sich herum eine Fülle an kleinen Büschen hatte und der Boden ein steinig-matschiger Untergrund war. Ganz schön trist!

Wir bezwangen auch diese Herausforderung und kamen nach längerem Weiterlaufen auf einem Pfad zu einer Anhöhe. Meine Mom schaute in die Landschaft, und ich entdeckte überall um uns herum puschelige, weiche Blumen. Im Nachhinein habe ich noch mal recherchiert, was das für Pflanzen gewesen sein könnten. Am nächsten kommt ihnen *Anemone occidentalis*, die Westliche Kuhschelle.

Ich fotografierte sie gegen die Wolken, wobei sie von dem Licht, das die Sonne durch die Wolken hindurch verbreitete, fast schon zu strahlen schienen. Ja, das Wetter wurde sogar für einen zeitlosen Moment schöner, und die Wolken gaben die Sonne frei. In der Richtung, aus der wir gekommen waren, wurde es heller.

Wir bogen ab und ein anderes Tal erstreckte sich vor uns. Dunkle Wolken hingen darüber. Ich gruselte mich für einen Moment und wollte weiter. Vor uns: viele gelbe Blumen, die gegen die dunklen Wolken auf der anderen Seite zu glühen schienen. Man sah die Streifen, die von der Sonne beschienen wurden, aufleuchten. Fast schon wie die Ruhe vor dem Sturm, was ein unbehagliches Gefühl in mir auslöste. Auf der einen Seite genoss ich es, diese Landschaft in dem knalligen Farbenbild zu sehen. Auf der anderen Seite wäre ich am liebsten ganz schnell weggerannt. Es kam mir vor wie die Szenen aus einem Film, in denen noch nichts Schlimmes passiert, die Hintergrundmusik und Farbgebung sich aber insoweit verändern, dass man genau weiß: Gleich passiert irgendwas. In unserem Fall wurde das Wetter einfach wieder diesig und grau, das hatte ich mir viel zu düster ausgemalt.

Mamas – zwischen Felswand und Bärenfamilie

Analena

Meine Mom hatte zwar alles genauestens geplant, aber man kann nicht alles berücksichtigen oder vorher wissen. So wussten wir nicht, dass die Wildbrände sich langsam ausbreiten würden. Was uns aufgefallen war, war, dass es mit der Zeit immer nebeliger beziehungsweise trüber wurde; die Luft war einfach nicht mehr so klar. Uns tangierten die Auswirkungen dieses Wildbrands während einer Mehrtageswanderung: der Rockwall-Tour.

Unsere Wanderung begann mit einem ziemlich coolen Weg. Da der Boden in dieser Gegend anscheinend sehr nass und matschig ist, hatten die Parkranger:innen Hölzer ausgelegt. Es sah schön aus, wie sich ein kleiner Holzweg mitten durch diese Ebene mit rotem Matsch und grünen Pflanzen schlängelte. Allgemein konnte man sehr weit sehen und es lagen viele Holzabfälle auf beiden Seiten des Weges. Da hatten sich die Ranger:innen dann doch nicht so viel Mühe gegeben. Dabei bringt es doch nichts, einen superhübschen Weg hinzuzaubern, dann aber den Rest nicht schön zu machen und vermutlich auch noch weiter zu belagern!

Es gab immer mal wieder Holzschilder am Rand, auf denen irgendwelche Infos standen. Meine Mom blieb dann stehen und machte sogar teilweise Bilder von den Schildern. Ich fand das nicht so spannend, aber was ich gut fand, war das Gefühl, das sie mir gaben. Die Gegend kam mir durch das Geschriebsel nicht mehr so wild vor. Ich fühlte mich wieder mehr wie in der Zivilisation. Natürlich nicht hundertprozentig, wir waren schließlich im Hinterland, aber auch nicht mehr ganz abgeschnitten wie am Arsch der Welt.

Außerdem waren wir hier nicht allein, denn anfangs sahen wir noch ein paar andere Wandernde. Wir sangen vor uns hin. Es war trüb, und so kam mir der herannahende Wald ziemlich mystisch und spukig vor. Ich war richtig froh, dass wir uns wegen der Bärengefahr laut unterhalten mussten. Ich konnte meine Aufmerksamkeit gut auf ganz andere Themen lenken, und die Gruselvorstellungen wurden nicht schlimmer. Auch beim Schauen von Filmen fange ich immer an zu quasseln, zu essen oder zu trinken, wenn es spannend oder gruselig wird. Das ist meine Methode, die Spannung ein bisschen abzuschwächen.

Am nächsten Tag liefen wir durch den Wald, als sich mit einem Mal eine weite Ebene auftat. Es ging weiter über kleine Hügel, wobei sich immer neue Flächen mit viel kurzem Gras, kleinen Büschen und selten auch einzeln stehenden Bäumchen eröffneten.

Doch mit einem Mal sah ich ihn: einen Bären. Ich sprühte vor Begeisterung, da wir hier wieder einen echten Bären in seiner natürlichen Umgebung vor uns hatten und nicht einfach nur vom Auto aus einen am Highway-Rand sahen, wobei dann immer gleich die Hälfte der Autos stehen blieb und sich eine Fotografen-Traube um den Bären versammelte. Außerdem ist die Ausstrahlung von Wildtieren in der Zivilisation nicht so besonders wie in der freien Natur, und dieser hier war sogar weiter weg von uns, als es der gewesen war, den wir vom Auto aus gesehen hatten. Es musste also sicher sein … Aber nicht nur das: Da waren noch mehr … zwei kleine dunkle Punkte gleich neben dem großen Tier – Bärenkinder!!! Wie süß!

Doch aus irgendeinem Grund wurde meine Euphorie so gar nicht geteilt. Im Gegenteil: Meine Mom wurde eher unruhig und nervös. Da das so gar nicht der erwarteten Reaktion auf meine Entdeckung entsprach, wurde auch ich skeptisch. Die Person, die sonst immer 10 000 Bilder von allen möglichen Tieren, Pflanzen, Insekten in ihrer Privatsphäre und wo nicht überall macht, hat jetzt nicht etwa die Kamera in der Hand, sondern läuft schneller und wirkt beunruhigt. Natürlich ging dieses Gefühl auch auf mich über. Sie gab mir Verhaltensanweisungen, fasste mich bei der Hand und wir gingen zügig weiter. Die kleine Bärenfamilie lief in dieselbe Richtung, doch nach einer gewissen Zeit drehten die drei ab.

Im Nachhinein bin ich froh über die schnelle und bedachte Reaktion meiner Mutter. Bären, vor allem Bärenmütter können sehr gefährlich sein. Sie hatte ebendas erkannt und reagiert, wo andere mit diesem Wissen vielleicht sogar panisch weggerannt wären oder nicht mehr hätten klar denken können. Für mich war es ein sehr schönes Erlebnis, überhaupt einmal eine Bärenmama mit Kids in freier Wildbahn und so nah gesehen zu haben und unbeschadet davongekommen zu sein …

Unsere Wanderung setzten wir fort. Im Grunde genommen ging es lange auf einer erhöhten Ebene entlang und ich war fasziniert von der Bergkette, die wir entlangwanderten. Es gab in Kanada viele Berge, aber die sahen alle irgendwie doch gleich aus: Sie waren alle spitz, hatten noch ein bisschen Schnee obendrauf und vielleicht noch einen Gletscher dranhängen, aber sie standen meistens allein oder hatten zumindest Abstand zu den anderen Bergen. Das, was wir hier sahen, war eine Kette, so als hätte man mehrere Berge aneinandergeklebt. Mal was anderes! Ich dachte darüber nach, wie dieses Monument wohl entstanden war und warum Berge üblicherweise nur einen Gipfel haben. Warum gab es denn nicht immer lang gezogene Berge? Ich habe diese Frage nicht laut ausgesprochen, denn es war auch manchmal sehr angenehm, still nebeneinanderherzulaufen und seinen Gedanken freien Lauf zu lassen.

Ich kam auf keine gute Antwort und war schnell wieder mit anderen Dingen beschäftigt, wie zum Beispiel nach Erdhörnchen Ausschau halten. Hier war das typische Terrain, in dem sich diese kleinen Tierchen gerne aufhielten: steinig, aber mit ein paar wilden Pflanzen dazwischen und immer noch grün. Die Erdhörnchen (»Columbia-Ziesel« genannt) erinnerten mich in ihrer Art sich zu bewegen und ihrem Aussehen ein wenig an die Erdmännchen aus Afrika. Allgemein Eichhörnchen, Streifenhörnchen und Ähnliches. Ich fand sie so unfassbar süß! Einmal haben wir sogar Otter und eine Maus gesehen.

Und tatsächlich sah ich bald auch schon ein paar Pikas. Ich hatte diese Tiere schon einmal auf einer Reise meiner Mom kennengelernt und auch auf den Wanderungen schon mehrfach entdeckt. Den Namen Pika konnte ich mir immer nicht merken, deshalb hießen sie bei mir »Kippas«. Das ist auf jeden Fall nah dran. Ich liebte diese kleinen Tierchen. Eines beobachtete ich auch beim Essen und war ganz erschrocken. Das Pika aß nicht etwa Gras oder Blümchen, nein, es ernährte sich von distelähnlichen Gewächsen. Wie kann es so was denn überhaupt essen, ohne ständig im Mund gepikt zu werden?! Manche Sachen gibt's, die gibt's einfach nicht!

Verena Rauch lag in der Luft, als wir uns in den frühen Morgenstunden Mitte August aus dem Zelt schälten. Noch immer wussten wir nicht, wie es die nächsten Tage weitergehen würde, ob wir unsere Strecke wie geplant würden gehen können, oder illegal gehen müssten oder gar würden umkehren müssen. Der verheerende Waldbrand am Verdant Creek vernebelte die Luft und trübte unsere Stimmung. Etwa dreißig Kilometer Luftlinie entfernt brannte das Feuer seit Wochen. Die Nationalparkverwaltung erklärte die südliche Teilstrecke des Rockwall Trail weiterhin als für die Öffentlichkeit geschlossen. Doch ich wollte diesen als traumhaft schön beschriebenen Weg unbedingt gehen. Ich brauchte die »Achterbahn« für den Wanderführer.

Erst die Schließung wegen der fehlenden Brücke und jetzt wegen des Feuers. Doch aufgeben kam wie immer nicht infrage. Unsere Trail-Buchung ging offiziell von Süd nach Nord. Aufgrund der Sperrung und der Annahme, dass wahrscheinlich viele Backpacker:innen absagen würden, starteten wir in umgekehrter Richtung, von Norden. Wir wollten zumindest ein Teilstück sehen – und hofften auf Verständnis, falls uns die Parkranger:innen erwischen sollten.

So packte ich an jenem Morgen an den imposanten Helmet Falls, unserem ersten Campingplatz auf dem Trail, unsere Siebensachen zusammen, während Analena sich ums Frühstück kümmerte. Sie holte die Küchenutensilien und Lebensmittel aus dem bärensicheren Kasten, setzte frisches Bachwasser auf und füllte unsere Emaille-Schüsselchen. Als ich fertig war und zu ihr kam, stand schon das warme Essen auf dem Tisch und der heiße Tee dampfte. Wir waren angespannt und zugleich voller Erwartungen, was der Tag brächte.

Die Müdigkeit steckte uns noch in den Knochen, als wir die Rucksäcke schulterten und losliefen. Es ging bergan. Natürlich. Der bemooste Märchenwald hatte es schwer, mich zu beeindrucken, denn morgens brauche ich immer ein paar Stunden, um mich im wahrsten Sinne des

Wortes warmzulaufen – körperlich wie geistig. Es war die Zeit des Wachwerdens, in der wenig gesprochen wurde und meine Muskeln brannten.

Ich lief vorneweg. In der Regel wechselten wir uns alle paar Kilometer ab. Nach etwa anderthalb Stunden schweißtreibenden Anstiegs riss plötzlich der Wald auf. Oben am Limestone Summit auf einer hellgrünen Blumenwiese inmitten zarter Lärchen sahen wir ein kleines Tal vor uns liegen, in dem ein graublauer Gletschersee schimmerte. Dahinter und rechts neben uns ragten die senkrechten Flanken der Steinwand (Rockwall) schroff gen Himmel, teilweise übergossen mit weißem Eis. Wow! Ab jetzt würden wir häufig freie Sicht auf die atemberaubende Berglandschaft haben. Endlich.

Etliche Fotos später trollten wir uns den Hang hinab zur schuttreichen Moränenlandschaft des kleinen Karsees und wanderten an einer gewaltigen, 900 Meter aufragenden Mauer aus Fels entlang. Die Rockwall zeigte uns ihre volle Breitseite, beeindruckend nah.

Die Ursprünge dieser Dolomit- und Kalksteinwand reichen über 520 Millionen Jahre zurück, als sich im flachen Meer des Kambriums sandige Sedimente ablagerten. 120 Millionen Jahre nach ihrer Auffaltung erstreckt sich dieses von Geologen als Ottertail-Formation benannte Felsriff heute fast ohne Unterbrechung über 53 Kilometer. Buchstäblich eine Wand aus Stein. Kleine Fetzen von Eisfeldern schmiegten sich ans kilometerlange Fußende der Bergkette wie der weiße Rüschensaum eines Festtagskleides. Wir waren gesegnet von Mutter Natur.

Es war wundervoll und selbst die nicht unbedingt landschaftsbegeisterte Analena war beeindruckt von den gewaltigen Felsen. Wir ließen die großen Lärchen wenige Höhenmeter unter uns zurück und wanderten Richtung Pass auf den subalpinen Matten einer kunterbunten Blumenwiese durchs steinige Gebirge. Die Symphonie der Blütenpracht auf farbenfrohen Wiesen, die mächtige Steilflanke rechter Hand und der Tumbling-Gletscher vor uns, der wie die Glasur auf einem Kuchen herabtropfte, zogen meine Blicke magisch an. Ich schaute kaum nach links. Der Hügel des Rockwall-Passes glich einer Tribüne, von der man nach vorn auf die Bühne zum Orchester schaut. Wen interessieren da die hinteren Ränge?

Analena war wieder einmal die Erste, die es entdeckte. Ihren Adleraugen entgeht wirklich wenig, und wenn dann nur, wenn sie müde und kaputt ist oder sich gerade irgendwo durchkämpfen muss. Jetzt aber ging es ihr gut, sie ließ ihren Blick neugierig in alle Richtungen schweifen, ohne sich von der imposanten Schönheit eines Ortes blenden zu lassen. Und so hörte ich sie rufen, zeitgleich streckte sie eine Hand nach links aus: »Mama guck mal, ein Bär!« Ich fiel aus allen Wolken und folgte erschrocken ihrem Fingerzeig. Tatsächlich. Etwa hundert Meter entfernt, oberhalb von uns, stand ein ausgewachsener zimtbrauner Grizzly.

»Oh Mama! Da ist noch ein kleiner.« Freudige Erregung lag in Analenas Stimme. Sie war begeistert. Mir rutschte hingegen das Herz in die Hose. Eine Bärenmama mit Kind: eine der gefährlichsten Situationen in der kanadischen Wildnis. Da war noch eins. Zwei Junge, beide nah bei der Mutter. Meine Gedanken rasten: Die Grizzlys waren gemessen an dem empfohlenen Mindestabstand zwar noch weit genug entfernt, aber wir befanden uns definitiv in ihrem Sichtfeld und waren ohne Fluchtmöglichkeit. Denn eine Geschwindigkeit von etwa 55 Kilometern pro Stunde, zu der Bären durchaus fähig sind, vermag selbst der schnellste Läufer der Welt nicht zu toppen. Erst recht nicht wir.

Bärenmütter schützen ihre Jungen bis aufs Messer. Das müssen sie auch, denn Grizzlys haben zwar keine natürlichen Feinde, bis auf uns Menschen, aber sie haben die niedrigste Geburtenrate unter den Säugetieren ganz Nordamerikas. Im Durchschnitt entspringen von der Geburt einer Braunbärin aus gerechnet etwa acht Nachkommen binnen zehn Jahren, Enkel mitgerechnet. Denn eine Grizzlybärin wird frühestens mit fünf Jahren Mutter, bringt anschließend nur etwa alle zwei bis drei Jahre ein oder zwei, selten auch drei Junge zur Welt.

Die Bärenmamas machen die geringe Reproduktionsrate mit ihrer Fürsorge und ihrer Aggressivität gegenüber jedmöglichen Angreifer:innen wett. Diese Bärin war gesund und bei Kräften. Sonst hätte ihr Körper erst gar keine Geburt zugelassen, denn nach der Zeugung nistet sich bei Bärinnen der Embryo nicht sofort in die Uteruswand ein. Erst im Herbst, kurz vor der Winterruhe, entscheidet sich der weibliche Körper: Bist du dick genug? Hast du genügend Fettreserven für die bevorstehende Zeit angelegt? Kommst du mit deinem heranwachsenden Kind durch bis zum Frühling im April? Wenn ja, nistet sich der Embryo ein und beginnt zu wachsen. Wenn es knapp wird, gibt es ein klares Nein. Der Embryo wird jedoch nicht einfach abgestoßen, er wird absorbiert und als zusätzliche Nahrungsquelle verdaut, damit die Bärin den Winter überlebt.

Es ist ein Glück, dass Schwarz- und Braunbären uns Menschen nur in seltenen Fällen als Futter einstufen. Eine Studie aus dem Jahr 2011 des Bärenexperten Stephen Herrero aus Calgary dokumentiert, dass in den USA und Kanada zwischen 1960 und 2009 insgesamt 54 Menschen von frei lebenden Schwarzbären getötet wurden. Die meisten davon tatsächlich von hungrigen männlichen Bären auf Beutejagd. Fazit: In den seltenen Fällen, in denen Menschen als Beute gelten, sind die Angreifer meistens männliche Schwarzbären (ausgenommen Tundraregionen in Alaska und Eisbären). Die riesigen Klauen der Grizzlys, unterstützt von dem prominenten Muskelbuckel am Rücken, dienen fast ausschließlich als gigantische Grabwerkzeuge und nur in Ausnahmefällen als Verteidigungswaffe. So beispielsweise gegen bedrohliche Bärenmännchen, die gezielt Jungbären jagen und töten, um anschließend ihre eigenen Gene weiterzugeben. Wenn sich Bärenweibchen erfolgreich gegen ihre männlichen Artgenossen zur Wehr setzen können, wie gewaltig ist dann ihre Kraft gegenüber uns vergleichsweise zarten Menschen!

Okay. Ernstfall. Das capsaicinhaltige Bärenspray hatten wir beide am Gürtel, griffbereit. Nicht rennen. Sie stets im Auge behalten. In einer eher starken, aber zugleich für die Bärin gefahrlos wirkenden Körperhaltung, um zu zeigen, dass man weder Beute noch Gefahr ist. Die Bärenmama streckte ihre Nase etwas vor und begann langsam loszulaufen. Parallel zu unserem Weg, noch in sicherem Abstand, aber Tendenz bergab, in unsere Richtung. Langsam.

»Nicht gut«, ging mir durch den Kopf und über die Lippen.

Analena war angesichts meines Verhaltens schlagartig klar, dass Gefahr in der Luft lag. Ich sagte ihr, dass wir zügig, aber ohne zu rennen, und stets mit Blick auf die Bärenfamilie weiter dem Weg folgen würden. Wir gingen los. Hand in Hand. Ganz fest. Ganz stetig.

In meinem Kopf begann ich mit der Bärin zu sprechen: *Ich weiß, liebe Bärenmama, das ist dein Zuhause. Wir sind nur Gäste, die die grandiose Landschaft bewundern. Wir essen dir nichts weg und lassen alles so, wie's ist. Liebe Bärin, du bist eine Mama und willst deine Kids beschützen. Genau das mach' ich auch. Wir wollen dir nix Böses. Du bist brutal schön und hast zwei schnuckelige süße Cubs. Wir sind keine Gefahr für dich. Wir sind doch beide Mamas, und wir passen beide auf unsere Kids auf! Ich tu' dir nichts, bitte tu' auch uns nichts.*

Die Bärenfamilie bewegte sich noch eine ganze Weile parallel zu uns und kam dabei stetig näher. Wie lange, kann ich nicht sagen, da mein Herz raste und mein ganzer Körper mit Adrenalin vollgepumpt pulsierte. Irgendwann drehten sie ab. Puh!

Wir marschierten weiter, gleiches Tempo. Um eine Kurve, um die nächste Kurve. Den Passhügel hatten wir längst erreicht und stiegen unmerklich schon bergab. Immer vorwärts. Bis unsere Schritte langsamer wurden und wir durchatmeten. Überstanden.

Wunder – nur nicht aufgeben!

Verena Es heißt, man soll Orte, an denen Bären gesichtet wurden, zeitnah meiden. Also konnten wir theoretisch gesehen nicht zurück, vor uns lag zu dem Zeitpunkt allerdings noch gesperrtes Gelände. Was also tun?

Ich wollte am liebsten weiter, damit ich die ganze Achterbahn beschreiben könnte, ohne noch mal extra ein paar Tage dafür draufgehen zu lassen. Beim Abstieg ins Tal kreiselten meine Gedanken permanent um diese Frage. Analena und ich beleuchteten jeden erdenklichen Winkel der verschiedenen Optionen, kamen aber auf keine ideale Lösung. Wille und Verstand waren längst entkoppelt und entfernten sich mit jedem Schritt weiter voneinander.

Am Abend trafen wir am Backcountryzeltplatz nur auf eine einzige Gruppe, die ebenfalls bis an den Rand der verbotenen Zone vorgestoßen war, ohne zu wissen, wie es weitergehen würde.

Nach einer guten Stunde steuerte unvermittelt der weißhaarige Leiter der kleinen Gruppe auf uns zu. Der hagere Herr trug mitsamt seinem Satellitentelefon gute Neuigkeiten bei sich: »Hey, ich habe soeben mit dem Kootenay-Nationalpark telefoniert. Sie öffnen ab morgen den Trail komplett. Wir können unseren Track fortsetzen.« Ein Lächeln astronomischen Ausmaßes machte sich auf meinem Gesicht breit und schien die Expansion der Galaxis voranzutreiben. Glücklicherweise spiegelten Analenas weit aufgerissene Augen das gleiche Empfinden. Ein Wunder, dass sie nicht rauskullerten. »Ehrlich?«, vergewisserte ich mich, ob ich meinen Ohren trauen durfte. »Indeed.« Der ernste Guide berichtete ausführlich von seinen guten Nachrichten. Wir dankten ihm und dem Himmel für diese unglaubliche Fügung.

Und so ging es für uns ganz legal am nächsten Morgen auf dem Rockwall Trail weiter zum wunderschönen Floe Lake. Ein ganz besonderes Gefühl durchströmte uns, denn wir wussten, an diesem Tag waren nur die andere Gruppe und wir auf diesem Streckenabschnitt unterwegs.

Zum zweiten Mal in diesem Kanadasommer spürte ich meine Kraft merklich schwinden, diesmal jedoch ohne dass mir schwindelig gewesen ist oder es anderweitig schlecht ging. Vor allem beim sich ewig hinziehenden Anstieg zum Numa-Pass. Die sieben Kilometer schienen einfach kein Ende zu nehmen. Analena hingegen schien in der vergangenen Woche erheblich an Ausdauer und Kraft gewonnen zu haben, denn plötzlich drehte sich der Spieß um. Auf einmal brauchte ich mehr Pausen als sie, kam langsamer voran und kämpfte erheblich mehr.

Analena war es, die mich motivierte. Sie gab mir einen Snack nach dem nächsten. Sie ließ mich vorausgehen, damit ich nicht das Gefühl hatte, nicht hinterherzukommen, wenn sie voranpreschte. Analena war es, die mich anlächelte und mir gut zuredete, dass der Pass schon noch kommen würde, auch wenn er sich hinter jeder Anhöhe und bewaldeten Biegung noch versteckte. Ihr geduldiger, liebevoller Umgang mit mir erfüllte mich mit Zuversicht und wahnsinniger Dankbarkeit.

Das erste Mal im Leben erfuhr ich, was es heißt, wenn Kinder stärker sind als ihre Eltern. Fühlt sich so das Alter an? Woher nahm sie nur diese Geduld mit mir? Mehr zu denken vermochte ich nicht, war doch all mein Geist damit beschäftigt, den Willen aufzubringen voranzukommen, obwohl ich mich am liebsten irgendwohin gesetzt und ewig ausgeruht hätte.

Analena behielt natürlich recht, und wir erreichten nach einer gefühlten Ewigkeit den spektakulären Pass, an dem uns eine bunte Alpenwiese empfing. Vor allem die Castilleja, auch »Indian paintbrush«, *indianische Malerpinsel* genannt, zogen meine Aufmerksamkeit auf der gesamten Mehrtagestour magisch an. Hatte ich sie bisher vor allem in orangeroten Tönen gesehen, so mischte sich hier Weiß, Rosa und Pink in ihr Antlitz. Auf jedem Pass, in jeder Senke variierte die Farbgebung. Ich war fasziniert von dieser biologischen Varianz in einem so kleinen Gebiet, trotz ihrer parasitischen Eigenschaft: Die Castilleja docken einfach ihre Wurzeln an die anderer Pflanzen an und entziehen ihnen die Nährstoffe.

Wir blickten erleichtert zurück auf die schier endlos erscheinende Mauer aus Fels und Schnee. Die Achterbahn machte ihrem Namen definitiv alle Ehre. Ein leichtes Bangen schlich sich beim Abstieg in meine Freude über die gelungene Tour. Bestimmt sind Parkranger:innen vor Ort. *Würden sie unsere Reservierung akzeptieren? Obwohl sie nicht für diesen speziellen Zeltplatz an diesem Tag galt?*

Nach neuneinhalb Stunden erreichten unsere müden Füße den See samt umliegendem Campground und meine Befürchtungen bestätigten sich: Es war voll, und Ranger:innen waren vor Ort. Doch wir fanden noch einen versteckt liegenden freien Platz und quartierten uns einfach ein. Die Ranger:innen ließen uns in Ruhe, und wir fielen wie Steine auf unsere Isomatten und schliefen prompt ein. Nach einer herrlichen Nacht im Tiefschlaf klingelte mein Wecker zeitig. Während Analena noch eine Mütze Schlaf genoss, fotografierte ich den See im Licht der aufgehenden Morgensonne.

Am Nachmittag des nächsten Tages standen wir beide vollbepackt, völlig verschwitzt und vollkommen fertig auf der Straße. Genauer gesagt am Rand des Highway 93, klassisch mit erhobenem Daumen. Bisher war ich bei Streckenwanderungen immer an Parkplätzen direkt mit sympathisch erscheinenden Menschen in Kontakt getreten, um mir einen *Ride* zurück zum Auto zu organisieren.

Doch jetzt war alles anders. Zu lange war es her, dass ich in Deutschland getrampt war, und diesmal sollte ich es noch dazu mit unserer Tochter machen, für die ich allein die Verantwortung trug. Ich war entsprechend nervös. Das Bärenspray hing noch an unseren Gürteln, und mein Messerchen steckte noch zwischen Bein und Gamasche, sodass wir uns im schlimmsten Fall hätten wehren können. Immerhin waren wir zu zweit und sahen anscheinend aus wie Schwestern. Zumindest wurden wir oft dafür gehalten.

Etliche Wagen brausten an uns vorbei, bis ein knallrotes Auto seine Geschwindigkeit verlangsamte und trotz des Verbots, Tramper:innen aufzugabeln, stoppte. Es war eine junge Frau, die sich freute, uns ein Stück mitzunehmen. Die Rucksäcke bugsierten wir in den Kofferraum und stiegen ein. Begeistert tauschten wir uns über unsere Herkunft und die aktuellen Pläne aus, schwärmten von den gigantischen Weiten der Rockies, und im Nu standen wir an unserem Mietwagen, glücklich, dass alles in Ordnung war.

Nach dieser anstrengenden Mehrtagestour und der Aussicht auf drei weitere in naher Zukunft musste ich Analena versprechen, dass wir am nächsten Tag nur eine kleine Wanderung einlegen würden. Was ich selbstverständlich und ohne Hadern tat. Es würde uns beiden guttun. Auch ich brauchte eine ordentliche Pause und freute mich auf den kurzen Spaziergang. Das Tal des Stanley-Gletschers lag auf unserem Weg Richtung Jasper, wohin wir sowieso demnächst aufbrechen wollten.

Analena Der letzte Tag der Tour startete für mich wieder etwas später als der von meiner Mom. Sie war aufgestanden, um schöne Bilder von einem See zu machen. Versteckt im angrenzenden Wald hatten wir unser Nachtlager aufgeschlagen, und sie war immer begeistert von den morgendlichen Sonnenstrahlen und dem Himmel. Insbesondere dann, wenn sie auf einen See trafen. Es war auch tatsächlich immer eine sehr schöne Atmosphäre, ich konnte mit dem logischen Teil meines Kopfes die Faszination nachvollziehen und verstehen. Doch dieser Teil schaffte es nie, mich aus dem Bett zu holen; da war es mir doch wichtiger, noch die halbe Stunde länger zu schlafen. Schließlich konnte ich mir ja später die Bilder angucken.

Meine Mom ist absolut der frühe Vogel, wohingegen ich durch und durch Nachteule bin. Ich war also morgens meistens etwas knatschig und noch überhaupt nicht mental auf dieser Erde angekommen, während meine Mutter schon vor Energie sprühte. Abends war es dann genau andersherum. Und so blieb ich auch an diesem Tag länger im Schlafsack liegen und genoss meine letzten Minuten in der warmen, kuscheligen, wohligen, gemütlichen Stoffhülle.

Im Halbschlaf konnte ich die entspannte Situation noch mal richtig intensiv genießen, wovon ich ja beim Schlafen nichts mitbekam, doch gleichzeitig war immer in meinem Hinterkopf, dass ich gleich aufstehen musste. Und vor allem konnte meine Mutter ja jeden Moment hereinkommen und mich wach rütteln. Sie konnte das sanft machen, griff aber auch mal in aussichtslosen Situationen auf die »Auf der Tochter rumhopsen, bis sie wach ist«-Methode zurück. Zum Glück kamen diese

Fälle sehr, sehr selten vor und sie blieb meist beim Sanften. So wurde ich auch diesen Morgen liebevoll, aber bestimmt aus dem Nachtlager geschmissen, und es ging weiter auf unserer Route.

Wir liefen ein ganzes Stück durch den Wald, eine steile Karwand hinab, bis sich ein Tal vor uns öffnete. Es war erschreckend. Hier hatte ein Waldbrand getobt. Eine Fläche voller schwarzer, abgebrannter Bäume und – ein Wunder! – zwischen den Baumleichen wuchsen lilafarbene Blumen. Es waren Waldweidenröschen, die den gesamten Boden bedeckten und mir in meiner Erinnerung fast bis zu den Schultern reichten.

Mit unseren Wanderstöcken ließ es sich gut laufen und wir kamen flott voran. Ich hätte das nicht gedacht. Wanderstöcke verbinde ich immer mit diesen Omis, die »walken« gehen, aber es macht wirklich einen Unterschied.

Als wir wieder die Zivilisation erreichten, standen wir vor einem Highway und mussten irgendwie zurück zu unserem Gefährt kommen. Aber meine Mom hatte natürlich einen Plan: trampen.

So was hatte ich noch nie gemacht! Ich war superaufgeregt. Wir stellten uns an den Straßenrand und streckten unsere Daumen hoch. Ich war gespannt, wer uns einsammeln würde und wie so etwas funktioniert. Wir mussten kein allzu langes Stück gefahren werden, also war das ja bestimmt schon mal einfacher, jemanden zu finden, der uns mitnahm. Es fuhren einige Autos vorbei, und ich wurde ein bisschen skeptisch. Wie sollten wir hier nur wegkommen? Jetzt mussten wir am Ende doch das ganze Stück laufen! Vielleicht war es doch keine gute Idee mit dem Trampen.

Aber nein, es hielt wirklich ein Auto an – ein Auto, in dem ein ganz netter Mensch saß. Meine Mom hat ein bisschen mit der Frau gequatscht. Um ehrlich zu sein, habe ich nicht so viel davon mitbekommen. Ich war einfach glücklich, auf direktem Weg zu unserem Auto und wieder in der Zivilisation angekommen zu sein und – zu sitzen! Mein Blick war aus dem Fenster gerichtet. Ich genoss es, noch einmal die Landschaft der kanadischen Rocky Mountains von innen aus einem warmen, gemütlichen Fahrzeug heraus zu sehen. So ganz ohne Rucksack und Wanderstöcke. Das tat gut!

Als wir schließlich beim Auto angekommen waren und einstiegen, entdeckte ich etwas ganz Skurriles. Ich hatte meine Jacke ausgezogen und stellte fest, dass ich einen Sonnenbrand auf den Händen hatte, genauer: auf den halben Händen. Meine Jacke hatte die Möglichkeit, den Daumen durch ein Loch zu stecken wie bei manchen Stulpen, und so war nur die Hälfte meiner Hand rot. Das sah ganz schön komisch aus!

Pingpong – ein Gletscher zum Anfassen

Verena Morgens 8 Uhr, noch bevor die Sonne die Talsohle berührte, standen wir abmarschbereit mit einem gemeinsamen leichten Tagesrucksack am großen Parkplatz des Highway 93, hinter dem Osteingang des Kootenay-Nationalparks. In das mittlerweile berühmte Tal des Stanley-Gletschers zogen um diese Stunde noch weitere Wanderlustige und Wissbegierige. Unter anderem eine geführte Gruppe, die von einer Parkrangerin genauere Einblicke in die Fossillagerstätten des Burgess-Schiefers erhielt. Bei Funden galt strengstes Mitnahmeverbot.

Bis heute lösen Fossilien bei mir eine gewisse Melancholie aus, obwohl ich zu Schulzeiten einen Granit nicht von einem Kalkstein unterscheiden konnte. Erinnern sie mich doch jedes Mal aufs Neue an unsere unzähligen Steinbruchbesuche in Deutschland und Frankreich. Seit ich Kleister Anfang der 2000er-Jahre kennengelernt hatte, hatten mich die steinernen Zeugen einer längst vergangenen Epoche, als Teile Mitteleuropas noch unter einem Kreidemeer verborgen lagen, umgeben. Autodidaktisch hatte er sich wie ein Maulwurf immer weiter in die Paläontologie des triassischen Muschelkalks vertieft, sodass aus einem anfänglichen Interesse ein exzessives Hobby geworden war und er sich als Mitglied einer Arbeitsgruppe der Subkommission für Perm-Trias-Stratigrafie mit seinem Freund und Geologen Robert Ernst nebenher auch wissenschaftlich betätigte.

Weder die Suche noch die Präparation von Fundstücken interessierte mich, doch diese Hingabe an ein Thema über Jahre hinweg fand ich faszinierend. Das wäre absolut nichts für meinen die Abwechslung liebenden Verstand. Seine außergewöhnliche Muschelkalksammlung umfasst über 5500 Stücke von großen Discoceratiten über feingliedrige Seelilien bis hin zu kleinen Muscheln. Insgesamt sind etwa 1700 Exponate aufwendig präpariert. Bis tief in die Nacht hörte ich ihn in der Küche bürsten und den Kompressor im Keller rattern. Er war eine Eule, die bis spät in die Nacht arbeiten konnte, und morgens gegen 10 Uhr den Tag begann. So wie Analena, die sich immer quälte, so früh in die Schule zu müssen, dafür abends aber zu geistigen Höchstleistungen aufdrehte.

So zogen wir an diesem zweiten Samstagmorgen nach Analenas Rückkehr melancholisch weiter ins bewaldete und noch schattige Tal am Fuß des Stanley Peak (3155 Meter). Jenem Gipfel, den der schon erwähnte Pionier des Goldenen Zeitalters des Alpinismus, Edward Whymper, im Jahre 1901 mit seinen Guides als Erster bestieg, was ihm am Mount Assiniboine nicht gelang. Vom Bergsteigen weit entfernt, waren wir dennoch durch wochenlanges Wandern mit teils schwerem Rucksack durchtrainiert und fühlten uns mittlerweile fit wie Turnschuhe. Es glich einer Erholung, nur mit Tagesgepäck unterwegs zu sein, zumal wir das Leichtgewicht auf unseren Rücken kaum spürten.

Nach einer knappen Stunde, immer noch im lichten Wald, stießen wir mitten auf dem Weg auf ein Schild, das wir in der Art zuvor noch nie gesehen hatten. Da stand allen Ernstes, dass hier der offizielle Weg endete. Einfach so. Mitten im Tal ohne grandiose Aussicht, ohne nix.

Analena war total happy: »Cool, dann können wir ja umdrehen.«

»Bitte was?! Äh, neeee, der Weg geht ja noch weiter. Außerdem ist da hinten irgendwo noch der Gletscher, den will ich auf jeden Fall noch sehen.« Oha. Jetzt begann eine Diskussion, wie wir sie länger nicht mehr geführt hatten.

»Mama! Versprochen ist versprochen.«

»Ja, da hast du absolut recht. ABER es gibt in diesem Fall besondere Umstände. Die müssen wir einkalkulieren. Wir sind von Fakten ausgegangen, die was völlig anderes gesagt haben. Klar ist es ärgerlich, wir sind beide von einer kurzen Tour ausgegangen und sind von den vergangenen Tagen noch durch. Aber hey, wir drehen doch nicht mitten im Wald um!«, versuchte ich mein Glück.

»Eben. Wenn wir die nächsten Tage und Wochen noch wandern sollen, können wir hier doch auch aufhören, wenn das Ende sogar offiziell dasteht. Alles Restliche kannste ja wieder so gestrichelt markieren. Können die andern doch geh'n, wenn sie wollen.«

Das Problem war: Ich wollte es ja auch. Ich wollte nicht halb im Wald irgendwo ziellos abziehen, nur weil die Nationalparkverwaltung die Wege dahinter nicht instand hielt. Wie oft sind wir über riesigen Gletscherabraum gekraxelt, ohne dass davor gewarnt wurde oder der Weg gesperrt war. Wir waren doch nicht in Deutschland, wo bei jedem Kinkerlitzchen gleich ein überdimensioniertes Geländer hingebaut wird.

»Also ehrlich! Schauen wir uns doch einfach mal hier im Tal um und entscheiden, wie es weitergeht, wenn wir mehr sehen, ’nen Überblick haben.«

Nach einer argumentationsreichen Auseinandersetzung einigten wir uns genau darauf. Das Gute der Abmachung: Sie war dehnbar. Das Blöde daran: in beide Richtungen.

Fürs Erste konnten wir also weiter. Schon bald endete der Baumbewuchs und wir betraten klassisches Moränengelände. Auf der ersten großen Schotterhalde zog ich eine murrende, motzende, mies gelaunte Teenagerin hinter mir her. Unglaublich, wie sie zetern konnte und was für einen Flunsch sie zog! Mit Ach und Krach gelangten wir auf die erste Anhöhe, hinter der sich eine Feuchtoase in einer Senke gebildet hatte. Inmitten der kargen Einöde murmelte hier ein Bächlein, Moose und Flechten gediehen prächtig und ein Eichhörnchen knabberte genüsslich an einem Zapfen, den es sich von den umstehenden kleinwüchsigen Bäumen stibitzte. Wir legten eine Rast ein, um erneut zu verhandeln. Diesmal sahen wir den Stanley-Gletscher greifbar nahe vor uns, nur durch eine lang gezogene Seitenmoräne entfernt, über die man direkt hinaufgelangen könnte.

»Hey, ein echter Gletscher zum Anfassen, direkt vor unserer Nase! Das hast du noch nie gesehen! Da drehen wir doch nicht um.«

Erstaunlicherweise musste ich mich nicht viel mehr ins Zeug legen. Wenige Minuten später standen wir vor dem Grat auf fest zusammengebackenen Steinen. Während ich noch mit meinen Augen dem zarten Pfad folgte, der uns hinaufführen sollte, war Analena längst auf ihm unterwegs. Vom Gewicht des geschmolzenen Gletschers dermaßen fest verklebt, rollten hier nur die größeren, losen Steine weg, aber es war rutschig und steil.

Verzweiflung schoss in mir hoch, denn ich kam überhaupt nicht hinterher, während Analena wie ein junges Rehböcklein auf allen vieren voller Elan hinaufschnellte. Schlagartig verlor ich die Lust. So wichtig war mir dieser eh zusammengeschrumpelte Gletscher nun auch wieder nicht.

»Tochti«, rief ich hinauf. Sie blieb stehen und wartete vorbildlich auf mich. Als ich nah genug war, reichte sie mir an einer schwierigen Stelle die Hand. »Duuuu, also wegen mir müssen wir nicht hoch. Du hast recht, wir können es einfach auf freiwilliger Basis als Option im Wanderführer belassen.«

»Nee, Mama. Jetzt sind wir schon so weit gekommen. Du würdest dich nur ärgern, wenn wir jetzt umdrehten. Außerdem macht's doch Spaß!«, antwortete sie heiter. So fröhlich, dass ich wütend wurde. Erst musste ich sie bis hierher gedanklich ziehen, fast schon nötigen, damit sie drei Schritte geht, immer wieder diese anstrengenden Diskussionen führen und jetzt das!

Eine kurze Stichflamme loderte in mir auf, bis ich mich eines Besseren besann und ehrlich zugab: »Mir fällt's hier echt schwer hochzukrauchen, ich hab' keinen Bock mehr. Das ist verdammt anstrengend, und ich kann und ich will nicht mehr.«

»Ach duuu«, sagte sie mit einem verständnisvollen Blick. »Komm, wir gehen einfach Stück für Stück, so wie du's mir immer sagst. Du schaffst das! Du hast schon so viel hingekriegt, da geht das jetzt auch noch.« Sie war sehr überzeugend. Wie konnte ich ihrem Charme da widerstehen?

An szenisch passenden Stellen nutzte ich die Fotomethode und fing Analenas Grinsen ein. So gut drauf hatte ich sie lange nicht gesehen. In diesem Terrain, auf dem auch Hände und Balance gefordert waren, ging sie auf wie eine Mittagsblume bei Sonnenschein. Es war eine wahre Freude und wärmte meine Seele.

Vor einer Steilwand, am oberen Versatz angelangt, grüßte uns ein menschengemachter Steinhaufen und wies uns links zur eisigen Zunge des schwindenden Gletschers. Steil floss der Eisstrom den Berghang hinab. Wir näherten uns seitlich, aber nur sehr zögerlich. Zu gewaltig und bedrohlich wirkte der bis aufs blanke Eis abgetaute Gletscher auf uns. Einmal anfassen wenigstens. Das bekamen wir hin. Ein Stück weiter hindurch, direkt unter die Zunge, wagte ich mich noch für ein paar rasche Fotos vor. Ich fühlte mich wie eine Laus vor der riesigen Pranke eines Bären. Vor mir lag eine gewölbte Wand aus spaltendurchfurchtem Eis, nur wenige ausfüllende Schritte hinter mir die Abbruchkante ins Tal. Ein extrem überwältigender Anblick.

Der vor Jahrhunderten das gesamte Tal durchströmende Stanley-Gletscher schrumpfte immer weiter zu einem kleinen Hängegletscher zusammen und war doch voller Geheimnisse. Die Menschheit steht erst am Anfang, die verborgenen Rätsel der fließenden Eisströme zu entschlüsseln. Die kanadische Autorin Lynn Martel schreibt in ihrem Buch »Stories of Ice«, dass etwa zweieinhalb Prozent der Fläche British Columbias von über fünfzig großen Eisfeldern und 17 000 Gletschern bedeckt werden. Totgeglaubte Gebiete, in denen es vor Leben nur so wimmelt. Pilze, Bakterien und Algen fühlen sich auf Schnee- und Eisflächen pudelwohl. Das bekannteste Phänomen ist sicher der Blutschnee, wenn Grünalgen (*Sanguina nivaloides*) im Frühjahr rot zu blühen beginnen, sobald sich die Temperatur dem Nullpunkt nähert. Auch Schneespinnen und Springschwänze lieben das gefrorene Nass.

Leben auf Eis klingt schon eigentümlich genug, doch unter dem Gletscher? Yep, tatsächlich gibt es zwischen ewigem Eis und steinernem Fels Leben, seit 2016 erstmals wissenschaftlich bewiesen. In über fünfzig Metern Tiefe entdeckte die Expedition um den Abenteurer Will Gadd und den Glaziologen Martin Sharp unter dem Athabasca-Gletscher zwei Kolonien roter und grüner Algen. Sie bildeten direkt an der nackten Gletscherwand je einen Biofilm, ähnlich des Belags auf unseren Zähnen. Insekten flogen den Forscher:innen in den unterirdischen Korridoren entgegen, den Ablaufkanälen des Schmelzwassers.

Analena blieb in sicherer Entfernung stehen und baute Steinmännchen. Na klar, back to the roots, so wie als kleines Kind, als sie alles Mögliche vom Boden aufhob und damit spielte. *Wunderbar, ihr geht's prima*, dachte ich. Sie hüpfte und sprang und warf sich freiwillig in wilde Posen. Es hatte sich gelohnt. Die ganze Mühe, um hier hinaufzugelangen, das Hin und Her – alles hat sich gelohnt. Sie tobte sich aus, und ihr Herz füllte sich mit Freude. Und wenn ihres das tat, dann meines ganz gewiss.

Auf dem Rückweg wählten wir die zweite Wegvariante, die mitten durch das karge Gelände der Burgess-Schiefer-Fundstätten führte. Wir schwelgten in trauten Erinnerungen von unserem Hobbypaläontologen.

»Weißt du, was mir am meisten fehlt?«, fragte ich rhetorisch und sah dabei unweigerlich gen Himmel. »Das morgendliche Kaffeetrinken. Dann, wenn du im Kindergarten oder der Schule warst, ich schon meine ersten Arbeitsstunden hinter mir hatte, als er wach wurde und den ersten Kaffee trank. Für mich war es wie eine Frühstückspause. Mal dauerte sie nur kurz, weil so viel zu tun war, mal quatschten wir stundenlang, bis einer von uns dich wieder abholte.«

Auf dem schmalen Geröllweg sah ich Analenas Gesicht nicht, wusste aber, dass sie zuhörte. Wir hörten uns immer zu. Meine Gedanken wandelten die Worte in filmische Sequenzen um, sodass ich permanent ein kleines Kino im Kopf hatte. Bilder entstanden. Ich sah ihn auf der Couch links von mir mit einer Kaffeetasse in der Hand sitzen. Auf dem von ihm selbst gebauten, niedrigen Wohnzimmertisch vor uns standen wie immer die durchsichtige Bodumkanne, eine Flasche Milch und die gläserne Zuckerdose.

Ich sah, wie sich sein noch vom Schlaf verquollenes Gesicht langsam glättete, während er sich gemütlich an die schwarze Rückenlehne des Sofas lehnte und mir von den jüngsten Ereignissen berichtete. Er war mein unversiegbarer Quell der aktuellen News. Wir erörterten die weltpolitische Lage, überlegten und durchdachten vor allem aber auch gemeinsam die möglichen Vorgehensweisen bei persönlichen Herausforderungen, die das Leben an uns herantrug. Wir waren nie allein, tauschten uns immer aus.

Ich weiß nicht, was ich davon laut aussprach und was leise dachte. Sanfte Schwermut legte sich über mein Gemüt. Er fehlte mir.

Doch erfreulicherweise schwebten Analenas Erinnerungen in heiteren Sphären weiter und sie warf in bester Stimmung ein: »Oh ja, weißt du noch, wie er immer ewig lang irgendwelche Nachrichtensender neben dem Präparieren laufen ließ und ›die Macht‹ bei sich hatte.«

»Oh jaaaa.« Ein Schmunzeln zog wieder über meine Lippen. Die Fernbedienung hatte immer direkt neben dem Zweikomponentenkleber und der Marmorpolitur auf dem Tisch in naher Reichweite gelegen.

Auf einmal waren wir schon fast unten am Auto. So hatte sich aus einer geplanten kurzen Tour für mich wirklich unerwartet eine dreizehn Kilometer lange Wanderung entwickelt, auf der wir über 800 Höhenmeter überwanden und die uns beide erfüllte und lebhaft in Erinnerung blieb. Ich denke, dass uns diese ehrliche Offenheit innerhalb unserer kleinen Familie, die Analena mit der Muttermilch aufgesogen hatte, nun auch hier draußen half. Dadurch kannten wir uns sehr genau und konnten uns noch besser in die andere hineinversetzen.

Ich wusste, ich hatte eine absolut vertrauenswürdige, rationale, verantwortungsbewusste und kollegiale Teampartnerin an meiner Seite, auf die ich jederzeit zählen konnte. Das gegenseitige Pushen, wenn die andere gerade aufgeben wollte, und die gemeinsamen Erinnerungen schweißten uns noch enger zusammen. Das allerletzte Eis zwischen uns war gebrochen.

Analena Wir liefen schon lange. Es war direkt vom Parkplatz bergauf gegangen und wir konnten beobachten, wie die Sonne ihre Strahlen durch das riesige Tal ausbreitete, bis an dessen Ende wir kommen wollten. Da wir immer relativ früh losgingen, um noch so viel wie möglich vom Tag zu haben und nicht zum Ende der Wanderung hin gestresst zu sein, sahen wir häufig die Sonne aufsteigen, wenn sie denn mal schien. Das Besondere diesmal war, dass die Feuerkugel erst am frühen Mittag hoch genug stand, um ins Tal hineinzuscheinen. Selten war ein Sonnenaufgang so schön mitanzusehen! Ich konnte richtig die einzelnen Strahlen erkennen und wie sie Stück für Stück ihren Weg tiefer in die Schlucht fanden. Es sah so aus, wie wenn man morgens die Vorhänge ein Stück aufzieht und die Helligkeit nicht vollständig hereinlässt. Wunderschön!

Unser Ziel war ein großer Gletscher am Talende. Es hatte sich durch die Wärme in diesem Jahr am Fuß des Gesteins ein zarter Wasserfall gebildet, den wir schon nach circa einer Stunde des Wanderns sehen konnten. Wir liefen seitlich an einem Hang entlang und nun wurde es langsam, aber kontinuierlich immer steiler, und ich musste aufs Klo.

Das passierte meist zu den unpassendsten Momenten. Hier waren kaum Bäume oder Büsche oder sonstige Versteckmöglichkeiten. Auf der anderen Seite muss man auch sagen, dass jeder Zeitpunkt unpassend ist. Es gibt keine Klohäuschen auf den Wanderrouten. Ab und zu findet man zwar ein Plumpsklo, aber das meist nur in Nähe der Campgrounds. Unsere Wanderungen dauerten meist gut und gerne drei bis neun Stunden am Tag, wenn es keine Mehrtagestouren waren. Wer hält es neun Stunden aus, ohne auf die Toilette zu gehen?

Es war also immer eine von uns am Wachestehen und die andere verkrümelte sich hinter den nächsten Baum. Männer haben es da wesentlich entspannter. Auf den Touren, die länger waren oder nicht ganz so bekannt, begegnete man selten anderen Wandernden, da war das noch einfacher arrangierbar. Aber bei den viel bewanderten Routen war es ganz schön unangenehm. Ich ging also hinter den nächsten Baum, den ich finden konnte, und wir setzten unseren Weg fort.

Doch bald stellte sich die Frage: Was war denn eigentlich unser Weg? Mitten am Hang war dieser nämlich offiziell zu Ende. Verwirrung pur. Doch wir gingen trotzdem auf Trampelpfaden weiter. Besonders begeistert war ich nicht, wäre viel lieber umgekehrt, um zum Auto zu kommen und die Wanderung für beendet erklären zu können. Aber meine Mom schaffte es immer wieder, mich zu überzeugen. Mein innerer Schweinehund war schwächer, und die Diskutiererei hatte sich gelohnt: Ein Stückchen weiter war das Gelände sogar perfekt zum Kraxeln! Das macht mir immer besonders viel Spaß!

Oben auf der Anhöhe konnten wir das gesamte Tal, aus dem wir gekommen waren und das wir die letzten Stunden entlanggewandert waren, überblicken. Es war beeindruckend. Als ich mich umdrehte, sah ich den enormen Gletscher vor mir. Riesig erhob sich das Eis vor uns. Ich bekam Angst. Für mich war das nichts, so nah vor dieser gigantischen Naturgewalt zu stehen. Ich hatte schon mal in Filmen gesehen, was da alles passieren kann: Lawinen, Gletscherspalten und so weiter. Mein Körper wurde schwer, ich schwitzte und mir war kalt. Ich wollte keinen Schritt weitergehen.

Meine Mom lief noch ein bisschen voran, ihr schien es auch zu gefallen und sie war fasziniert. Vor dem Gletscher standen viele kleine Steinmännchen. Es war wie ein Podest, das wir dort oben erreicht hatten. In mir kam wieder eine Energie hoch, die die letzten Stunden gefehlt hatte: Es machte mir riesigen Spaß, dort oben zu stehen! Ich wollte, dass meine Mom ein Bild von mir machte, während ich springe. Diese Art von Bildern hatte ich schon sehr oft in den sozialen Netzwerken gesehen, aber bei so einer Location war mir das egal. Ich wollte auch so eins!

N
W
O
S
0
25
50 km
Hinton
16
Mount Robson
3954 m
Berg Lake Trail
Maligne Canyon
Jasper
Maligne River
Skyline Trail
Tonquin Valley
Mount Edith Cavell
Maligne Lake
Geraldine Lakes
ALBERTA
Icefields Parkway
JASPER NATIONALPARK
North Twin Peak
3733 m
Parker Ridge
Columbia Icefield
Kinbasket Lake
Mount Columbia
3747 m
Mount Athabasca
3479 m
Saskatchewan River Crossing
Athabasca Glacier
93
Helen Lake
BANFF NATIONALPARK
Rocky Mountains
Columbia River
GLACIER NATIONAL PARK
Golden
Lake Louise
Mount Bourgeau
Mount Temple
3547 m
Banff
Calgary
1
REVELSTOKE NATIONAL PARK
Revelstoke
Nub Peak
2755 m
Mount Assiniboine
3618 m
BRITISH COLUMBIA
Lake Revelstoke
Radium Hot Springs
Columbia Lake
Canal Flats
CANADA
Upper Arrow Lake
Pincher Creek
Castlegar
WATERTON LAKES NATIONALPARK
Waterton Lakes
UNITED STATES OF AMERICA

Kapitel 6

Vernunft

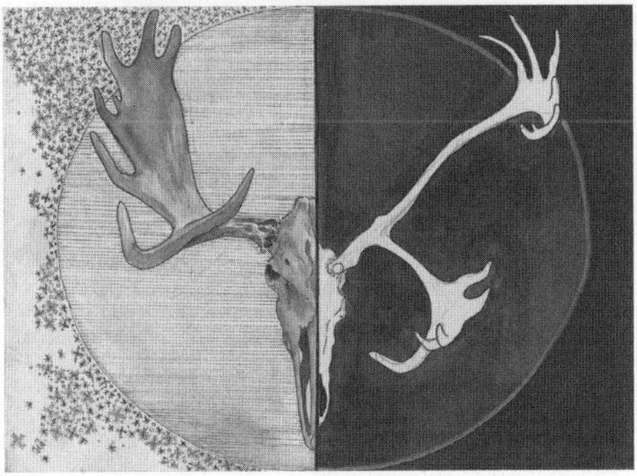

Elche – aus Wanderfrust wird Wanderlust

Verena Die nächsten drei Tage waren von Ausgelassenheit geprägt. Auf dem sechs Kilometer langen Spaziergang an der Parker Ridge nahe des Columbia Icefield brach Analena in einen solchen Lachkrampf aus, dass ich dachte, sie stürzt aus Versehen gleich vom schmalen Kammweg ins tiefe Tal des Saskatchewan-Gletschers. Mit meiner dicht über die Stirn gezogenen Kapuze im Regenwetter, die durch runde Seitenbänder straff gezogen werden konnte, sah ich in ihren verträntem Augen aus wie ein Frosch.

Am Angel Glacier des Mount Edith Cavell beobachteten wir geduldig zwei sich jagende Murmeltiere und ein »totaaaaaal süüüüüßes« Pika, das frisches Material zum Trocknen für den Wintervorrat sammelte und dabei ununterbrochen hin- und herflitzte. Diese Pfeifhasen mit ihren runden Ohren, dem fehlenden Schwanz und der braungrauen Fellfärbung hörte man zuerst, bevor man sie im Boulderfeld vor sich erspähte. Ein nasales *Eek* eilt den Geschöpfen weit voraus.

Auf dem Hang gegenüber des Mount Edith Cavell sprang Analena auf der Blockhalde herum, als gäbe es kein Morgen. Erst recht aufregend fand sie die hindernisreiche Tour zu den Geraldine Lakes, auf der sich ein Blockhaldenfeld ans nächste reihte, unterbrochen von ausgetrockneten Bachbetten und runkeligen Wurzelwegen im Unterholz. Der Abenteuerspielplatz Westkanada verfehlte auch bei Analena seine Wirkung nicht.

Ich freute mich riesig, sie so aufleben zu sehen. Sie probierte sich aus und testete, was das Zeug hielt. Vor allem war sie unsere Späherin, die immer irgendetwas entdeckte, von der kleinen Raupe auf dem Weg bis hin zu exzellent getarnten Steinböcken, Schneeziegen und Fischen. Und wie sie losschwärmen konnte! »Oooooooh guck maaaaal, süße Fischieeeeees!« Manchmal ließ sie mich in ihrer typischen, kurz angebundenen Art raten: »Guck mal.« Doch auf mein »Jaa? Waaas?« folgte nur sehr vehement »Na da. Guck!«. Sosehr ich auch »guckte«, sah ich oft nicht, was sie entdeckte, auch wenn ihr Arm sich noch so sehr in die jeweilige Richtung ausstreckte.

Zu Fuß die Entdeckerin, erschrak sie im Auto, als ich unerwartet auf dem Icefields Parkway bremste und sie aus ihren Tagträumen riss. Beim Autofahren war sie in einer ganz anderen Welt, träumte vor sich hin oder war fleißig damit beschäftigt, Songtitel und Interpreten zu notieren, die wir toll fanden.

Getragen von der entspannten Atmosphäre, verweilten Analenas Gedanken an einem weit entfernten Ort, während ich mich als Fahrerin auf die Straße konzentrieren musste. Deshalb sah ich als Erste die plötzlich vor uns am Highway-Rand haltenden Autos und Menschen, die mit schwarzen Geräten in der Hand auf die linke Straßenseite wechselten. Da war was.

Halb auf die Straße schauend, halb auf den zu linker Hand dahinströmenden gletscherblauen Athabasca River schielend, versuchte ich zu erkennen, wen oder was sie sahen. Etwas Braunes. Zu weit weg. Im Wasser auf der gegenüberliegenden Seite. Erst mal sicher anhalten. Wir stiegen aus, wechselten ebenfalls die Straßenseite und ich drehte mein Objektiv auf vollen Zoomfaktor.

Analena war mal wieder schneller: »Elche, Mama, guck mal, da sind Elche. Sogar ein Baby!«

Tatsächlich. Eine Elchmutter stand mit ihrem Kalb im Wasser. Fantastisch. Die in den kanadischen Rockies etwa 450 Kilo schweren Elche entstammen dem Pleistozän, wie der Rocky-Experte Ben Gadd schreibt, und sind mit ihren langen Beinen wie geschaffen für morastige, seenreiche Landschaften und schneereiche Regionen. Im Winter lecken sie gern in der Morgen- und Abenddämmerung das Salz von der Straße. Mit ihrem dunklen Fell sind sie im Zwielicht schwer zu erkennen und sorgen häufig für Unfälle – Stichwort Elchtest.

Elchkühe beschützen ihre Kälber den ersten Lebensmonat lang energisch vor allen Gefahren. Dann ist der Welpenschutz vorbei. Das junge Kalb muss der Mutter auf ihren üblichen Wegen folgen, die nicht immer kindgerecht sind. Dabei kommt es vor, dass die Nachkommen in tiefen Seen und tobenden Flüssen ertrinken. Gelingt es dem Jungtier, mit der Mutter mitzuziehen, bleibt es so lange bei ihr, bis sie ein Jahr später ein neues Kalb wirft. Dann wird das ältere verjagt. Eine zweite kritische Phase für das Jungtier, denn in den ersten Monaten danach wandert es irritiert durch die Gegend und versucht, mit der neuen Lebenslage klarzukommen. Eine ausgesprochen leichte Beute für Wölfe.

Nun sahen wir die beiden großen Huftiere in sicherer Entfernung auf der anderen Seite des großen Flusses. Analenas erste Elche, sie war hellwach und hellauf begeistert.

Nach der Rockwall und drei Tagestouren begann dieser Mittwoch im August mit strahlendem Sonnenschein. Es war der Beginn einer Mehrtagestour, die mir unmissverständlich zu verstehen gab, dass ich neben Analenas Sicherheit auch an meine eigene denken muss. So wie man im Flugzeug zuerst sich selbst und erst anschließend den Kindern die Sauerstoffmaske reicht.

Wir verließen den Whistler Campground in Jasper, auf dem es weit und breit die längsten Schaukeln gab. Beide lieben wir Schaukeln – ein Grund, weshalb ich genau dorthin wollte. Frisch geduscht und mit gefüllten Wasserkanistern ausgestattet, fuhren wir zum versteckten Parkplatz am Fuß des Signal Mountain, an dem unsere geplante Wanderung auf dem etwa 47 Kilometer langen und 1600 Höhenmeter überwindenden Skyline Trail enden sollte. Diesmal wollten wir nach einer anstrengenden Tour direkt beim Auto landen, unsere Schuhe von den brennenden Füßen streifen, uns am reichen Vorrat aus Leckereien im Kofferraum vergreifen und in weiche Sessel sinken, ohne uns noch um den Transfer kümmern zu müssen.

Vom Parkplatz trampten wir bis zum Startpunkt der Tour, der am Nordwestende des Maligne Lake lag, den ich von den Rotel-Reisen sehr gut kannte. Die beliebten Bootstouren zur Spirit Island werden vom mittlerweile zum Imperium angewachsenen Unternehmen Brewster angeboten, dessen Name seit über 120 Jahren in der Region zwischen Banff und Jasper für Transport und Tourismus steht. Die in Banff geborenen Brüder Jim und Bill waren im frühen 20. Jahrhundert ins abenteuerliche Outfitter-Business eingestiegen, bei dem Guides und Ausstatter:innen wohlhabende Städter:innen und ihre Familien wochen- bis monatelang durch die Wildnis führten. Die beiden Geschäftsmänner erwarben das alleinige Recht, die Gäste des Banff Springs Hotels mit Outdoor-Equipment auszustatten und für deren Transfer zum Bahnhof zu sorgen. In kurzer Zeit weiteten sie dieses Geschäftsmodell auf Lake Louise und Field aus. Jim Brewster baute die Transportsparte in den folgenden Jahren massiv aus. 1965 verließ das Unternehmen Familienhand und wurde von Greyhound aufgekauft. Heute ist Brewster ein lokal omnipräsenter Betrieb mit mehreren Tochterfirmen.

Als wir auf der kurzen Wanderung von nur etwa sieben Kilometern den ersten Zeltplatz erreichten, der sich abschüssig an den Berghang des Sunset Peak schmiegte, freuten wir uns sehr aufs Abendessen, weil wir endlich mal etwas Neues ausprobieren wollten. Statt abermals Reis oder Nudeln mit wahlweise roter oder weißer Soße hatte ich Falafelpulver gekauft, das wir zu einem Brei anrühren wollten. Das klappte auch echt gut. Nur als wir davon probierten, spien wir Feuer und Flamme. Die Schärfe war kaum auszuhalten.

Klar, Lippen luftdicht schließen und maximal neutrale Kohlenhydrate wie Brot, Reis oder Nudeln zu sich nehmen, um das Brennen zu lindern, auf keinen Fall Flüssigkeiten – das wusste ich noch aus Südostasien. Wir holten rasch einen Müsliriegel raus. Okay und jetzt? Setzten wir doch noch Reis auf, um das Brennen zu lindern und unseren Magen mit etwas Gehaltvollem und Warmem zu füllen. Genügend Proviant war dabei. Nur das zusätzliche Gewicht durch den mit Wasser angerührten und für uns ungenießbaren Falafelteig ärgerte mich. Zuerst überlegte ich tatsächlich, ob ich den Batzen nicht einfach sukzessive im Bach auflösen konnte, entschied mich dann aber aus Umweltschutzgründen und wegen der Tiere dagegen.

Analena

Grau. Es war mal wieder kein schönes Wetter. Das hieß für mich, dass ich meine neonrote Regenjacke anziehen musste, in der ich aussah wie eine Ampel. Ich mochte diese Jacke gar nicht. Mit der Kapuze auf hatte ich etwas von einem Teletubby, dem die Antenne fehlte. Da »freute« ich mich aber, stundenlang als Signalleuchte durch die Büsche zu stapfen. Meine Mom konnte sich glücklich schätzen mit ihrer braunen Jacke, die sie – ganz im Gegensatz zu mir mit meiner Jacke – bei manchen Wanderungen auch bestimmt als Tarnkappe auf dem erdigen Untergrund hätte benutzen können.

Wir entschieden, bei dem Wetter anstelle einer langen eine kurze Wanderung zu gehen: die Parker Ridge. Sie sollte gerade mal zwei Stunden dauern und damit ganz entspannt machbar sein. Wir parkten also auf dem für die Wanderroute vorgesehenen Parkplatz und liefen los. Es ging sehr schnell steil hoch. Wir liefen in Kehren einen Hang hinauf. Das Ziel dieser kurzen Wanderung war ein Aussichtspunkt, von dem aus man das Tal des Saskatchewan Glaciers und den Gletscher selbst sehen konnte. Zumindest das, was von ihm übrig war. Meine Mom erzählte mir oft davon, dass die Gletscher, die wir heutzutage sehen, viel kleiner sind, als sie einmal waren. Ich konnte mir das meist gar nicht so richtig vorstellen, da sie so schon gigantisch waren.

Doch leider wurden wir an diesem Tag mit der Aussicht enttäuscht: Wir sahen nicht wirklich viel, denn alles war trübe und verhangen, lediglich ein vergrautes Tal, an dessen Ende man die Umrisse des Gletschers erahnen konnte. Wir standen einen Moment oben auf der Aussichtsebene und liefen dann den Weg zurück. Es war ein entspannter Tag, der Weg war nicht allzu anstrengend und ich genoss das sehr mit Ausnahme des Mistwetters.

Ähnliches Terrain gab es bei den Geraldine Lakes. Meine Mom regte sich manchmal auf, dass die Touren, die einen See zum Ziel hatten, immer gleich waren: Lange durch den Wald latschen, See angucken und dann wieder den gleichen Weg zurück. Irgendwo stimmte das auch. Die Geraldine Lakes waren das perfekte Beispiel dafür. Wenn man schon jeden Tag wandern muss, möchte man dabei ja auch etwas Abwechslung haben! Und ein kleines bisschen Abwechslung gab es tatsächlich bei dieser Tour: Der Weg zu den Seen war genial! Er gestaltete sich als ein schmaler Pfad, der durch und durch von knorrigen Wurzeln durchwachsen war und sich durch den Wald schlängelte. Vor Ort an den Seen war es geröllig, also perfekt, um ein bisschen zu kraxeln. Und ich machte auch noch Fotos von einigen kleinen Fischen, die in den Seen umherschwammen.

Mir machte diese Wanderung sehr viel Spaß: Es ging nicht so weit hoch und blieb spannend. Meine Mom hingegen kam mir nicht gerade sehr glücklich vor. Ich glaube, ihr war die Wanderung zu klassisch und zu sehr nach ihrem Seen-Klischee.

Meistens ging es nach der Wanderung mit dem Auto weiter, es sei denn, wir schliefen direkt vor Ort im Wagen. Wir fuhren viel mit dem Auto, fast jeden Tag, denn wenn wir nicht grade im Hinterland unterwegs waren, mussten wir vom Campingplatz oder dem Parkplatz, auf dem wir übernachteten, zum Start unserer nächsten Wanderung kommen. Das waren zwar selten lange Touren, aber an manchen Tagen lange genug, um Radio zu hören – und unser Mietwagen hatte ein Radio.

Es war nicht gerade einfach, mit der Musik auf einen gemeinsamen Nenner zu kommen, wir switchten von einem Sender zum anderen. Innerlich wurde ich ungeduldig und hatte das Thema Musik eigentlich schon abgehakt. Doch nach einigen angespannten Fahrten zwischen Ungeduld und Genervtheit fanden wir etwas: Reggae. Darauf konnten wir uns beide einlassen. Ich fühlte die Musik richtig im Auto. Man sah die wunderschöne Berglandschaft an sich vorbeiziehen und konnte träumen.

In mein Zeichen- und Notizbuch, das im Handschuhfach lag, notierte ich mir die Titel, die mir besonders gut gefielen. Wir hatten einen Lieblingssänger gefunden: Buju Banton. »Untold Stories« und »Murderer« mochten wir besonders gerne. Das nächste Mal, als ich Internet hatte, lud ich mir die Lieder gleich herunter. Sie erinnern mich heute noch an unsere Autofahrten zwischen den Wanderungen.

Auf einer dieser Fahrten gab es ein ganz besonderes Vorkommnis: Wir sahen oft Bären, immer umgeben von Trauben an Autos, in denen Leute saßen, die Fotos machten. Es war schon fast zur Gewohnheit geworden. Ich dachte, es würde sicher komisch werden, in Deutschland keine Bären mehr zu sehen.

An diesem Tag fuhren wir an einem Fluss entlang und meine Mom entdeckte etwas an der Straßenseite. Aber es war gar kein Bär, wie ich zuerst angenommen hatte, es war eine Elchkuh! Und nicht nur eine, sie hatte ein Elchkind bei sich. Wir hielten also ebenfalls an. Es war so erfrischend, mal etwas anderes zu sehen, ich war begeistert! So einen Elch in freier Wildbahn zu sehen, war beeindruckend. Nie hätte ich gedacht, dass die Tiere so groß sind. Und dann war auch noch das Kind dabei! Ich war hin und weg.

Schneesturm – der Nutzen einer Regenhose

Verena Ein langer Tag stand uns bevor. Aufgrund des hohen Buchungsaufkommens und der spärlichen Verteilung der Zeltplätze auf dem Skyline Trail umfasste unsere Etappe knapp 25 Kilometer und tausend Höhenmeter auf- und abwärts. Durchaus machbar, definitiv aber tagesfüllend. Dementsprechend früh scheuchte ich Analena aus dem Bett. Ihr Biorhythmus protestierte gewaltig. Ich verstand ihre Qualen, konnte sie aber an diesem Morgen nicht verhindern, nur mildern. Still und müde startete sie in den Tag.

Erfreulicherweise hatten wir schon bald die Baumgrenze auf über 2100 Metern erreicht und stiefelten durch ein breites, offenes Hochtal. Harmonisch schmiegte sich der flache Bewuchs an die Ränder der sandfarbenen Hügelkuppen und ging allmählich in ihm auf. Je höher wir kamen, umso deutlicher lugten die schneebedeckten Gipfel der umliegenden Gebirgsketten zu uns herüber.

Es versprach ein weiterer sonniger Tag zu werden, und ich freute mich schon riesig auf den vor uns liegenden Abschnitt hinter der Notch. Nach diesem Teilstück ist die gesamte Tour benannt: Der Skyline Trail führt reichliche vier Kilometer, teils auf dem Kamm des Amber Mountain und teils daneben, hoch über dem Tal des Athabasca River und gewährt atemberaubende Blicke hinab zum reißenden Fluss und dem sich dahinwindenden Icefields Parkway. Doch wir mussten erst noch ein ganzes Stück Weg zurücklegen, um dorthin zu gelangen. Anhöhe um Anhöhe überwanden wir bei schönstem Wetter im lang gezogenen Hochtal, als wir nichts Böses ahnend den etwa 2300 Meter hohen Big-Shovel-Pass erreichten.

Oben angekommen, fauchte uns jäh ein Wind entgegen, der uns beinahe umgeworfen hätte. Wir hielten uns buchstäblich aneinander fest. Hier blickten wir bis zum Curator Lake, an dem sich der Weg teilte. Links durch das Kerbtal hinab führte die Route an der Shovel-Pass-

Lodge vorbei zum Icefields Parkway. Unser Weg führte hingegen weiter geradeaus, den Sattel hinauf.

Nur mit einer leichten Jacke bekleidet, begann langsam auch der Windchill zu wirken und wir kühlten zunehmend aus. Unsere Energiereserven vom Frühstück schwanden rapide dahin. Mein Magen begann zu knurren und mir war kalt. Wir wollten das windgepeitschte Hochtal zügig durchqueren, sodass wir uns an einer einigermaßen geschützten Stelle beim azurblauen Teich wärmer anziehen und einen Happen essen konnten.

Nachdem wir am Curator Lake angekommen unseren Heißhunger gestillt hatten, stiegen wir den schmalen Pfad hinauf zur Notch, einem mit Schneeresten befleckten Joch, hinter dem der eigentliche Skyline-Teil begann. Ein lebensfeindliches Klima, in dem nur Flechten und kälteresistente Kurzgräser dauerhaft überleben können. Mit jedem Meter Höhe zog aus heiterem Himmel ein weiteres Band weißer, tief hängender Wolken über unsere Köpfe.

Auf einmal fing es an zu schneien. Wir standen direkt an der unteren Wolkengrenze, die über uns hinwegfegte und sich langsam auf uns herabsenkte. Ein Flockengestöber und wir mittendrin. So rasch, wie es gekommen war, so vermutete ich, würde es auch verschwinden. Wir blieben, wo wir waren, knapp unterhalb des Jochs, und setzten uns.

Die Minuten verstrichen. Das Schneetreiben wurde wilder, die Flocken dicker. Ich sah auf das GPS. Der Weg war noch weit und der Mittag bereits vorbei. Was sollten wir tun? Absteigen und versuchen, auf dem ausgebuchten Zeltplatz oder in der ebenfalls ausgebuchten Lodge einen Platz zu bekommen, oder doch weitergehen? Erst einmal ausharren, entschied ich.

In der Zwischenzeit sorgte ich mich um Analena, sah ihre sehr gute, aber dünne Trekkinghose und wie die Schneeflocken langsam, aber sicher an ihr hängen blieben und tauten. Damit sie nicht ganz durchnässte, bestand ich darauf, dass sie sich die Regenhose überzog. Sie zögerte. Natürlich hatte sie keine Lust, sich bei den äußerst ungemütlichen Witterungsverhältnissen umzuziehen. »Besser ist's, Sweetie.«

Ich schaute auf meine Hose. 1000er-Wassersäule, sollte passen. *Aber auf Nummer sicher gehen wäre klüger*, dachte der eine Teil in mir, während der andere Teil haderte, hier bei Wind und Schnee die Hose aus dem Rucksack zu kramen, die dicken Wanderschuhe auszuziehen, sich die enge Regenhose überzustreifen, um anschließend die Schuhe wieder anzuziehen. Ich war schlichtweg zu faul und dachte: *Passt scho'*. So saßen wir da, schauten gen Himmel, überlegten, was wir jetzt tun sollten, und warteten ab.

Wieder blickte ich aufs GPS. Meine Geduld, die generell nicht von Langmut geprägt ist, neigte sich ihrem Ende entgegen. Es hieß Hopp oder Top. Ich beschloss weiterzugehen, es zu riskieren. Die Sicht war okay. Analena war einverstanden.

Nach einer halben Stunde abwarten brachen wir auf und erreichten kurz danach den spektakulären Kammweg. Der ausgetretene Pfad hob sich sichtbar von der grauen Splitthalde ab und war gut erkennbar. Es ging. Die atemberaubende Aussicht allerdings, der Höhepunkt dieser Tour, verbarg sich hinter einer weißen Barriere aus dichten Wolken und Schneegestöber.

Wie aufregend, mitten im Wirbel der Schneeflocken hoch oben auf einem breiten Kammweg unterwegs zu sein! Ich bekam richtig gute Laune und tanzte mit den Schneeflocken, sprang herum und drehte mich im Kreis, jauchzte und frohlockte. »Ist das nicht klasse, Sweetie?«, strahlte ich Analena an.

Wie zu erwarten, hielt sich ihre Euphorie in engen Grenzen. Grimmig zog sie sich die Kapuze so dicht über dem Kopf zusammen, wie es nur ging. Die Augen verschwanden unter dem erweiterten Kapuzenschirm; oben gab es ja eh nichts zu sehen, der Blick hinab auf den Weg genügte. Über ihre Lippen zog sie den hohen Kragen der Jacke, sodass nur noch ihre Nase deutlich zu sehen war.

Sosehr ich mich freute, so sehr wuchs das Schneegestöber zu einem leichten Schneesturm an. Die Flocken fielen dicker und dichter. Im Gewirr des Schneetreibens, des dichten Nebels der Wolke, in der wir uns befanden, und des vor Nässe schimmernden Splitts war der Weg bald nur noch schwer erkennbar. Ich musste mich vollkommen darauf konzentrieren. Nicht zu wissen, ob wir richtig waren, nicht zu erkennen, ob wir gefährlich nah am Abgrund liefen, ob es überhaupt einen gab, war schwer auszuhalten. Wir blieben dicht hintereinander. Meine frohlockenden Ausrufe verstummten. Auch bei mir blieben die Flocken hängen, auch an meiner Hose tauten sie, während der Wind unablässig pfiff. Ich folgte Analenas Beispiel, zog die Kapuze tiefer, versteckte meine Hände in den Ärmeln und war versucht, sie in den Taschen warm zu halten. Diesem Drang konnte ich dann doch widerstehen, da sie meine Stöcke hielten. Nachweislich sind viele schwere Stürze auf »Hände in Hosentaschen« zurückzuführen.

Meine Wangen begannen zu glühen. Der Schnee durchnässte mittlerweile auch meine Hose, und meine Beine kühlten aus. Diese Kälte kroch in alle Glieder. Sollte ich hier oben doch noch die Regenhose drüberziehen? *Alles abwerfen, rumwurschteln und rauszerren? Nein. Lieber schneller voran- und aus diesem Wetter rauskommen*, dachte ich. Aus kurz und schnell wurden knapp zwei Stunden, bevor wir buchstäblich aus den Wolken herausstiegen und unterhalb des Taupunktes landeten.

Als die Sicht wieder frei war, sahen wir unter uns glasklar das menschenleere Tal liegen. Meine Zähne klapperten, der ganze Körper war verkrampft. Ich war durchgefroren bis auf die Knochen. Und wieder war meine treue Analena an meiner Seite und machte mir Mut. Dank ihrer Vernunft, die Regenhose drüberzuziehen, ging es ihr gut.

»Mama, siehst du den See?«

»Ja«, antwortete ich.

»Bis dorthin, und dann machen wir eine Pause, essen was. Bis dahin schaffst du's.«

»Okay.«

Meine erste Überlegung war, vielleicht einfach dort an Ort und Stelle das Zelt aufzuschlagen. Doch am See selbst war's auch noch windig und wir aßen nur schnell einen Riegel. Zudem lag der Zeltplatz gleich in der Nähe, sodass wir beschlossen, es durchzuziehen. Völlig unterkühlt, wie ich war, hatte das Wetter immer noch keinerlei Erbarmen mit meiner eigenen Dummheit. Es fing an zu regnen.

»Diesmal trennen wir uns. Eine baut das Zelt auf, die andere kocht geschwind. Was magst du lieber machen?«, fragte ich Analena.

Sie wollte kochen.

Im Bindfadenregen unterkühlt ein Zelt aufzubauen, macht keinen Spaß. Die heißen Nudeln spachtelten wir mangels eines Unterstandes schnell unter piksigen Fichtenzweigen, füllten die Nalgeneflaschen wie Wärmflaschen mit heißem Wasser und sahen zu, dass wir ins Trockene kamen. Was für ein Tag!

Nachdem wir am nächsten Tag bei herrlichem Wetter platt und froh am Parkplatz angekommen waren, machten wir es uns im Auto gemütlich, das auf dem kleinen und vollen Wanderparkplatz zwischen anderen Autos stand, sodass wir dort seelenruhig übernachten konnten, trocken, warm und in Stille.

Analena Eine lange, mehrtägige Wanderung stand uns bevor. Überall angepriesen wegen der wunderschönen Aussicht weit in die Ferne, ist der Skyline Trail eine bekannte Wanderroute auf dem Grat des Amber Mountain. So begann die Tour oder besser gesagt: Tortour.

Der erste Tag war ganz entspannt. Die Etappe verlief relativ eben, es ging lediglich leicht bergan. Am nächsten Tag bewegten wir uns auf einem wurzeligen Waldweg, der von Bäumen umgeben war. Ringsum befand sich viel Grün. Noch gab es keine großartigen Aussichten. Ich war total gespannt darauf, was wir wohl von dem Grat aus sehen würden. So wie meine Mom es beschrieben hatte, musste es sehr beeindruckend sein.

Die Vegetation wurde nach und nach wesentlich weniger. Es wuchsen gerade mal kleine Büsche und Gräser neben dem Trampelpfad, auf dem wir uns befanden, und man konnte immer weiter sehen. Bald eröffnete sich ein gigantisches, weites Tal vor uns. Die Wolken warfen wunderschöne Schatten auf die Hänge, was die Umgebung viel weiter und offener wirken ließ, als sie es eigentlich war. Es war kaum bewachsen, noch weniger als im vorherigen Abschnitt. Vereinzelte Büsche schmückten die Hänge, sonst gab es nur an wenigen Stellen niedrige Gräser und viele kleine Steinchen.

Wir wanderten auf mittlerer Höhe des Hangs an diesem entlang, wo der Wind nur so tobte. Ich genoss den Wind in den Haaren, aber wegen der Stärke der Luftströme hatte ich auch Bedenken, ob der Wind mich nicht einfach gleich mitreißen würde und ich dann alles aus der Vogelperspektive würde betrachten können. Die Landschaft war offen, frei, und wir sahen keine anderen Wandernden. Beinahe idyllisch.

Der Weg begann immer mehr anzusteigen, und wir kamen dem Pass, dem Anfang des Skyline-Grats, immer näher. Meine Mom bestand darauf, dass ich meine Regenhose anzog. Boah! Das hatte mir noch gefehlt! Ich sollte mich also hier unter freiem Himmel in übelster Kälte umziehen? Aber klar, ich hab's gemacht, da diskutieren sowieso vergeblich war und ich mir ansonsten wieder Storys über Erkältungen anhören müsste, in denen ich nicht auf sie gehört hatte, am Ende krank wurde und sie obendrein ansteckte. Das musste ich mir nicht geben.

Es schien sich etwas zusammenzubrauen. Zu Beginn regnete es nur, doch dann setzte Schnee ein. Nicht gerade die besten Voraussetzungen, um auf und an einem Grat entlangzugehen. Aber es wurde noch schlimmer.

Ich dachte am Anfang, es würde gleich aufhören und wir müssten einfach nur so circa eine Viertelstunde abwarten und könnten dann weitergehen. Doch es hörte nicht auf. Wir warteten noch ein bisschen ab und beschlossen dann, aufzubrechen. Wir mussten weitergehen, stiegen hinauf bis zum Pass und sahen: nichts.

Eigentlich sollte hier eine beeindruckende Aussicht sein, stattdessen hatten wir damit zu kämpfen, überhaupt den Weg vor uns zu erkennen. Ich konnte richtig die einzelnen Schneeflocken vor meinen Augen sehen. Meine Mom redete immer davon, dass ja kein Regen an ihre Kamera randurfte. Sonst wurde sie immer direkt weggepackt, sobald es auch nur den Anschein von Regen gab. Das war eine Regel, die sie mir zehntausendmal sagte, und jetzt stand sie da, in diesem Schneesturm, und machte ihre Bilder. Ich merkte, dass sie nach einer anfänglichen Euphoriezeit selbst die Situation auch nicht mehr so locker sah und zunehmend angespannter wurde. Sie versuchte, die Kamera immer wieder mit ihrer Jacke zu schützen, und packte sie dann, so schnell es ging, in die dazugehörige Tasche.

Ich hatte keine Lust, in diesem Wetter zu wandern, so machte das einfach keinen Spaß! Es windete, und die Schneeflocken wurden einem überallhin gepfeffert. Außerdem zog mir die Kälte bis tief in die Knochen; ich wollte einfach nur noch ins Zelt. Wir hatten einiges an Gepäck dabei und der Wind zog daran, als würde er danach greifen. Der Grat war lang. Es war nicht einfach, dem Weg zu folgen, ich sah ja gerade mal meine Mama vor mir, alles Weitere war in Schnee-Wind eingehüllt.

Es fühlte sich an wie eine Ewigkeit, die wir dort oben teils auf, teils neben dem Grat liefen. Mir war sehr kalt, als es endlich ein bisschen bergab ging. Doch kaum hatten wir unseren Weg ins Tal gefunden, da wurde das Wetter auch schon besser: Regen löste vorerst den Schnee ab und auch dieser hörte nach kurzer Zeit auf. Unsere Schutzkleidung hielt zwar einiges aus, aber nicht so viel.

Meine Mom begann nun zu grummeln: Ihr war kalt. Das war für mich ein ungewöhnliches Phänomen, weil sonst immer ich diejenige war, die meckerte. Ich hatte keine Ahnung, wie lang es noch dauern sollte, bis wir am lang ersehnten Campingplatz ankommen würden. Es nutzte ja nichts, das Stück mussten wir noch durchziehen und weit konnte es nicht mehr sein.

Es war eklig, durch die nasse Landschaft zu laufen. Zuerst ging es ein steileres Stück herunter durch eine steinige Gegend. Dann liefen wir etwas länger eben. Die Vegetation veränderte sich zunehmend zurück zu dem, was wir am Anfang gesehen hatten, und es wurde grüner um uns herum. Wir trafen sogar Dickhornschafe, die ein bisschen mit uns mitliefen!

Aber meine Mutter konnte nichts mehr so richtig aufmuntern, denn sie war mit sich beschäftigt. Es ist ja auch unangenehm, wenn einem die Kälte bis in die Knochen zieht und die Hose klitschnass ist. Ich konnte sie voll und ganz verstehen. Mein Körper hatte es geschafft, sich unterdessen wieder aufzuwärmen. Dank der Regenhose ist mir ein Großteil der Kälte und Nässe erspart geblieben. Dann hatten wir es endlich geschafft!

Das Erste, was wir vom Campingplatz sahen, war ein Plumpsklo. Aber kein normales WC, es war ein Dreier-Klo. Also drei Holztoiletten ohne

Trennwände und ohne Dach nebeneinander gebaut, sogar mit Armlehnen, aber sonst keiner Abgrenzung von den nebenliegenden WCs. Mittels einer Treppe wurde der Zugang zu den Sitzen ermöglicht. In dem Moment, als wir ankamen, hatte ich keinen Nerv für diese Konstruktion, wollte doch einfach nur ins trockene Zelt, mich einkuscheln und aufwärmen.

Es regnete, der Boden war vollkommen mit Wasser getränkt und es bildeten sich viele Pfützen. An dem Tag stellten wir beim Zeltaufbau und Kochen dank Arbeitsteilung eine Rekordzeit auf. Endlich konnte auch meine Mom ihre nassen Klamotten ausziehen.

Dann kamen bei mir die Überlegungen: Bei der Tour ist der Höhepunkt die Aussicht. Wir hatten soeben null Komma null Aussicht gehabt und meine Mutter deswegen auch keine schönen Bilder für den Wanderführer. Was für ein Pech! Zwar hatte sie viel von dem Schneesturm mit ihrer Kamera eingefangen, aber das war nicht mit dem vergleichbar, was wir eigentlich hätten sehen sollen.

Meine Mutter war gar nicht gut drauf. Nur eine Sache konnte ihre Laune wieder bessern: das Plumpsklo! Das ist mal wieder typisch. Sie fand es ultrakomisch, dass man ja auch nebeneinander auf die Toilette gehen konnte, und wollte es gleich mit mir zusammen ausprobieren.

Das war eine ganz, ganz, ganz, GANZ komische Situation. Ich meine, ich kenne das ja von zu Hause, dass man mal mit einer Freundin gemeinsam ins Bad geht, aber gleichzeitig aufs WC? Es war auf jeden Fall interessant. Ich frage mich trotzdem, wie man auf die Idee kommt, so etwas zu bauen. Die Leute müssen sich ja etwas dabei gedacht haben, oder nicht?

Am nächsten Tag ging es ohne große Höhepunkte – bis auf einen kleinen schnuckeligen Tümpel und ein bisschen Aussicht – wieder zurück in die Zivilisation. Endlich konnte meine Mutter auch ihre Schuhe trocknen, die ebenfalls etwas nass geworden waren, denn das war immer so ein Problem: Wir hatten für unsere Wanderzeit nicht allzu viel Zeug dabei und so auch nur jeweils zwei Paar Schuhe. Das eine schloss unter dem Knöchel ab und war für gutes Wetter und kurze Touren, wobei das andere, unsere knöchelabdeckenden Schuhe, für Mehrtagestouren und schlechtes Wetter gedacht war.

Es passierte öfter, dass eines der Schuhpaare nass wurde, aber wir brauchten genau dieses Paar, und wir hatten natürlich keinen Heizkörper im Zelt, auf dem wir die Schuhe zum Trocknen hätten drapieren können. Also mussten wir uns anders helfen: In unserem Mietwagen gab es eine Heizung. Keine Sitzheizung, aber man konnte die Lüftung auf die wärmste Stufe stellen und wie einen Föhn benutzen. So verbrachten wir einige Fahrten damit, die Schuhe vor die Lüftung zu halten und zu hoffen, dass die Zeit für eine angemessene Trocknung ausreichte. Oder um es besser zu sagen: Ich verbrachte die Fahrtzeit damit, denn meine Mom musste ja schließlich fahren und dabei konnten wir uns nicht abwechseln.

Ich fragte mich manchmal, wie das wohl ist, selbst das Steuer in der Hand zu haben und auf der anderen Seite im Auto zu sitzen. Es sah für mich immer sehr kompliziert aus, was sie da so mit ihren Händen UND Füßen machte. Vielleicht muss man dafür Multitaskingtalent haben? Ich wollte auch irgendwann mal den Führerschein machen, ich sah ja, dass meine Mutter damit total unabhängig und frei war, während ich abhängig von ihr und dem öffentlichen Nahverkehr war. Außerdem sah es spaßig aus, einfach nur des Fahrens wegen. Wenn es mir als Beifahrerin schon gefiel, wie musste es denn dann erst der Fahrerin gehen?

Heißhunger – vom Entsagen und Genießen

Verena Unseren planmäßig freien Tag nach der dreitägigen Skyline-Tour und vor den nächsten zwei Mehrtagestouren verbrachten wir im Outdoor-Städtchen Jasper und übernachteten auf dem dortigen Zeltplatz Whistler. Wir gingen einkaufen, um unsere Vorräte aufzufüllen, und zogen zwischen vollgestopften, hohen Regalen durch die schmalen Reihen des Lebensmittelmarktes vor Ort. Die Etiketten der Eintöpfe und Ragouts in der Konservenabteilung versprachen üppige Fleischmahlzeiten, denen wir nicht widerstehen konnten. Auch wenn wir wussten, dass nur ein bis drei klitzekleine Fleischstückchen in den Dosen zu finden waren, die wir uns immer geschwisterlich teilten und anschließend genüsslich auf der Zunge zergehen ließen.

An der mit frischem Wasser besprenkelten Obst- und Gemüsebar wählten wir gesunde Kost in bunten Farben. Und wenn wir schon mal da waren, nahmen wir wieder diese völlig überzuckerten süßen Teigtaschen mit, die wir beide so sehr mochten. Ach, Fruchtmus und Pudding auch. Nur Schokolade schmeckte mir seltsamerweise nach einigen Wanderwochen überhaupt nicht mehr. Echter Käse und richtige Wurst überstiegen bei Weitem unser Budget, sodass wir an der Kühltheke nur schmachtend vorbeigingen und uns äußerst selten ein kleines Stück tierisches Protein gönnten. Wenn, dann hatten wir meist eine Tüte Jerkey, getrocknete Fleischstreifen, dabei. Unterwegs glich der Einkauf keiner lästigen Pflicht so wie zu Hause. Hier wurden unsere Sinne förmlich überflutet von den bunten Eindrücken dieser kulinarischen Opulenz. Wir genossen den Bummel durch den 110 Jahre jungen Ort und schlenderten auf der Suche nach passenden Mitbringseln für Familie und Freund:innen von einem Geschäft zum nächsten, ließen uns treiben und kehrten in einem schnuckeligen Café ein.

Noch zwei Backcountrytouren lagen vor uns, auf denen wir in berühmte Täler vordringen würden, die bereits weit vor unserer Zeit Menschen in ihren Bann gezogen hatten. Bis heute kann man das legendäre Tonquin Valley mit seinem ausgedehnten Tal und den steilen Felsriffen der Ramparts mit dem Pferd erkunden. Anders beim »Berg der Spiralstraße«, wie die Shushwap First Nations den majestätischen Mount Robson nannten. Mit 3954 Metern ist er der höchste Berg der kanadischen Rockies. Um ihm ganz nah zu kommen und seine Gletscher zu erreichen, muss man den Tälern der steilen Bergsimse per pedes folgen. Sie ziehen sich im Halbkreis entlang der Bergflanken im Nordwesten des Berges hinauf und münden hoch oben an der Quelle des Robson Glacier, nicht jedoch am Gipfel. Sehr zum Leidwesen der Kletterer. Dieser Berg gilt bis heute als herausfordernd.

Wer den oberen Teil der »Spiralstraße«, das Tal des Berg Lake, an der Nordwestflanke erreichen möchte, ohne zu wandern, kann auch per Helikopter einfliegen. Nur dass statt einer luxuriösen Lodge Glamping angeboten wird: Backcountryübernachtung im Zelt mit Guide und exquisiter Verpflegung, so ähnlich also wie vor hundert Jahren.

Weit davon entfernt, wurden wir während beider Touren auf eine ganz andere Art und Weise vom Leben beschenkt. Mit Dingen, die man für kein Geld der Welt erstehen kann.

»Auf ein Neues!« Wie üblich mit getrockneter Kost und Haferflocken ausgestattet, brachen wir zunächst zu unserer etwa vierzig Kilometer langen Tour ins Tonquin Valley auf. Als mittlerweile eingespieltes Team flutschte die Vorbereitung und auch beim Gehen fielen wir in einen guten gemeinsamen Rhythmus. Mal lief Analena vorn, mal ich. Wenn wir nicht miteinander sprachen, uns auf den Weg und die Steigungen konzentrierten, fragte die Vordere in unregelmäßigen Abständen: »Bist du roger?« Auf die immer gleiche Frage entwickelten wir im Laufe der Zeit diverse Rückmeldungen. Sie changierten zwischen: »Hm«, wenn wir kämpften, »Ja«, wenn wir etwas weniger kämpften und noch sprechen konnten, »Jaha«, wenn wir beschwingt waren, »Nee, Peter/Gisela/Liselotte«, wenn wir ein Gespräch anfangen wollten und nicht mehr wussten, welches Thema wir noch besprechen könnten. Daraus ließ sich wunderbar der Gemütszustand der jeweils anderen erkennen sowie zugleich die Frage beantworten, ob ein weiteres Gespräch erwünscht war oder eher nicht. Meist folgte auf die Antwort ein »Und duuu?«. Wir wussten Bescheid.

Wenn es keine vernünftigen Gesprächsthemen gab und wir nicht schon wieder über Essen reden wollten, dann führten wir eben unvernünftige Quatschgespräche, in denen wir einfach nur Vokale und Konsonanten aneinanderreihten und mit einer spezifischen Betonung hinterlegten. »Quassipedulasokii?« – »Kattapatassabikassi!« So konnten wir fantastisch schimpfen, quengeln und frohlocken, ohne etwas Kritisches zu sagen. Auf jenem Marsch ins Tonquin Valley ließen wir unserer Fantasie freien Lauf und schmiedeten Urlaubspläne, da keine besondere Aussicht unsere Aufmerksamkeit erforderte.

Als sich am zweiten Tag der letzte Vorhang des Waldes lichtete, erstreckte sich vor uns eine riesige Ebene. Ein sandfarbener Teppich aus niedrigen Weiden und weißem Wollgras lud uns ein, weiterzugehen und vollständig ins Bilderbuchpanorama einzutauchen. Weiträumig umringt von einem zarten Streifen dunklen Nadelwaldes, schossen dahinter gletscherbedeckte Berge empor. Ein laues Lüftchen wehte. Insekten summten auf der Suche nach Nektar leise vor sich hin. Ein landschaftliches Paradies auf Erden.

Am späten Nachmittag machten wir es uns auf dem Picknickplatz des Backcountryzeltplatzes gemütlich, als plötzlich ein lautes Schnauben zu hören war. Direkt in unmittelbarer Nähe. Uns stockte der Atem, wir erstarrten und rissen die Augen auf. Der überkochende Topf konnte es nicht sein.

Und noch einmal. Es klang wie ein aus tiefen Nüstern gestoßenes Stöhnen. Wir scannten die Umgebung. Dichtes Buschwerk und Bäume ringsum versperrten uns die Sicht. In das Schnauben mischte sich Hufgetrappel, als würde etwas neben uns über eine freie Fläche rasen. Eine Flucht. Panik! Aber vor wem? Wölfe? Sie können über sechzig Kilometer pro Stunde rennen, das ist gut zehn schneller als Bison, Elch oder Grizzly.

Adrenalin durchflutete alle Zellen unserer Körper. Höchste Anspannung in allen Gliedmaßen. Den rustikalen Tisch mit dem Topf voller Nudeln nicht verlassend, bohrten sich unsere Blicke durch jedes freie

Loch im Geäst. Wenn es gefährlich würde, wo sollten wir hin? Das Bärenspray lag neben uns. Stille. Für wenige Sekunden.

Erneut begann sich das Tier die Seele aus dem Leib zu schnauben. Es schien hin und her zu galoppieren. Doch keine Flucht? Es wurde leiser. Sekunden später bekamen wir Besuch. Wenige Meter neben uns zwängten sich einige große Tiere nacheinander an den kratzigen Fichtenzweigen vorbei und schauten uns an. In ein schimmerndes grauweißes Sommerfell gehüllt, erschienen sie uns wie Geister aus einer anderen Welt: Zwei Waldlandkaribus der Tonquin-Herde, einige der letzten Überlebenden ihrer Art, statteten uns einen Besuch ab, bevor sie weiterzogen. Ein kurzer, magischer Moment. Wir hörten und sahen sie anschließend nie wieder.

Ihr vernarbtes Fell zeugte von der rauen Welt, in der sie lebten, ebenso wie von den geringen Überlebenschancen, die ihnen darin noch blieben. Streiften vor 25 Jahren noch über 800 Karibus durch den Jasper-Nationalpark, sind es heute weniger als 220. Diese Unterart der Rentiere passte sich über die Jahrtausende optimal an die Ökologie ihrer Nische an, einen unwirtlichen und unzugänglichen Lebensraum. Winterlicher Tiefschnee? Kein Problem. Mit ihren breiten, weichen Hufen, die sie weit spreizen können, finden sie genügend Halt, ohne einzusinken. Hartes Gestein am Berg? Egal. Mit ihren ausgebildeten Afterklauen und scharfen Kanten an den Hufen haben sie genügend Haftung. Eisige Temperaturen im Winter? Easy. Die stark vergrößerte Oberfläche in den Nasenlöchern sorgt für eine ausreichende Erwärmung der eingeatmeten Luft. Undurchdringliches Dickicht und morsches Unterholz? Optimal. Denn hierhin folgt ihnen kein Fressfeind und es wächst das, was sie so dringend brauchen: Flechten. Und diese gedeihen vorrangig an alten Bäumen.

Was aber, wenn dieser Lebensraum schwindet? Auf den Bau von Forst- und Zugangsstraßen folgen Wölfe, die in dieses unwirtliche Terrain leichter eindringen können. Auf die Wölfe folgen Menschen, die alte Wälder fällen und Skiresorts errichten. Und auf einmal sind die grazilen Ikonen der Provinz Alberta still und leise verschwunden. Die südliche Bergpopulation der Waldlandkaribus wird auf der Liste des Species at Risk

Act (SARA), die bedrohte Arten benennt und klassifiziert, als gefährdet eingestuft. Die Maligne-Herde, eine der vier Herden im Jasper-Nationalpark, gilt als ausgestorben, da seit 2018 kein Tier mehr gesichtet wurde. Die Tonquin-Herde wird auf etwa fünfzig Tiere geschätzt. Das ist zu wenig, um sich erhalten zu können, denn eine kleine Gruppe ist in ihrem Bestand extrem gefährdet durch Krankheiten, Lawinen und Räuber.

Zarter Nebel stieg über dem kleinen Weiher neben dem Surprise Point Campground auf, als ich in den frühen Morgenstunden aufbrach. Während Analena noch selig in ihren Schlafsack eingemummelt schlummerte, genoss ich das pastellfarbene Licht der Morgenröte am Tonquin Lake. Spiegelglatt ruhte vor mir der See, kein Lüftchen wehte. Nur der einsame Schrei eines Vogels hallte durchs weite Tal. Die kälteste Stunde des Tages brach an, und die bissige Kälte durchdrang meine Zwiebelschichten. Zeitgleich färbten sich die senkrechten Zacken der Ramparts links neben mir glühend rot. Mit der aufgehenden Sonne zog sich langsam der nächtliche Schatten zurück.

Auf einem Uferstein sitzend, blickte ich müde und verzaubert in die Ferne. Vor mir, weit hinter dem aalglatten See, erhoben sich die nächsten Bergketten, deren rosa schimmernde Gipfel sich im See spiegelten. Sie zogen mich so in ihren Bann, dass ich die Schellente neben mir erst bemerkte, als sie schon neugierig nah ans Ufer herangeschwommen kam. Ich schien sie nicht zu stören, als sie sich ihrem ausgiebigen Morgenputz hingab. Apropos, es wurde Zeit, dass wir aufbrachen.

Der Rückweg zum Auto am nächsten Tag zog sich. Er führte über gerölliges, abschüssiges Terrain und war schwierig zu gehen. Es war anstrengend und unsere Mägen knurrten, also legten wir eine Müsliriegel-Snackpause ein, dabei hatten wir eigentlich Heißhunger auf deftiges Essen, auf Fleisch und Käse und Proteine und Fett. Jeden Morgen aßen wir ein sättigendes Porridge mit Trockenobst, Nüssen und Erdnussbutter, das uns mittlerweile beiden zum Hals raushing. Satt wurden wir, aber es blieb ein solcher unbändiger Appetit auf das, was es seit Wochen nicht gab.

Wir unterhielten uns stundenlang darüber, was wir kochen wollten, sobald wir zu Hause waren. Frische Spaghetti mit richtiger, selbst gemachter Tomatensoße. Uns lief das Wasser im Mund zusammen. Pizza, selbst gemachte Pizza mit Auberginen! Oh ja, unbedingt. Analena schwärmte täglich von roter Wurst, bei mir war es Fleisch jeglicher Art und Form. Unsere Körper gierten richtig danach. Sie brauchten mehr. Mehr als das, was wir ihnen gaben.

Wir waren wie ausgehungert, obwohl wir ordentlich aßen und zu keiner Zeit der Wanderungen gehungert haben. Es war etwas anderes. Ein Mangel an Mineralien, Proteinen und anderen Nährstoffen, die durch die permanente Verausgabung unseren Körpern entzogen wurden, ohne sie ihm ausreichend zuzuführen.

Eine heftige Erfahrung, die ich in diesem Ausmaß nie wieder gemacht habe und die uns beiden bis heute lebhaft im Gedächtnis geblieben ist. Unsere Supermärkte in Deutschland sind zwar nicht so riesig wie die in Nordamerika, aber vollgestopft mit Lebensmitteln aus aller Herren Länder – noch dazu mit einer ausufernden Auswahl an gleichen Produkten. Tomaten im Winter und Erdbeeren im Herbst, alles ist jederzeit kaufbereit. Wir erkannten das Angebot zu Hause nach unserer Erfahrung hier als einen absoluten Oberluxus, den wir früher als völlig selbstverständlich hingenommen hatten.

Der huggelige Steinwurzelweg schien kein Ende zu nehmen und unsere Kräfte schwanden dahin. Wir verloren langsam die Motivation, und keine von uns war mehr dazu in der Lage, die andere mitzuziehen. Zu fertig waren wir, zu müde und ausgebrannt, um die Stimmung hochzuhalten. Und eigentlich hatten wir doch auch etwas Besonderes verdient. Wochenlanges Bergauf- und Bergabwandern, durch Hitze, Sturm und Schnee. Warum nicht, wir brauchten es dringend.

»Sweetie?«, rief ich laut nach hinten. Ein müdes »Jaa« drang an mein Ohr. An einem Baumstumpf neben dem Weg setzten wir uns hin. Pause.

»Ein Riegel?«, fragte ich.

»Oh ja!«, bestätigte meine tapfere Kämpferin.

»Weißt du was?«

»Nee, noch nicht«, war die geläufige Antwort.

»Was hältst du davon, wenn wir heute Abend in Jasper Burger essen gehen? In irgendein rustikales Restaurant. Hauptsache viel Fleisch.«

Schlagartig riss sie die Augenbrauen in die Höhe und strahlte mich an: »Echt jetzt?«

Ich antwortete nur: »Ja, unbedingt.«

Skepsis überzog Analenas Gesicht. »Mama, was ist, wenn die mich wieder nicht reinlassen?«

Stimmt. Einige Restaurants durfte sie mit ihren dreizehn Jahren nicht betreten wegen des Alkoholausschanks.

»Hm, stimmt. Na, dann suchen wir uns eben eins, wo es geht. Wir gehen heute Abend auf jeden Fall irgendwo Fleisch essen!« Da war sie, die Motivation, die schlappe Füße zum Hüpfen bewegte. An jenem Abend aß Analena tatsächlich einen doppelten Burger, während ich einen Teller reines Fleisch in Kebab-Art bestellte, in doppelter Ration.

Analena Wir waren nicht immer nur wandern, ab und zu taten wir uns auch mal etwas Gutes und besorgten uns für zwischendurch Schokopudding und Fruchtmus. Der Pudding war für meine Mama, die daheim von Schokolade nicht genug bekommen konnte. Zu Hause gab es immer zwei Problematiken: die, wenn wir gerade frische Tafeln Ritter Sport gekauft hatten und es an der Zeit war, sie zu öffnen. Wir zierten uns dann immer ein bisschen, denn wenn sie einmal offen waren, verschwanden sie so schnell und an Kontrolle, Süßigkeiten in Maßen zu essen, war nicht zu denken. Mein Dad hatte das immer »eingeatmet« genannt, wenn eine Packung innerhalb kürzester Zeit aufgegessen war. Und das etwas größere Drama, also die zweite Problematik, trat dann auf, wenn ebendies passiert und das Lager leer war. Uiuiui, da ging die Laune meiner Mom schlagartig runter in den Keller.

Wir liefen durch Jasper, es war graues, trübes Wetter. Ich dachte, wir haben Sommer! Als wir eine triste Straße entlangkamen, entdeckte ich etwas, das meine volle Aufmerksamkeit auf sich zog: ein Plakat, ein Filmplakat. Ich interessierte mich schon seit der Grundschule für die Antike, spezifisch die ägyptische Antike. Ich hatte viele Bücher über diese Zeit. Früher konnte ich einige Geschichten der Mythologie, der Ausgrabungen und der damaligen Lebensweise erzählen. Einmal hatte ich sogar mit meiner besten Freundin Smilla zusammen in der fünften oder sechsten Klasse einen Sportunfall vorgetäuscht – wir sind aufeinander zugerannt und zusammengeprallt –, nur um während des Sportunterrichts ein Buch über das alte Ägypten durchlesen zu können, das ich gerade in der Bibliothek ausgeliehen hatte. Doch einen Haken hatte die Sache: Ich gruselte mich sehr vor Mumien, und wenn ich Albträume hatte, dann über einbalsamierte Menschen.

Und jetzt plötzlich, hier in Jasper, hing auf der gegenüberliegenden Straßenseite ein Plakat des Films »The Mummy«. Von der neuen Version aus dem Jahr 2017, nicht dem Horrorfilm von 1999, der mir viele Albträume bereitet hatte. Ich zeigte meiner Mutter das Plakat und sprach den englischen Titel laut aus. Dabei fiel mir auf, dass das englische Wort »Mummy« ausgesprochen wie unser deutsches »Mami« klingt, und das wurde von da an mein Running Gag. Im Nachhinein ganz schön fies, aber meine Mutter nahm es mit Humor und kitzelte mich. Zum Glück war die Mumie auf dem Plakat hübsch – so wie meine Mama, nur anders.

Ich hatte Angst. Angst vor unserer bevorstehenden Wanderung. Anders als beim Fryatt Valley gab es für diese Route schon eine Vorwarnung, dass dort Mücken keine Besonderheit waren. Anders gesagt, dort sind sehr viele Seen und Teiche, ein reines Paradies für diese Mistviecher. De facto: Man wird zerstochen. Wenn es hier sogar eine Warnung gab, musste es noch schlimmer sein als bei vorherigen Wanderungen. Ich erinnerte mich an unseren Streit im Fryatt Valley und mir wurde schlecht. Wie sollte ich das nur eine ganze Wanderung lang aushalten, wenn ich es nicht mal die zehn Minuten auf dem Parkplatz geschafft hatte?? Unvorstellbar.

Je länger wir im Auto fuhren, desto mehr stieg meine Angst an. Und schließlich waren wir da. Das Auto hielt und wir würden die Rucksäcke packen müssen. Die Tür ging auf. Ich stieg aus… Uuuund?… Noch keine Mücken, nirgends. *Yess!*, schrie alles in mir. Ich bekam neue Motivation, und wir konnten die Wanderung ruhig und gelassen starten.

Um ein gleichmäßiges Schritttempo zu erreichen und uns vor Bären zu schützen, hatte ich mir zu Hause einige Songtexte ausgedruckt und diese mitgenommen, damit wir sie zu zweit singen könnten. Ich liebe Musik. 24 Stunden ohne Musik sind für mich unvorstellbar. Ob auf dem Nachhauseweg von der Schule, einem einfachen Spaziergang oder zu Hause – sie ist mein ständiger Begleiter. Und selbstverständlich muss sie mitsingbar sein. Nur instrumental geht schon mal, aber auf Dauer? – Nein. Musik kann mich in die unterschiedlichsten Gefühlslagen bringen, und ich bekomme einfach Lust, zu tanzen, zu laufen und mich zu bewegen!

Doch Musik ist immer ein ganz schwieriges Thema bei meiner Mutter. Sie muss in der richtigen Stimmung sein, muss sich auf den Text, den Stil und gefühlt auch noch die Länge des Songs einstellen, bevor sie sich etwas anhört. Zumindest war das immer so, wenn ich ihr einen Track zeigen wollte, der mir grade sehr gefiel.

Wie zu erwarten, wurde mein Singvorschlag an diesem Tag abgelehnt wie auch schon die letzten Male, als ich ihn vorgebracht hatte. Stattdessen stimmten wir vereinzelt mal ein Kinderlied an. Tja, was soll man machen? Besser als nichts. Abends würde ich immer noch im Zelt meine Kopfhörer an das Handy anstecken können, um meine Musik zu hören. Unterwegs wollte ich das nicht, da wir ja zu zweit waren und ich mich da nicht abkapseln wollte. Zudem hätte mein Handyakku das wahrscheinlich gar nicht so lange überstanden, schließlich ist es immer gut, für den Notfall noch Restladung zu haben. Deswegen versuchte ich mit der Handynutzung sparsam zu sein und nur abends meine Kopfhörer und mein Handy rauszuholen, auch um mal eine Nachricht an meine Freund:innen zu Hause zu schreiben.

Am Nachmittag sahen wir Karibus. Sie bewegten sich zwischen den Bäumen auf dem schon gelben, vertrockneten Gras. Es war allgemein sehr trocken und warm. Wahrscheinlich gab es deswegen so gut wie keine Mücken, weil die Bäche und Seen einen niedrigen Wasserstand hatten. Überleben sie vielleicht nicht in der Hitze?

Karibus sind so schöne Tiere! In diesem Moment blieb für mich die Zeit stehen. Schließlich bewegten sie sich von uns weg und wir fingen an, unser Abendbrot zu machen. Wie immer hatten wir einen riesigen Hunger. Auf dieser Reise habe ich gelernt, was es heißt, richtig Hunger zu haben. Das soll jetzt nicht heißen, dass wir gehungert haben, nur dass man das Essen viel mehr genießt, wenn man den Tag über richtig aktiv war. Man schätzt es viel mehr und schmeckt alles viel intensiver.

Meine Mutter stand am nächsten Morgen wieder sehr früh auf. Ich wurde schon ein bisschen aufgeweckt, als sie sich aufmachte, konnte dann aber wieder seelenruhig weiterschlafen. Manchmal kam es aber auch vor, dass ich gar nicht merkte, wie sie das Zelt verließ, und umso überraschter war, als sie fertig angezogen und hellwach ihr Gesicht nah an meins streckte, während sie mich aufweckte.

Dann ging es für uns ans Zeltabbauen und Frühstücken. Jeden Tag Oatmeal. Ist zwar ganz lecker, aber irgendwann hängt es einem zum Hals raus. Ich zwängte mir die zähflüssige Substanz mittlerweile nur noch rein. Besteck abwaschen und weiter ging's.

Nach einer gewissen Zeit schweiften unsere Gesprächsthemen ab zu roter Wurst, Pommes, Fleisch, Kartoffelsalat und all dem, was wir uns gerade vorstellen konnten zu essen. Unsere Füße taten weh und ich versuchte, mich selbst mit Reden von den Schmerzen abzulenken. Ich zwang mich, einen Schritt nach dem anderen zu tun. Zeitnah beschlossen wir, nicht mehr dauernd über Essen zu reden, weil wir dadurch ja noch viel hungriger wurden, als wir es schon bereits waren. Und plötzlich: Stille. Uns fiel beiden nichts anderes ein. Ich überlegte und überlegte, worüber was man sich unterhalten könnte, aber da war nichts. Also gaben wir auf und waren wieder bei unserem altbewährten Thema.

Strapazen – Gletscher, Geburtstag und ein Haufen Geröll

Analena Der Berg Lake Trail war unsere nächste und eine unserer letzten Etappen. Die Wanderung begann mit: Mücken. Wer hätte das gedacht? Wir mussten ein längeres Stück an einem Bach entlanglaufen. Irgendwann kamen wir zu einer ziemlich coolen, langen Hängebrücke, die über den Fluss führte. Meine Mom machte ein Bild von mir, als ich die Brücke gerade überquerte, und wir gingen weiter.

Etwas später auf dem Weg begegneten wir einer sehr freundlichen Frau, die mit uns Pause machte und uns erzählte, dass sie auch hinauf wollte zu den Gletschern. Es war Lynn Martel, eine lokale Autorin, die gerade ein Buch über Gletscher schrieb. Wir setzten unseren Weg früher fort als sie, trafen sie aber wieder am Campingplatz. Danach sahen wir sie nur noch manchmal auf der Tour, wenn wir uns gegenseitig überholten, da wir ein ähnliches Tempo hatten.

Als wir zum Gletscher kamen, breitete sich ein ungutes Gefühl in mir aus. Das Gelände war sehr gerällig. Meine Mom wollte unbedingt noch ein Stückchen weitergehen, um mehr sehen zu können. Das gefiel mir nicht so sehr. Ich konnte keinen klaren Weg erkennen, und es war sehr graues, düsteres Wetter, außerdem gab es keine anderen Menschen in näherer Entfernung, und wir waren weit weg von der Zivilisation. Zum Glück war es unmöglich, viel näher an ihn ranzukommen, und wir drehten ab.

Am nächsten Tag traten wir den Rückweg an. Die Prämisse meiner Mom war immer: Nimm niemals denselben Weg hin und zurück. Also ging es für uns nun einen steilen Weg hoch durch den Wald. Ich hätte nicht genervter sein können. Da waren wir schon einen schönen, ebenen Weg hergekommen, was ja auch nicht zu oft – quasi nie – vorkam, und dann musste sie doch noch einen steilen Anstieg mit reinbringen! Das konnte einfach nicht ihr Ernst sein!

Aber das war ja zum Glück nur ein kurzer Teil des Rückweges. Dennoch, wenn man mich fragt, hat es sich jetzt auch nicht unbedingt gelohnt: Das Stück gingen wir durch den Wald steil hoch, ein kleines Stückchen gerade mit See, es gab noch einen ganz schönen Ausblick auf das Tal, und dann ging es durch den Wald wieder ebenso steil runter. Danach war am Wasser entlang flaches Terrain, was sehr schön war. Und so genoss ich den vorletzten Tag unserer Wanderung dann doch.

Schwupp, schon war es so weit, es war Anfang September und mein vierzehnter Geburtstag stand vor der Tür. Endlich ausschlafen! So eine Wohltat nach den ganzen Wochen früh aufstehen. Ich war oft länger wach als meine Mom und hörte nach meiner abendlichen Buchlesesession zum Einschlafen noch etwas Musik.

An diesem Tag war nix mit wandern und früh raus! Wir hatten einen Stadttag eingeplant und waren aufgrund des dortigen Highland Festivals nach Canmore gefahren. Alles war voller Menschen, von alten Opis und Omis bis hin zu kleinen rumhüpfenden Kindern. Auf einer großen Rasenfläche tanzten Männer mit Schottenröcken und viele Verkaufsstände reihten sich aneinander. Ich sah verschnörkelten Schmuck, Klamottenstände, Haarschmuck und vieles an wunderbar duftendem Essen. Meine Augen waren wie magnetisiert von den vielen Gegenständen und konnten sich kaum davon ablösen. Es war eine wunderbar fröhliche Stimmung und eine enorme Abwechslung zu unseren letzten Wochen. Fast schon beängstigend war es, so viele Menschen auf einem Haufen zu sehen. Ich genoss den Tag in vollen Zügen, endlich wieder in der Zivilisation.

Mit vollem Magen und mit Federn geschmückt verließen wir schließlich das Festival und stromerten durch die Straßen von Canmore. Es war schön, so ohne Hast und schweres Gepäck langsam vor sich hin zu latschen und in die Schaufenster der Läden zu gucken. Ein Klamottenladen fiel mir ins Auge, und wir gingen hinein. Hier kaufte mir meine Mutter ein wunderschönes königsblaues, knielanges Kleid und einen schwarzen Pullover. Ich freute mich extrem und war überglücklich. Umso schwerer fiel es mir, mich wieder ins Auto zu setzen und den Tag ausklingen zu lassen, er ging doch viel zu schnell vorbei. Aber noch schliefen wir ja nicht!

Mit dem Mietwagen fuhren wir an einen kleinen Waldparkplatz, bei dem unsere Wanderung am nächsten Tag beginnen sollte. Dort bereiteten wir – wie immer, wenn wir auf einem Parkplatz übernachteten – das Auto für die Nacht vor. Am nächsten Abend – nach einer Tageswanderung auf den Mount Bourgeau – war es so weit: Zur Feier des Tages hatte meine Mom mir als Geburtstagsüberraschung Bier besorgt und es die Zeit über aufbewahrt. Wir hatten unsere Schlafsachen übergeworfen, Bücher und Bier in greifbarer Nähe. Prost!

Der Geschmack ging sogar. Ein paarmal hatte ich schon den Bierschaum meines Opas gekostet, hatte es aber immer wieder ekelhaft gefunden. Doch dieses Bier hier war kein »pures« Bier, sondern hatte noch etwas Fruchtgeschmack dabei, dadurch war es ganz okay. Was es natürlich richtig cool machte: Ich durfte es. Mein erstes Bier. Wow!

Der nächste Tag war auch krass, aber anders. Ich hatte riesige Probleme, die erste Ansteigung unserer kurzen Wanderung hochzukommen. Meine Mutter sagte mehrmals, ich sei sehr bleich im Gesicht. Meine Ausdauer ließ auch zu wünschen übrig: Mir ging's nicht gut. Zu allem Überfluss hatten wir auch noch unsere Wanderstöcke vergessen! Es war sehr warm, uns beiden floss der Schweiß in Strömen übers Gesicht. Meine Mom wollte immer weiter, doch auch ihr schien die Hitze ordentlich zuzusetzen. Wir beschlossen, diese Wanderung nur so weit zu machen, wie es auch wirklich ging, und dann umzukehren. Das war die richtige Entscheidung. Was hätten wir verpasst? Einen sandigen Berg voller Geröll.

Verena Als wir das wurzelige Südufer zwischen den Bäumen betraten, schimmerte der Cameron Lake am Fuß des Mount Robson milchig türkis. Der See, der für unsere zwei Sommer in den Rockies verantwortlich war.

In den Jahren bei Rotel wanderten wir immer nur bis hierher und leider nicht weiter. Als ich Analena mit sieben Jahren das erste Mal auf eine solche Tour mitnahm, stand sie genau hier an diesem Seeufer. Damals waren uns wie immer Wandernde vom Berg entgegengekommen – verschwitzt, verstaubt und glücklich. Das wollte ich auch. Ich wollte wissen, wie es hinter dem See weitergeht, wie es sich anfühlt, im kanadischen Hinterland zu übernachten, und welch atemberaubende Ausblicke ich bislang verpasst hatte.

Die einmalige Farbe der Gletscherseen begeistert jährlich Millionen Reisende, die sich ihrem Zauber nicht entziehen können. Das changierende Türkis der Seen verdankt seinen strahlenden Glanz den Gletschern. Mit ihrem Gewicht schmirgeln die ewigen Eisflüsse den Stein Jahr für Jahr ab, Millimeter für Millimeter. Wie ultrafeines Sandpapier lösen die Gletscher feinste Steinpartikel vom Felsen, die als Gesteinsmehl von den Gletscherbächen hinab in die Seen getragen werden. Die Partikel sind so fein und leicht, dass sie im Wasser schweben. Von Sonnenstrahlen getroffen, absorbiert zuerst das Wasser die langwelligen Farben Gelb, Orange und Rot. Das Gesteinsmehl verschluckt dann Violett und Indigo, sodass nur Grüntöne, versetzt mit ein wenig Blau, übrig bleiben.

Da diese über fünfzig Kilometer lange Tour für mich seit Jahren ein Sehnsuchtsort gewesen ist, war ich besonders auf dieser Route vor jeder Biegung und jeder Anhöhe gespannt wie ein Flitzebogen, wie es dahinter aussah. Eines stellte sich rasch heraus: die knapp 2000 zu überwindenden Höhenmeter ging es selten gemächlich hinauf. Entweder liefen wir wadenbeißende Anstiege oder flache Taltraversen. Zwei Tage später waren wir oben angekommen. Am Nachmittag wollte ich dann allerdings weiter gehen, als es Analena lieb war, um wenigstens die Zungenspitze des Robson Glacier zu sehen. Da sich dieser jährlich über 25 Meter zurückzieht und die topografische Karte seit etwa fünfzig Jahren nicht aktualisiert worden war, entpuppte sich die »kurze Runde am späten Nachmittag«, am Ende eines anstrengenden Bergwandertages, als zusätzliche fünf Kilometer lange Tour, die wir abgekämpft und unbefriedigt abschlossen. Weder hatte Analena sich ausruhen können noch hatte ich die Zungenspitze gesehen. Wir hatten irgendwo abgebrochen, weil unklar war, wie weit wir noch würden gehen müssen.

Der schmelzende Robson-Gletscher gleicht einer Ziehharmonika: Laut den Informationen des Glaziologen Mauri Pelto wechselten sich

Wachstums- und Schmelzphasen ab. Als man 1992 schwimmende Baumstämme im Gletscherendsee fand, war die Wissenschaft sprachlos. Woher kamen sie? Weiter oben gab es nichts als Eis und Fels. Die dendrochronologische Untersuchung der subfossilen Stämme, bei der mithilfe der Jahresringe das Alter bestimmt wird, ergab, dass zwischen 1060 und 1112 Engelmannfichten, Felsengebirgstannen und vereinzelt Weißstämmige Kiefern an diesem Ort wuchsen. Die etwa 300 Jahre alten Bäume wurden vom Gletscher in einem Zeitraum von etwa hundert Jahren überrollt. Die anschließende jahrhundertelang andauernde Vergletscherungsperiode erreichte ihren Höhepunkt um das Jahr 1783. Seitdem zieht sich der Robson Glacier kontinuierlich wieder zurück. Mit einer Ausnahme: Aus mir unbekannten Gründen wuchs er zwischen 1950 und 1980 wieder über 300 Meter an.

Vermuskelkatert und schlaftrunken starteten wir am nächsten Morgen den Abstieg, der mit einem sensationellen Aufstieg begann. Statt einen ganzen Tag mit einer Rundtour zu vergeuden, plante ich die höher gelegene Toboggan-Route direkt in unseren Abstieg ein. Das hieß konkret: volles Gepäck bergauf. Oha. Ich glaube, wenn Analena nicht so sehr mit dem Aufstieg zu kämpfen gehabt hätte, hätte sie mich unter einem Sturmhagel ihrer Flüche begraben. Aber so hatte sie nur Energie für ein paar sehr giftige Blicke in meine Richtung.

Wenn wir unterwegs aufeinander so sauer waren, dass es nicht anders ging, als Dampf abzulassen, nutzten wir die Strategie der lustigen Schimpfworte. Wir dachten uns einfach etwas »Nettes« aus, das über der Gürtellinie blieb und meist der Natur entlehnt war. So warfen wir uns immer schön gegenseitig »Du Sumpfnattereule!«, »Du rotziger Schneckling!«, »Du riesenäugiger Wülstling!«, »Du zappelnder Lommatsch!«, »Du muffige Kartoffel!« an den Kopf. Manchmal kam ein Widerspruch: »Aber Asseln sind schöne Tiere!« – okay. Dann passierte, was zu erwarten gewesen war: Der Zorn verrauchte. Es machte Spaß, sich verdrehte Worte auszudenken. Die Stimmung wurde heiter.

Bei jenem Aufstieg waren jedoch »Oh Gott, da geht's noch weiter hoch« und »Wie lange denn noch?« die einzigen Sätze, die wir miteinander tauschten. Es war die Hölle, auch für mich. Dieser Trail war gnadenlos steil. Doch nichts im Leben ist umsonst, und wir wurden auf das Schönste belohnt. Nachdem wir die Strecke bewältigt hatten, entschädigten die Aussichten auf die beiden Gletscher des Berges alle Mühen des Morgens. Da musste selbst Analena zugeben, dass es »ganz hübsch« war, wie die Wolken von der anderen Bergseite über den Gipfel flossen und ihn in dichten Nebel hüllten. Wie tief unter uns die türkisfarbenen Gletscherseen im gleißenden Licht der durchscheinenden Sonne funkelten. Wie brüchige Eismassen galant die Bergschultern bedeckten. Wie heftige Winde in über 4000 Metern die Wolkenkuppen rund schliffen. Im fahlen Licht der verrauchten Luft wirkte die Landschaft so, als ob sie sich nicht entscheiden kann, ob sie hinter dem Vorhang des rußigen Schleiers verhüllt oder doch gesehen werden will.

Als wir am vierten Tag den Berg Lake Trail verließen und den Yellowhead Highway erreichten, fuhren wir von grandiosem Wetter begleitet direkt den Icefields Parkway hinab Richtung Canmore, sodass Analena am Morgen nach unserer letzten Backcountrytour ausschlafen konnte. So richtig. Es war der Tag ihres vierzehnten Geburtstages, der mit einer improvisierten Oreo-»Torte« am Zeltplatz begann und zum ausgiebigen Brunch bei Tim Hortons in die Gänge kam. Wir beide, vor allem aber Analena, liebten die Schnellrestaurantkette mit ihren süßen Verführungen, dem süffigen Kaffee (für mich) und weiteren Snacks. Strahlender Sonnenschein begleitete uns während des ausgelassenen Septembertages, der ihr zur freien Verfügung stand. Sie war heute die Chefin!

Doch statt Flausen im Kopf hatten wir am Nachmittag Federn im Haar. Ausgerechnet an diesem Wochenende steppten im 14 000-Einwohner-Städtchen Canmore die Highland Games. Umgeben von Dudelsackmusik, leckeren Düften der unzähligen Imbissstände und allerlei hausgemachtem Tingeltangel schlenderten wir über den grünen Wiesenplatz. Am hinteren Ende blieben wir fasziniert vor einem luftigen Stand stehen. Lauter schmale Federn tänzelten im warmen Sommerwind leise vor sich hin. Sie schillerten in den natürlichen Farben der Hühner: changierende Brauntöne, helle Ocker- und Sandfarben und schimmernde Grün- und Blaunuancen. Meine Augen trafen auf die bildhübsche Hippiefrau hinter dem Stand. Eine wilde dunkelblonde Mähne mit gescheckten und gestreiften Strähnen aus schmalen Federn umspielte ihr zierliches Gesicht. Das war brutal schön. Wir wollten es auch. Eine halbe Stunde später war mein Portemonnaie um einen Batzen leichter und unsere Haare um ein paar zierliche Federn reicher. All die Strapazen lagen hinter uns, all die geplanten Touren und Fotos waren im Kasten, all die festgelegten Wege gegangen. Heiter zogen wir durchs Städtchen, kauften vor Begeisterung ein Buch von unserer frohmütigen Wanderbekanntschaft Lynn Martell und kehrten in einem schnuckeligen Café ein. Wir ließen uns treiben und genossen die Zeit.

Auch am nächsten Tag konnte kein Wässerchen unsere Stimmung trüben. Im Gegenteil. Als eingeschworenes Mutter-Tochter-Gespann standen wir mittags auf dem knapp 3000 Meter hohen Mount Bourgeau. Wie freie Vögel auf einem Horst blickten wir hinab auf die majestätischen Berge, die nun wie ein Wellenmeer unter uns zu wogen schienen. Hie und da zwinkerten uns ein paar Gletscherzungen zu, die es geschafft hatten, der gleißenden Glut des sonnigen Sommers zu trotzen. Wir waren gerade oben angekommen, happy, den Weg geschafft zu haben. 1500 Meter unter uns im breiten grünen Tal strömte das eisige Tauwasser des Bow-Gletschers durch Banff nach Calgary.

Die ehrfürchtige Stille beim ersten Ausblick auf die Gipfelketten der Rockies wich wenige Atemzüge später ausgelassenem Herumspringen. Rockstars gleich ließen wir unsere Haare vom weit gereisten Wind zerzausen und sogen den staubigen Duft des heißen Sommers in uns auf. Wir hatten es geschafft. Gemeinsam, gesund und glücklich standen wir kurz vor dem Ende unserer Kanadatour zwischen Himmel und Erde und blickten auf das Abenteuer zurück. In zwei Tagen würden wir ins Flugzeug steigen, zurück nach Deutschland.

Doch zuerst musste noch Bier getrunken werden. Ab vierzehn dürfen Jugendliche in Deutschland im Beisein ihrer Eltern Bier und Wein trinken. Ich wollte unbedingt die Erste sein, mit der sie auf ein Bier anstoßen würde.

Nachdem wir es uns am Abend nach dem Gipfel, einen Tag nach ihrem Geburtstag, im Auto auf einem einsamen Parkplatz gemütlich gemacht hatten, stießen wir gemeinsam an. Prost, meine starke Kämpferin! Diese Kraft, das Wissen, dass du alles meistern kannst, wenn du nur willst, kann dir niemand mehr nehmen.

Per Gesetz wurde Analena mit vierzehn Jahren mehr Eigenverantwortung übertragen. Doch Verantwortung trug sie schon mehr als genug. Schon lange bezog ich meine Tochter in viele Entscheidungen zu Hause mit ein. Sie half mir weit mehr als nur damit, den Müll rauszutragen. Wir reparierten die Regenrinne am Haus und sägten Holz für den Ofen im Winter. Vom verstopften Abfluss bis zum kreativen Kochen – Analena war beteiligt. Ihr handwerkliches Geschick ist so ausgeprägt, dass sie sich sogar selbst Schränke mit versteckten Geheimfächern zusammenzimmerte. Nur die Verwaltungsangelegenheiten hielt ich von ihr fern. Auch nach Kleisters Tod. Ich sprach das Wichtigste grob mit ihr durch und zeigte es ihr, damit sie es mal gesehen hatte.

Nach dem plötzlichen Unfalltod waren wir plötzlich mit uns allein, in einem kleinen Fachwerkhaus aus dem 17. Jahrhundert mit rustikalem Charme. Mit der Zeit fanden wir uns nicht nur zurecht, wir übernahmen das Ruder. Ein schief gebohrtes Loch? Egal, Hauptsache es hält. Eine handgestrickte Konstruktion? Super, so hängt es gleich viel besser. Tisch abwischen mit einem Trockentuch? Na klar! Intuitiv folgten wir der Prämisse, dass nicht so sehr die Perfektion, wie sie Kleister angestrebt hatte, als vielmehr die Funktionalität über den Erfolg unserer Aktionen entscheidet. In manchen Situationen geht es auch einfach darum, gesund und heil durchzukommen, der Rest ist vollkommen nebensächlich. So wie bei unserer finalen Wanderung.

Unseren letzten Tag in Kanada wollte ich natürlich noch bestmöglich nutzen. Ich war gespannt auf eine Tour, die mir ein Kanadier unterwegs ans Herz legte: den Aufstieg zum Cirque Peak, ein fußläufig erklimmbarer alpiner Gipfel gegenüber dem Bow Lake.

Als wir am Morgen den Parkplatz verließen, war unser Schicksal längst besiegelt. Die Kombination aus einer anstrengenden Tour des Vortages und dem ersten Bier in Analenas Leben zeigte seine fatale Wirkung: Ihre sonnengebräunte Haut war bleich und sie fühlte sich schlapp und erschöpft an wie warmer Camembert, der gleich schmilzt. Es war keine besonders herausfordernde, lange oder steile Tour und sie meinte, es ginge. Langsam halt.

So wanderten wir in aller Gemütsruhe bergan und erreichten bald die subalpinen Wiesen. Ausgedörrt bedeckte die niedrige Vegetation das hügelige Hochtal. Ins gelbbraune Ocker mischten sich die ersten Rottöne – ein Zeichen dafür, dass der Winter nahte. Doch davon war nichts zu spüren. Während es im Jahr zuvor um diese Jahreszeit kräftig geschneit hatte, brannte an diesem frühen Septembertag die sengende Sonne mit aller Kraft auf uns nieder. Nur ein zarter Lufthauch kräuselte andeutungsweise die Oberfläche des Helen Lake, in dem sich der Cirque Peak prominent spiegelte. Das offizielle Ziel des Tages. Pause. Analena sah mich besorgt an. »Willst du da echt hoch?«

»Na ja, gehen wir mal ein Stück weiter und schauen es uns näher an«, erwiderte ich. Überzeugt war ich nicht. Der Gipfel erhob sich steil aus dem grasigen Buschland und sah aus wie ein überdimensionierter sandiger Kegel, den ein Riese hier zurückgelassen hat. Eigentlich ist es nicht so hoch. Eigentlich auch nicht so weit. Verklebt und verschwitzt standen unsere geschlauchten, kraftlosen Körper da und wir blickten nach oben. Winzige Gestalten kraxelten dort noch weiter hinauf. Sie schienen im losen Gelände schwer voranzukommen. Drei brachen etwa in der Mitte des Anstieges ab und kehrten um, als die Steigung zunahm.

Ich überlegte. Beim Fliegen sagen wir, wenn zwei von fünf Faktoren nicht passen: Steig nicht ein, lass es sein! Wetter: definitiv zu heiß; Kondition: mäßig bis vermindert; Motivation: bei einem Teammitglied nicht vorhanden; Ausrüstung: Oh Mist, wir hatten unsere Wanderstöcke glatt im Auto vergessen. Das bemerkten wir erst jetzt. Das waren schon vier. Okay. Ein klares Nein.

Und was jetzt? Wir zogen die Karte raus und beratschlagten, was wir mit dem angebrochenen Tag und der Wanderung tun wollten. Analena schlug vor, noch bis zum Dolomite-Pass zu gehen und anschließend umzukehren. Dieser Pass zeichnet sich durch seine niedrige Höhe aus. Fast ebenerdig verbindet er zwei Täler miteinander. De facto würden wir im flachen Hochtal bis zum übernächsten See wandern. Klasse Idee! Statt uns am letzten Tag noch unnötig in Gefahr zu bringen, spazierten wir gemütlich etwa siebzehn Kilometer durch das sonnenverbrannte Hochgebirge der kanadischen Rocky Mountains und ließen entspannt eine Reise ausklingen, die mit stressigen Erwartungen und Ansprüchen begonnen hatte.

Kapitel 7
Rückblick

Verena Die ersten Lichtreflexe des Tages lassen mich auf einen rundum mit Holzpaneelen verkleideten Raum mit kleiner Küche, Tisch, Holzofen und Hängematte blicken. Es ist ein früher Julimorgen acht Jahre nach Kleisters tragischem Unfall. Ich wende den Blick zu den Fenstern des behaglich ausgebauten Busses, der an der Sunshine Coast Westkanadas mein Airbnb ist. Diesmal für den Wanderführer Vancouver Island unterwegs, habe ich mir für drei Tage eine Auszeit zum Schreiben genommen, in der mein Körper ausgestreckt in einem richtigen Bett schlafen kann, statt wie die restlichen elf Wochen wieder größtenteils auf dem zurückgekurbelten Autositz oder sporadisch im Zelt. Ich bin auf den Geschmack gekommen: Wege erkunden, Wandern und Draußensein gehören nach dem Kanadaabenteuer mit Analena mittlerweile zu meinem Leben. Analena geht mit ihren zwanzig Jahren unterdessen ihrer eigenen Wege. Doch unsere seelische Verbundenheit bleibt auch von räumlichen Distanzen gänzlich unberührt.

Nach Analenas und meiner Rückkehr im zweiten Sommer schrieb ich anderthalb Monate am Wanderführer, bereinigte die GPS-Tracks, suchte die passenden Bilder aus und sendete das Manuskript Ende Oktober an den Verlag. Im darauffolgenden Winter brach ich zu meiner letzten Tour als Reiseleiterin nach Übersee auf. Am Ende dieses mehrmonatigen Neuseelandaufenthaltes verabschiedete ich die letzte Gruppe am Flughafen in Auckland und beschloss, diesen Job an den Nagel zu hängen. Die Hybris bei einigen deutschen Reisegästen mit ihren Ansprüchen ertrug ich einfach nicht mehr. Die Drohung einer Frau: »Wenn Sie den an dieser Stelle zu großen Abstand des Trittes hinauf in die Kabine nicht umgehend Ihrem Büro melden, verklage ich Sie«, war der Tropfen, der das Beschwerdefass in mir zum Überlaufen brachte. Wieso muss es immer noch mehr sein? Oder mit den Worten des Singer-Songwriters Friedemann gesprochen: »Wenn du hast, was du brauchst, was fehlt dir?«

Die Erfahrung, in Ruhe allein oder nur zu zweit unterwegs zu sein, sich ganz dem Weg und seinen atemberaubenden oder auch mal langweiligen oder anstrengenden Landschaften zu widmen, hatte mich geprägt. Ich wollte mehr davon. Zudem wurde Analena älter, erreichte das wildere Teenageralter, das ich weder verpassen noch sie in dieser herausfordernden Zeit allein lassen wollte. Ich wollte mehr Zeit bei und mit ihr verbringen. Denn auch das begriff ich in Kanada: Je mehr wir miteinander unternahmen und zeitlich unbegrenzt beieinander waren, umso tiefer wurde unsere Bindung. Und die Zeit kehrt nie wieder zurück.

Beim Durchstreifen der kanadischen Rockies hatten wir brutal viel gelernt. Zum einen die Skills: minimalistisch unterwegs sein, Backcountry- und Wander-Know-how, flexibel bleiben, aus dem Vorhandenen das Beste machen. Zum anderen über unsere Körper: Ich kann leicht in Unterzucker geraten, bin morgens schwerfälliger als nachmittags, brauche ab und zu Fleisch. Analena tut es gut, immer wieder kleine Päuschen einzulegen, sie braucht viel Flüssigkeit und stetig kleine Snacks. Und über uns: Analena ist eine liebevolle Pusherin, sie braucht klare Ziele, einen spannenden Trail und Zeit für Muße. Ich brauche öfter Alleinezeit, stecke mir herausfordernde Ziele, die ich am besten erst einmal allein bewältige, da ich mit mir nahestehenden Personen genauso rabiat umgehe wie mit mir selbst. Als Team ergänzen wir uns optimal, brauchten als solches aber erst einmal eine Aufwärmphase. Danach war es wirklich ein Traum. Bei meinen Wanderungen für Folgeprojekte habe ich sie teilweise zutiefst vermisst und nach ihrem Auszug und Umzug in eine andere Stadt nach dem Abitur fehlt sie mir an manchen Tagen bis heute.

Doch das Leben ist die Aneinanderreihung permanenter Neuerungen. So wie am Verdant Creek. Wo damals die Flammen wüteten, gedeihen heute, sechs Jahre später, die stark dezimierten und gefährdeten Weißstämmigen Kiefern. Nach Umbrüchen beginnt das Leben zu florieren, nach überwundenen Krankheiten sind Kinder oft kräftiger als zuvor und beim Aufstehen nach dem Hinfallen blicken wir bewusster in die Welt.

Würde ich es noch mal machen? Definitiv. Es war wunderbar, dass Analena einen Großteil der Zeit dabei war. Am liebsten hätte ich sie noch länger an meiner Seite gehabt. In dem Alter? Unbedingt. Sie war fit und ausdauernd genug. Wenn sie jünger gewesen wäre, hätte ich wahrscheinlich die Routen etwas anders geplant und den Zeitplan relaxter gestaltet: mehr Zeit für die längeren Touren und mehr Pausen dazwischen. Es waren etliche Eltern mit jüngeren Kindern auf den Backcountrytrails unterwegs. Irgendwie hätten wir es hinbekommen. Ich hätte sie immer mitnehmen wollen.

Würde ich etwas anders machen? Na klar. Vieles. Heute vermute ich, dass dieser sonderbare Typ im Skoki-Tal ein Thru-Hiker war, der monatelang auf einem Trail unterwegs ist, wie beispielsweise dem Pacific Crest. Ich hätte mit ihm ins Gespräch kommen können. Und mit diesem Gedanken kommen auch die Erkenntnisse über das zu schleppende Gewicht. Mein Equipment war allesamt viel zu schwer. Ich würde den Zeitplan lockerer gestalten, um uns mehr Zeit zum Eingrooven zu geben, generell mehr Zeit für die Etappen zu haben und auch ein paar Urlaubstage einflechten fürs Wohlgefühl, vielleicht sogar Mehrtagestouren in Deutschland vorab mit Analena gehen, damit wir beide die Abläufe besser kennenlernen. Ich würde vielleicht zuerst für ein paar Wochen allein starten, um mich einzufuchsen und anschließend entspannter zu sein und mich voll auf ihre Bedürfnisse einlassen zu können.

Mittlerweile habe ich ein GPS mit SOS- und SMS-Funktion und informiere mich vor jedem Kanadasommer regelmäßig und genau über Verhaltensmaßnahmen gegenüber Bären, Pumas, Wölfen, um auf dem aktuellen Stand zu bleiben und auch die lokalen Gegebenheiten zu kennen: wann wer wie angegriffen wurde, wie sich die Menschen verteidigt haben und was die Expert:innen zu den Vorfällen sagen. Ich würde auch die Regenhose eher anziehen und bin seither besser gegen Kälte gewappnet; meine Aufzeichnungsmethoden haben sich modernisiert.

Und was Analena betrifft, so würde ich noch häufiger versuchen, sie auf Reisen mitzunehmen. Hach, ich würde sooooo gern mal wieder eine Woche mit ihr ins Backcountry. Ich hoffe sehr, dass sie eines Tages noch mal mit mir auf Reisen kommt, eigentlich egal wohin, nur kein eintöniger Strandurlaub. Irgendwie muss ich sie noch mal ködern! Oder am Ende doch sie mich?

Was würde ich genauso machen? Learning by Doing – nach bestem Wissen und Gewissen, denn manchmal bleibt einem ja nichts anderes übrig, wenn man nicht vorher schon sehr erfahren und belesen ist. Und selbst dann passieren immer wieder unvorhergesehene Dinge. Ich würde Analena immer wieder »bequatschen« mitzukommen und es entspannt angehen lassen nach dem Motto: Wir tasten uns ran, kundschaften und probieren aus, machen, was uns möglich ist. Das hatten wir im ersten Sommer getan und im zweiten davon profitiert. Auch im ersten Teil kürzere Routen und einfachere Touren gehen, um im Gelände vor Ort fit zu werden, sich zu akklimatisieren, habe ich für meine weiteren Vorhaben übernommen.

Vor allem Analena gegenüber so offen zu sein, war damals und ist, wie ich finde, bis heute extrem wichtig. Ich denke, das ist ein grundlegender Baustein für echtes, tiefes Vertrauen und gegenseitigen Respekt. Ich habe viel gefragt, wie sie etwas empfindet, ob es okay ist, und es mit ihr besprochen und dabei ging es immer um die besseren Argumente oder das stärkste Empfinden, was einem wichtig ist, egal, von wem. Wir haben ihr von Anfang an immer erklärt, warum wir etwas wollten, warum man etwas tut oder lässt. Denn warum soll man blind irgendwelche Befehle entgegennehmen? Analena hatte von klein auf gelernt, ihre Meinung zu äußern und zu vertreten, darum brauchte ich mir nie Sorgen machen. Wenn ihr etwas nicht egal war, war und ist sie noch heute ein felsenfester Granit in der Brandung. Und mittlerweile ist sie auch eine Meisterin im Debattieren (wenn sie will).

Dieses Abenteuer war die auseinandersetzungsstärkste Zeit in unserem gemeinsamen Leben. Nie waren wir räumlich enger zusammen und standen vor so großen Herausforderungen. Es hätte uns brechen können, doch wir haben es gemeistert. Dank ihrer unendlichen Geduld mit mir und ihrem Willen, mit der Lage klarzukommen. Sie ist für mich die beste Tochter der Welt.

Analena legte in diesen zwei Sommern insgesamt über 600 Kilometer zurück und überwand dabei knapp 27000 Höhenmeter. Das ist über die Hälfte der Gesamtstrecke von mehr als 1050 Kilometern und 50000 Höhenmetern. Dabei musste sie mich zu jeder Zeit ertragen, egal, wie unterzuckert, mürrisch, gefrustet und fertig ich war – es gab keinen Rückzugsraum, keine Pause. Ich habe den höchsten Respekt und ziehe meinen Hut vor dem, was sie in dieser Zeit körperlich und mental leistete. Und ich danke ihr von tiefstem Herzen, dass sie dabei war und wir gemeinsam unterwegs sein konnten.

Analena Eine Welt war für mich zusammengebrochen. Grade eben war ich noch mit meinen Großeltern zusammen im Wildpark gewesen, hatte den Schildkröten zugeschaut, wie sie ihre kurzen Beine von ihrem Körper streckten und sich sonnten. Grade eben hatte ich noch vereinzelte Wölfe in ihrem großen Gehege erspähen und Hirsche entdecken können. *Warum waren wir nur hierhergefahren? Warum haben wir uns ins Auto gesetzt? Warum habe ich mich nicht richtig verabschiedet?* Ich konnte nicht mehr klar denken, als ich mit den Armen wild herumwirbelnd an der Straße stand. Ein Autofahrer sah mich und hielt an.

Über eine Stunde war vergangen, seit ich zusammen mit meinen Großeltern in diese sandige Straße eingebogen war mit der Aussicht, meinen Vater abzuholen. Die Zeit, die wir im Wildpark verbracht hatten, war er im Steinbruch gewesen und wollte nach Fossilien suchen. Doch er war nicht da. Die letzten Male hatte er schon mit seinem großen Rucksack, der meist voller Steine war, am Wegesrand gestanden. *Hatte er die Zeit vergessen? Vielleicht brauchte er ja noch einen Moment.* Wir warteten noch eine Weile, dann begannen wir die Suche. Eine ganze Stunde dauerte es, bis meine Oma ein Stück weiter weg einen schwarzen Gummistiefel hinter einem Stein eine Ebene tiefer herausgucken sah. Ich sprintete vor, eine Abtragungsschicht weiter hinunter und fand ihn. Er lag bewegungslos auf dem kalten Boden.

Kein Netz.

Irgendwie mussten wir einen Krankenwagen holen! Da meine Großeltern kein Englisch, geschweige denn Französisch konnten, rannte ich bestimmt zehn Minuten oder mehr ohne Unterlass an die nächste größere Straße. Zum Glück verstanden die Personen im ersten anhaltenden Auto mein gebrochenes Sechstklässler-Englisch. Sie verständigten einen Krankenwagen.

Der Tag schien nicht enden zu wollen, und die Zeit verharrte in einem scheinbar endlosen Stillstand. Mit der Nachricht, dass mein Vater tot sei und nichts mehr zu machen wäre, wurde er zum schlimmsten Tag meines Lebens.

Durch den Unfall waren wir ganz auf uns allein gestellt. Es war ein wichtiger Schritt für meine Mutter und mich, die Reise nach Kanada zu unternehmen. Zuvor hatte ich meine Mutter nie lange am Stück gesehen. Sie war immer zwischen drei und neun Wochen lang wegen der Arbeit unterwegs und dann wieder eine Zeit über zu Hause gewesen. Ich freute mich immer so sehr, sie zu sehen. Wenn sie da war, verging die Zeit superschnell, bis sie dann schon wieder losmusste.

Ich habe meine Mom immer sehr geschätzt und zu ihr aufgeschaut, wie sie das Organisatorische schaffte, wenn sie auf Reisen war. Wie sie so viel über die ganzen Städte wissen konnte, zu denen sie fuhr. Wie sie zu so vielen kleinen Dingen wie Mücken, Gold oder Lachsen kleine Sidestories in petto hatte. Sie war für mich immer ein riesiges Vorbild gewesen, dennoch waren wir uns nie so nahe.

Die Tour hat uns enorm dabei geholfen, uns besser aufeinander einzustellen hinsichtlich unserer Gemütslagen, Eigenheiten und Umgangsweisen. Wir können uns seitdem viel besser einschätzen. So lange allein, unter uns, mussten wir uns aufeinander verlassen. Wir haben Hochs und Tiefs durchgemacht, uns gegenseitig unterstützt und unter die Arme gegriffen, wenn die jeweils andere nicht mehr konnte.

Es war eine harte Zeit. Jeden Tag von morgens bis zum späten Nachmittag laufen, Fotos machen, jeden Morgen Oatmeal essen, bis es einem zum Hals raushing. 24/7 zusammen waren wir ein Team geworden!

Nach meinem Abi habe ich eine Ausbildung zur Zimmerin gemacht: zum einen, weil mich das Technische total fasziniert und ich es toll finde, zu sehen, was man den Tag über gemacht hat. Zum anderen glaube ich aber auch, dass ein wenn auch kleiner Teil von mir in dem Handwerklichen eine Verbindung zu meinem Vater sieht und ich mich ihm so ein Stück weit näher fühle.

Die Reise mit meiner Mom liegt mittlerweile einige Jahre zurück, aber es kommt mir zum Teil trotzdem so vor, als hätte sie erst vor Kurzem stattgefunden. Ich bin immer noch erstaunt, dass wir die ganze Zeit so gut zusammengehalten haben und trotz der paar kleinen Diskussionen sehr harmonisch miteinander waren. Ich hatte ganz schön Respekt vor der Reise gehabt, weil wir viele Wochen im Ausland mit quasi null Privatsphäre unterwegs sein würden; es hätte auch *ganz* anders laufen können. Wir sind beide so gestrickt, dass wir viel Privatsphäre und Alleinezeit brauchen. Auch später war es noch oft wichtig, dass wir uns zurückziehen konnten. Wenn eine schlecht gelaunt war und das merkte, wurde das sofort kommuniziert, und wir gingen aus Rücksicht voreinander auf Abstand. Manchmal reichte lediglich ein Blick und die andere wusste Bescheid.

Im Schreibprozess dieses Buches habe ich erstmals richtig realisiert, wie enorm sich das Band zwischen meiner Mutter und mir in unserer gemeinsamen Wanderzeit verfestigt hat, dass wir uns unglaublich nahegekommen sind, aber auch, dass wir einige Situationen sehr unterschiedlich empfanden.

Meine Mom war für mich eine tolle Wanderpartnerin und mit ihr würde ich eine solche Tour auch noch mal machen. Ich weiß, worauf ich mich bei ihr einlasse, wie ich mit den vielen letzten Kurven, dem frühen Wecken, ihrer Ungeduld und ihrem schnell aufflammenden Frust umgehe. Sie ist zwar manchmal ganz schön streng, vor allem wenn es um Organisation und die Arbeitsteilung oder Ähnliches geht, aber in vielen anderen Dingen ist sie sehr offen und frei. Alles in allem war es mit meiner Mama eine gute Teamarbeit. Volle Power über eine lange Zeitspanne.

Sechs Jahre später bin ich immer noch nicht zur größten Wanderfreundin geworden und fahre bis heute lieber in Städte oder ans Meer, wenn ich Ferien habe. Ich bin froh, meinen Urlaub mittlerweile selbst planen zu können.

Würde ich das Kanadaabenteuer noch mal machen? Ich denke schon, es war eine eindrückliche Erfahrung. Meine Mutter hat mir vieles mit auf den Weg gegeben, und ich habe einiges aus der Zeit gelernt:

Mir reichen im Urlaub ein Auto oder Hostel und ein Gaskocher – auch wenn ich das mit dem Gaskocher seitdem nicht mehr gemacht habe, aber theoretisch würde mir einer reichen. Wenn ich's mir aussuchen kann, muss es zwar nicht unbedingt ein Zelt zum Übernachten sein, aber auch das ist okay, da bin ich nicht wählerisch. Ich kann mich um mein Essen selbst kümmern, mich mit dem Ort, an dem ich bin, auseinandersetzen und dort zurechtfinden. Ich weiß es zu schätzen, duschen gehen zu können, wann immer man es möchte, und in einem weichen Bett zu schlafen.

Wenn ich unsere Reise noch mal machen würde, dann würde ich nicht so lange und nicht so intensiv wandern. Ich würde mehr Stadttage und Pausen einplanen. Damals war der Grund für die Reiseplanung ja auch der Wanderführer, der geschrieben werden musste, wodurch nicht so viel Zeit für andere Aktivitäten blieb. Ein Stressfaktor war auch, dass meine Mutter in der Zeit kein Geld verdienen konnte. Wenn auch subtil, merkte man ihr diese Unsicherheit an. Ich mag keinen Stress und habe lieber mehr Zeit für ein einzelnes Projekt. Wenn es noch mal zu solch einer Tour kommen würde, wäre es mir sehr wichtig, Ruhe dabei zu haben, keinen Hintergrundstress.

Auf der Tour habe ich einiges gelernt: auch über Tiere, Gletscher, Verhaltensweisen in Gefahr und vieles mehr, wie beispielsweise, dass Pfefferspray kein Ersatz für Bärenspray sein kann, weil es nicht so stark konzentriert ist und weniger stark und weit sprüht. Wenn man also das Pfefferspray anwenden würde, kann es den Bären nur noch aggressiver machen. Manches habe ich allerdings bis heute nicht verstanden – zum Beispiel, warum ich nicht auch als 13-Jährige in eine Bar gehen kann, wenn ich sowieso keinen Alkohol trinken möchte.

Mit der Tour habe ich meinen Horizont deutlich erweitern können. Die Zeit war eine enorme Bereicherung für mich, und ich kann noch heute daraus schöpfen.

Ankunft – vom Reisen und Erinnern

Auf das Wanderabenteuer erwartete uns sechs Jahre später das Abenteuer des Schreibens und die Aufarbeitung. Nur die Fotos und Fakten kennend, machten wir uns beide ans Werk. Zuerst getrennt voneinander und ohne intensive gegenseitige Absprachen schrieben wir unsere Erlebnisse und Erfahrungen auf.

Schon während des Schreibprozesses mussten wir in uns hineinlachen und -grummeln, als wir uns an die vielen Vorkommnisse aus unserer gemeinsamen Wanderzeit zurückerinnerten. Wir schauten uns immer wieder die Bilder an und kontaktierten uns gegenseitig nur bei Unklarheiten bezüglich der Faktenlage. Ein gutes Jahr nach Beginn des Buchentstehungsprozesses war es endlich so weit: Die Ungewissheit wich der Klarheit.

Unsere wunderbare Lektorin Margret Trebbe-Plath puzzelte unsere Einzeltexte aneinander. Wir beide waren zum Zerreißen gespannt auf die Empfindungen und Erinnerungen der jeweils anderen. *Wie erging es Mama mit mir als rumgrummelnder Wegbegleiterin? Wie erging es Analena mit mir als strenger Mama?* Örtlich getrennt haben wir endlich alles am Stück gelesen. Wir sogen die Zeilen der jeweils anderen regelrecht ein. Es waren intensive Stunden, die wir mit dem Lesen verbrachten. Ein permanentes Auf und Ab.

An unterschiedlichen Stellen platzte schallendes Gelächter aus uns heraus (kannten wir uns doch so gut), rollten die Tränen (teilten wir doch den Schmerz des Verlustes), mussten wir vor Rührung innehalten (mochten wir uns doch soooo sehr), sackte uns das Herz in die Hose (erschraken wir doch über die unerwarteten Empfindungen) und dachten manchmal: *Aha! Soso!* (überraschten wir uns doch erneut gegenseitig).

Bei manchen Vorkommnissen waren wir verblüfft, wie unterschiedlich die Sichtweisen waren, bei anderen waren wir uns einig. Wovon die eine schrieb, wusste die andere manchmal schon gar nicht mehr. Superspannend!

Lange Telefonate folgten. Wir verloren uns in Erinnerungen, die wieder lebendig aus dem Unterbewusstsein hervorhüpften. Viele Erlebnisse liefen wie im Film vor unseren inneren Augen ab und kehrten durch den Austausch wieder zurück: *Ach stimmt ja! Oh Gott…* oder *Ach ja, genau!* Gedanklich waren wir wieder gemeinsam in Kanada. Manche dieser Erinnerungen waren auch trügerisch. Bei genauer Recherche anhand der Bilder und Kalender kamen wir den Details auf die Spur: Beispielsweise war Analenas Sidecut doch nicht im zweiten, sondern schon im ersten Sommer. Das hatten wir beide nicht mehr richtig auf dem Schirm und mussten es noch korrigieren.

Wir waren überwältigt. Eine fantastische Reise erlebten wir zum zweiten Mal und tauchten erneut und sogar noch tiefer in die Welt der jeweils anderen ein, mit ihren Schwächen und Stärken. Wo Licht ist, ist auch Schatten. Beides gehört zusammen.

Exklusives Bonusmaterial und weitere Infos
über Analena & Verena gibt's hier:

bit.ly/Zwei-Sommer-in-den-Rockies

Dank

Gaaaaanz herzlich danken wir all den Menschen, die uns in der schweren Zeit nach dem Verlust unseres geliebten Menschen geborgen, geschützt und gestützt haben, allen voran unserer gemeinsamen Familie: Günter und Christa Schmidt, die uns bis heute geduldig auf Händen tragen, Thomas und Franka Spielmann, die uns gedanklich und räumlich in glückliche Welten verfrachteten, und an Omi Hanni (Johanna Mossack), die uns mit ihrem eisernen Willen beschenkte und 2024 ihren 99. Geburtstag feiert, sowie Brigitte Schmidt, die vor über dreißig Jahren Verena mit ihrer Reiselust ansteckte. Wir danken ebenso den Eltern und der Familie von Oliver Schmidt, die sich so rührend um Analena gekümmert haben.

Auch Kleisters bestem Kumpel Stevie Willenborg von Ruin Nation danken wir von Herzen für seine organisatorische und mentale Unterstützung und seine treue Freundschaft. Smilla Nanz und Natascha Bernhard waren und sind die besten Freundinnen, die man sich in so einer tragischen Situation nur wünschen kann, wir danken ihnen beiden zutiefst. Unter ihrem Dach genoss Analena in den Zeiten von Verenas Abwesenheit stets ein warmes Willkommen und offene, liebevolle Arme. Besonders danken wir Gerhard Schweizer, der vor allem Verena über viele Jahre nach dem Unfall eine enorme Stütze gewesen ist und ihr bis heute hilft, die Welt und sich besser zu verstehen.

Man kann es gar nicht genug schätzen, wenn Menschen ihren Beruf mit Leidenschaft ausüben, umso mehr, wenn er andere Menschen betrifft. Dank der quirligen und genialen Ausbilderin Lena Conlan von Crossing Latitudes schwärmt Verena jedes Mal aufs Neue von den Weiterbildungen als Wilderness First Responder – Skills, die wir zum Glück in beiden Sommern nicht anwenden mussten – Lena, du bist der Hit! Ein wahres Wunder in dieser Hinsicht ist auch Manfred Pretz. Mit seiner ansteckenden Begeisterung und herzlichen Art erleichterte er die Schulzeit für Analena enorm und verwandelte die Stunden in Erlebnisse. Dafür sind wir sehr dankbar. Auch für das Verständnis und die Empathie von Ute Vogt, Petra Zundel und Frau Ockert, die Analena das Leben in der Schule nach dem schweren Verlust erleichterten, danken wir herzlich. Toni Kobler und Anita Braumandl (Rotel Tours) jonglierten umstandslos, prompt und verständnisvoll mit den Einsatzplänen und haben uns in vielerlei Hinsicht unterstützt: ganz lieben Dank! Ebenso unser langjähriger Freund Kurt Edler, der uns bei den Zahlen und Geschäftsprozessen stets den rechten Weg wies und bis heute weist. Parul Schreier, Annika und Max Mutschler halfen uns in manch dunklen Stunden – tausend Dank. Auch Verenas Mentorinnen und Beraterinnen Prof. Dr. Stellrecht, Dr. Eva Wille, Jo Kern und Cordula Schneider, die ihr auf unterschiedliche Weise zur eigenen Wegfindung verhalfen, sind wir sehr dankbar.

Sie alle haben an uns geglaubt. Das zu spüren, war und ist sehr heilsam. Auch Klaus Wolfsperger (Bergverlag Rother) glaubte damals an eine ihm unbekannte Frau, die ohne journalistische Vorkenntnisse vorhatte, einen Wanderführer über eine entfernte Region zu schreiben. Ein dickes Danke für dieses Zutrauen und die weltverändernden Möglichkeiten, die sich für uns beide daraus ergaben!

Frank Wolever und Jim Shipley sind erstklassige Wandercompagnons, und wir danken ihnen von ganzem Herzen für die geselligen, heiteren und lehrreichen Stunden unterwegs. Nina Ahrens war es, die uns zutraute, auf einer Bühne zu stehen und darüber zu sprechen. Bis heute steht sie mit ihrer herzerfrischenden Art an unserer Seite, wofür wir superdankbar sind. Ebenso wie Tristan Eggers – daaanke!

Doch diese Geschichte würde niemand lesen, wenn nicht drei wunderbare Menschen daran geglaubt hätten, dass wir einen schriftlichen Beitrag leisten können, um anderen Mut zu machen: unsere sagenhafte Agentin Alexandra Schlüter sowie die beiden brillanten und klugen Köpfe vom Malik Verlag: die Programmleiterin Bettina Feldweg und unsere Lektorin Annika Wachter. Ein wahres Meisterwerk vollbrachte unsere akribische Lektorin Margret Trebbe-Plath, die unsere noch wilden Texte mit Hingabe und Geduld fein geschliffen hat und in eine fließende Form goss. Der fabelhaften Alexandra Legath danken wir für ihre intensive Unterstützung, die für zusätzliche Klarheit sorgte. Gleiches gilt für die Unterstützung der Journalistinnen Anika Werner und Petra Walther.

Aus vollem Herzen danken wir Martina und Ronald Ehrig, die uns warmherzig in ihre Familie und ihre Familienunternehmung aufgenommen und ebenfalls maßgeblich unterstützt haben. Paul Ehrig und Hendrik Sierks wurden nie müde, uns zu entlasten, zu stärken und zu fördern. Vor allem aber ertragen sie uns mit Langmut, wenn es ringsum mal wieder turbulent zugeht (wie auch sonst?). Ein riesiges Dankeschön für eure unerbittliche Geduld.

Literatur

Adler, Christian: »Achtung Touristen«, Bielefeld 1988.

Alden, Peter; Grassy, John: »National Audubon Society Field Guide to the Rocky Mountain States«, New York 1999.

Bärtels, Andreas: »Tropenpflanzen. Zier- und Nutzpflanzen. Ulmer Naturführer«, Stuttgart 2002.

Bull, Steve: »The Game Plan«, West Sussex 2006.

Dashner, James: »The Maze Runner«, London 2014.

Elmeligi, Sarah; Marriott, John E.: »What Bears Teach Us«, Victoria, BC, 2020.

Ende, Michael: »Momo«, Stuttgart 1973.

Gadd, Ben: »Handbook of the Canadian Rockies«, Jasper 2003.

Gould, Stephen Jay: »Zufall Mensch. Das Wunder des Lebens als Spiel der Natur«, München 1991.

Heinrich, Bernd: »Mind of the Raven«, New York 2002.

Heuer, Karsten: »Being Caribou. Five Month on Foot with an Arctic Herd«, Toronto 2008.

Martel, Lynn: »Stories of Ice. Adventure, Commerce, and Creativity on Canada's Glaciers«, Victoria, BC, 2020.

May, Elizabeth: »The Falconer«, San Francisco 2015.

Patton, Brian; Robinson Bart: »Canadian Rockies Trail Guide«, Banff 2015.

Pole, Graeme: »Canadian Rockies. An Altitude SuperGuide«, Canmore 1997.

Ralston, Aron: »Im Canyon. Fünf Tage und Nächte bis zur schwersten Entscheidung meines Lebens«, Berlin 2006.

Russell, Andy: »Grizzly Country«, New York 1967.

Tudge, Colin: »The Secret Life of Trees. How They Live and Why They Matter«, London 2005.

Van Tighem, Kevin: »Bears. Without Fear«, Victoria, BC, 2013.

Whittington, Harry Blackmore: »The enigmatic animal Opabinia regalis, Middle Cambrian, Burgess Shale, British Columbia«, London 1975.

Willmann, Rainer: »Die Art in Raum und Zeit. Das Artkonzept in der Biologie und Paläontologie«, Berlin, Hamburg, 1985.

https://www.zermatt.ch/Media/Artikel/Matterhorn-Erstbesteigung-von-1865

https://de.wikibrief.org/wiki/Bear_spray

https://bearwise.org/wp-content/uploads/2017/07/efficacy-of-bear-spray-smith-et-al.-2010.pdf

https://www.mountainnaturepodcast.com/073-grotto-canyon-pictographs-and-life-with-less-snow/

https://institut-seltene-erden.de/seltene-erden-und-metalle/strategische-metalle-2/magnesium/

https://www.bergundsteigen.com/artikel/r-a-g-n-a-r/ (Nach der Unfallstatistik des Österreichischen Kuratoriums für alpine Sicherheit; https://alpinesicherheit.at/) (analyse:berg Sommer 2019)

https://blogs.agu.org/fromaglaciersperspective/2014/09/16/robson-glacier-retreat-alberta/